ALFRED CYRIL EWING

Ethik

Eine Einführung

Übersetzt und mit einer Einleitung
herausgegeben von
Bernd Goebel

FELIX MEINER VERLAG
HAMBURG

PHILOSOPHISCHE BIBLIOTHEK BAND 661

Im Digitaldruck »on demand« hergestelltes, inhaltlich mit der ursprünglichen Ausgabe identisches Exemplar. Wir bitten um Verständnis für unvermeidliche Abweichungen in der Ausstattung, die der Einzelfertigung geschuldet sind.

Bibliographische Information der Deutschen Nationalbibliothek

Die Deutsche Nationalbibliothek verzeichnet diese Publikation in der Deutschen Nationalbibliographie; detaillierte bibliographische Daten sind im Internet abrufbar über ‹http://portal.dnb.de›.

ISBN 978-3-7873-2469-9
ISBN eBook: 978-3-7873-2470-5

 Gesamtherstellung: BoD, Norderstedt. Gedruckt auf alterungsbeständigem Werkdruckpapier, hergestellt aus 100 % chlorfrei gebleichtem Zellstoff. Printed in Germany.

Inhalt

Alfred Cyril Ewing
Ethik. Eine Einführung

Einleitung

I. *Ewings Leben und Werk*

> *»Mit weniger Behagen erinnere ich mich an den Schock, der mir widerfuhr, als ich [...] als Dozent nach Cambridge kam. Wie ich die Lage vorfand, dominierte dort nicht etwa der Einfluss Moores, Broads oder Russells, sondern derjenige von Wittgenstein; und ich muss bekennen, dass [...] die Wirkung, die seine Philosophie in mir hervorrief, ein scharfer Antagonismus war.«*[1]

Alfred Cyril Ewing wurde am 11. Mai 1899 im mittelenglischen Leicester geboren, das einzige Kind des Schuhhändlers H.F. Ewing und seiner aus der Deutschschweiz stammenden Frau Emma, die durch ihre Heirat die britische Staatsbürgerschaft erworben hatte.[2] Nach dem Besuch der Wyggeston Grammar School in seiner Geburtsstadt studierte er mit diversen Stipendien ausgestattet in Oxford alte Sprachen und Philosophie am University College (als *Heron Exhibitioner*), am Oriel College (als *Bishop Fraser Scholar*, 1920) und Magdalen College (als *Senior Demy* und *John Locke Scholar*, 1921). 1923 erwarb er in Oxford den philosophischen Doktortitel (*D. Phil.*) mit einer bald darauf veröffentlichten Dissertation über Kants Kausalitätsbegriff. Nach Lehraufträgen an der Universität von Michigan und am Armstrong College in Newcastle (1926) erhielt er 1927 eine Assistenzprofessur für Philosophie am University College in Swansea und 1931 die Stelle eines *University Lecturer in Moral Science* an der Universität

[1] *NM*, 144 (zu den Abkürzungen von Ewings Werken siehe die Bibliographie).

[2] Zum Folgenden s.a. Bernd Goebel, »Ewing, A.C.«, in: T. Bautz (Hg.), *Bibliographisch-biographisches Kirchenlexikon*, Bd. 31 (2010), 414–424.

Cambridge. Dort war Ewing mit Trinity Hall verbunden und wurde 1933 zum *Doctor of Letters (D. Litt.)* promoviert. Im Jahr darauf veröffentlichte Ewing seine umfangreiche Studie über den Idealismus; es folgten ein Kommentar zu Kants *Kritik der reinen Vernunft* und eine Schrift zur Erkenntnistheorie. 1936 lud er auf Initiative von G. E. Moore Karl Popper im Namen der *Moral Science Faculty* nach Cambridge ein;[3] 1941 wurde er zum Fellow der Britischen Akademie ernannt. Ewing war zeitweise Vorsitzender des Fakultätsrats der *Moral Science Faculty* und Bibliothekar der in der Old School beheimateten *Moral Sciences Library*, von 1941 bis 1942 außerdem Präsident der *Aristotelian Society*. Zwei Gastprofessuren führten ihn 1949 nach Princeton und an die Northwestern University in Chicago. Nach der Emeritierung von C.D. Broad bewarb sich Ewing für dessen Nachfolge als *Knightsbridge Professor* für Moralphilosophie, ein voller Lehrstuhl blieb ihm aber zeitlebens verwehrt.[4] 1954 wurde er von der Universität Cambridge zum *Reader in Moral Science* befördert, nachdem er mit dem vorliegenden Buch seine vierte von insgesamt fünf Studien zur Ethik veröffentlicht hatte (s. u. II.1). *Ethics* wurde zehn Mal aufgelegt, ein ebenfalls in den frühen fünfziger Jahren entstandenes Einführungswerk in die Philosophie fünf Mal. Ewing hielt zahlreiche Vorträge auf internationalen Kongressen, fungierte zeitweise als Schatzmeister der – die Philosophischen Weltkongresse ausrichtenden – *Fédération Internationale des Sociétés Philosophiques*, war ein aktives Mitglied des *Institut International de Philosophie* und kooperierte besonders mit Kollegen in den Vereinigten Staaten sowie in Indien, das er in den fünfziger Jahren zwei Mal ausgiebig bereiste. Weitere Gastprofessuren führten ihn an

3 Vgl. Popper 4/2004, 155. Popper nahm stattdessen einen Ruf nach Neuseeland an und schlug vor, an seiner Stelle Friedrich Waismann einzuladen, der von 1937 bis 1939 in Cambridge lehrte und seine Karriere in Oxford fortsetzte.

4 Für W. D. Ross war Ewing der »wahrscheinlich beste Philosoph in diesem Lande, der keinen Lehrstuhl innehat« (Ross 1948).

die Universitäten von Southern California (1961), Colorado (1963), Delaware (1971) und das San Francisco State College (1967). In Cambridge wurde er 1962 zum Fellow und 1966 zum Honorary Fellow des Jesus College ernannt. Nach dem Tode des Vaters (1934) war Ewings Mutter zu ihm nach Cambridge gezogen. In einem Vorort bewohnten beide ein Haus, in dem Ewing seine Tutorials abhielt (nach denen er die Studenten zu einer Tischtennispartie aufzufordern pflegte). Als seine Mutter 1948 verstarb, zogen zwei unverheiratete Cousinen aus Manchester nach Cambridge und führten den Haushalt. Nach seiner Emeritierung ließ er sich 1966 mit der noch lebenden Cousine in Manchester nieder. Dort schloss er sich der Gemeinschaft der Unitarier an und wandte sich verstärkt religionsphilosophischen Fragen zu. Seine beiden Spätwerke sind eine Zusammenfassung seiner Kritik am Neo-Positivismus und an den anti-metaphysischen Strömungen innerhalb der Sprachphilosophie mit dem bezeichnenden Titel *Non-Linguistic Philosophy* sowie der Entwurf einer theistischen Religionsphilosophie *(Value and Reality. The Philosophical Case for Theism)*. Am 14. Mai 1973 erlag Ewing in Manchester einem Schlaganfall. Er hatte bestimmt, dass sein Leichnam der Universität Manchester zu Lehr- und Forschungszwecken zur Verfügung gestellt würde (vgl. *DED*, 1). Sein Nachlass befindet sich in der Universitätsbibliothek von Manchester.

Ewing, der unfreiwillig unverheiratet blieb (vgl. Grice 1973, 512), war von kleiner Statur, litt an einer angeborenen Behinderung der Motorik sowie an Störungen des Hör- und Aussprachevermögens. Nach eigenem Bekunden fehlte ihm jegliches musikalisches Gehör und rhythmisches Gefühl (vgl. *VR*, 23; Grice 1973, 510). Seine Stimme war durchdringend, der Tonfall und Klang seines unmelodischen Sprechens provozierte seine Zuhörer regelmäßig zu Heiterkeitsausbrüchen oder führte zu Missverständnissen.[5] Seine Kleidung

5 Vgl. Dowling 2010: »I thought when he said ›felicific‹, a word

entsprach nicht den Konventionen. Dieses Erscheinungsbild führte dazu, dass er trotz seiner gefürchteten Schlagfertigkeit und Argumentationskraft vor allem von seinen Studenten mitunter nicht ernst genommen wurde.[6] Berichte von Schülern und Kollegen beschreiben ihn als methodischen und anspruchsvollen, aber gütigen Lehrer; als bescheidenen und hilfsbereiten, höflichen und humorvollen, dabei völlig seiner Wissenschaft verschriebenen Menschen; als weltfremden Menschen von religiösem und moralischem Ernst, der auf Äußerlichkeiten keinen Wert legte und sich durch die ausbleibende Anerkennung nicht beirren ließ.[7] Seine Arbeitsleistung war außerordentlich. Neben zwölf Büchern verfasste er eine ungewöhnlich große Zahl von Aufsätzen und Buchbesprechungen.[8] Seine Freizeit verbrachte er auf Reisen, mit Wanderungen im Lake District und dem Tischtennisspiel.[9]

which I had not previously met, he was trying in his reedy way to say ›philosophic‹ and so began a period of mutual incomprehension«; Grice 1973, 510: »the way Ewing said ›*synthetic a priori*‹ made it *sound* ridiculous«.

6 Vgl. Grice 1973, 510: »He was small and unimpressive in physical stature, and he dressed chaotically, often with a jumper revealing his waistcoat beneath. He had a curious, wandering, way of walking. But the main trouble was his manner of speech, and the apparent incongruity between what he was saying and the way it was being said. Often, at this conference or that, when making a perfectly serious point, he reduced his audience, quite contrary to his intentions, to laughter. [...] his public appearances transformed him, in the eyes of some, into a figure of fun«. Siehe auch Edmonds/Eidinow 2001, 67: »a drab little man«; Wolff 1998: »a rather silly little man«; Gregory 2004, 5: »a sheep in sheep's clothing«.

7 Siehe etwa Grice 1973, 511 f.; Blanshard 1974/75, 171 f.; Gregory 2004, 5; Crossman 2007, 6; Aaron 1948, 1.

8 Vgl. Aaron 1948, 1: »he has certainly published more work than any philosopher of his generation«.

9 Vgl. Grice 1973, 511–513; Gregory 2004, 5: »Topics of conversation with Dr Ewing were limited to two: Table Tennis and the Lake District«; Crossman 2007, 6. – Neben den USA und Indien bereiste

Ewings resolute Kritik an den seinerzeit in der englischsprachigen Welt herrschenden philosophischen Ansichten führten ihn in eine weitgehende Isolation. Eine gebührende akademische Würdigung blieb ihm in der zweiten Lebenshälfte versagt. In zwei Selbstdarstellungen charakterisierte Ewing seine Philosophie als eine Art analytischen Idealismus, nämlich den Versuch einer Verbindung wichtiger Einsichten seiner idealistischen Lehrer mit den Methoden der frühen *Cambridge School of Analysis* um G.E. Moore und C.D. Broad (vgl. *NM*, 143f.; *MPA*, 11). In seiner Darstellung der jüngeren britischen Philosophie reihte er sich selbst in die Rubrik »Unabhängige und kritische Geister« ein.[10] Ewings Erkenntnistheorie wandte sich zum einen gegen das vom Logischen Positivismus vertretene Verifikationsprinzip – demgemäß Aussagen nur dann Bedeutung aufweisen, wenn sie entweder empirisch verifizierbar oder analytisch sind – sowie gegen dessen Auffassung, dass alle apriorischen Sätze analytisch sind und auf sprachlicher Konvention beruhen; zum anderen wollte Ewing die Unverzichtbarkeit der Intuition als Erkenntnisquelle erweisen. Er kritisierte die Verengung des Erfahrungsbegriffs auf sinnliche Erfahrung und plädierte für dessen Erweiterung nicht nur auf innere, sondern auch auf moralische, ästhetische, religiöse und »logische« Erfahrung. Den philosophischen Naturalismus wies er zurück und definierte Philosophie ganz im Gegenteil als die »rationale Erörterung jener allgemeinen Probleme, die keiner Lösung durch die Naturwissenschaft fähig sind« (*MPA*, 11). In seinen Beiträgen zum Wahrheitsproblem distanzierte er sich zunehmend von der im britischen Idealismus verbreiteten Auffassung, dass in der Kohärenz, wenn nicht das Wesen, so zumindest das letzte Kriterium für Wahrheit liegt. Seiner reifen Position

Ewing u.a. Südamerika, Israel, Italien, Jugoslawien, Griechenland, Island, Österreich und Deutschland.

[10] Vgl. *AD*, 187f. Die anderen »unabhängigen und kritischen Geister« sind Whitehead, Collingwood und H.H. Price.

zufolge lässt sich Wahrheit, obschon nur mit größeren Vorbehalten und im weitesten Sinne, als Korrespondenz verstehen (s. u. II.5); zugleich machte er mindestens vier irreduzible Kriterien der Wahrheit aus.[11]

In der Metaphysik galt sein besonderes Interesse dem Begriff der Verursachung. Die deflationäre Kausalitätstheorie des modernen Empirismus lehnte er ab, hob die apriorischen Elemente naturwissenschaftlicher Erkenntnis hervor und begriff die Ursache-Wirkungs-Relation weitestgehend nach dem Muster der logischen Ableitung. Im Hinblick auf das Leib-Seele-Problem neigte Ewing einem interaktionistischen Substanzdualismus zu, den er in Auseinandersetzung mit dem logischen Behaviourismus Ryles, der Identitätstheorie Strawsons, dem substanzdualistischen Epiphänomenalismus sowie einem materialistischen Monismus zu profilieren versuchte.[12] Die Substanzialität der Körperdinge erschien ihm prekärer als die Substanzialität seiner eigenen Seele. Eine körperlose Weiterexistenz des Menschen nach dem Tode hielt Ewing nicht nur für denkbar, sondern auch für wünschenswert. In der Frage nach der Freiheit des Willens wandelte er sich vom Vertreter eines kompatibilistischen Determinismus zum Libertarianer; gegen seine frühere Auffassung von der Determiniertheit menschlicher Willensakte führte er später praktische Argumente ins Feld. Als Religionsphilosoph versuchte Ewing eine theistische Position zu etablieren, die er als metaphysische Hypothese verstanden wissen wollte.[13] Das kosmologische und teleologische Argument, so glaubte er, machen im Verbund mit moralischen Argumenten und religiöser Erfahrung die Existenz Gottes zu einer gut begrün-

[11] Nämlich Übereinstimmung mit der Erfahrung (einschließlich der Erinnerung), mit der Intuition, Konsistenz und Erklärungskraft; vgl. *VR*, 49–68; s. a. *I*, 195–260; *FQ*, 53–67; *NLP*, 193–204.

[12] Vgl. *VR*, 69–95; *FQ*, 99–122; *NLP*, 92–113 (ein Dialog zwischen »Philonous« und »Empiricus«); ebd., 163–173; *I*, 410–416.

[13] Zur Religionsphilosophie Ewings vgl. *VR*; *FQ*, 221–251; *I*, 403–410; s. a. Geivett 2000.

deten Annahme. Den ontologischen Gottesbeweis und die kantische Form des moralischen Gottesbeweises lehnte er dagegen ab. Das Theodizeeproblem hielt er im Rahmen des klassischen Theismus für prinzipiell lösbar. Religiöse Erfahrung und moralische Argumente für die Existenz Gottes legen in Ewings Augen einen persönlichen Gott nahe. Neben der göttlichen Personalität stellte er in seiner philosophischen Gotteslehre vor allem die Güte Gottes heraus. Gott hat das moralische Gesetz nicht erschaffen; das moralische Gesetz ist vielmehr das Wesen Gottes. Gottes Güte – und nicht Gottes Existenz oder gar Gottes Macht – ist nach Ewing die grundlegende Annahme einer aufgeklärten Religion. Ein moralisch vollkommener und allmächtiger Gott wird nach Ewing ausnahmslos alle Menschen erlösen. Die Annahme einer Menschwerdung Gottes zu diesem oder einem anderen Zweck erschien Ewing weder vernünftig noch durch die Bibel belegbar.

Viele der unzeitgemäßen Überzeugungen Ewings, die ihn zu einer akademischen Randexistenz verurteilten, werden heute wieder offen diskutiert. Namentlich seiner moralischen Metaphysik und Epistemologie ist zuletzt ein verstärktes Interesse zuteil geworden. Eine theistische Religionsphilosophie und nicht-physikalistische Philosophie des Geistes gelten in der akademischen Landschaft wieder als respektable Positionen. Der von Ewing bekämpfte logische Positivismus ist subtileren Formen des Naturalismus gewichen und der Einfluss der Spätphilosophie Wittgensteins ist nicht nur im englischen Sprachraum stark zurückgegangen (jedenfalls was die Philosophie betrifft). Die sukzessive Dominanz jener beiden Strömungen trieb Ewing immer tiefer in die Rolle des Oppositionellen. Dieser seinerzeitige Zustand der akademischen Philosophie war es, der ihn in geistiger Hinsicht am meisten betrübte;[14] er erklärt die relative Wirkungslosigkeit sei-

14 Vgl. Grice 1973, 511: »For the greater part of his time in Cambridge, he watched one generation of young men after another be-

nes Werkes zu Lebzeiten[15] und dürfte auch ein wesentlicher Grund für dessen zögernde Rezeption bis in die Gegenwart und die sich hartnäckig haltende Fehleinschätzung sein, Ewings Denken entbehre der Originalität.[16] Die Gegnerschaft zum philosophischen Mainstream verband ihn mit einer Reihe von Denkern, zu denen er teils über Jahrzehnte Kontakt hielt, insbesondere zu den drei *Gifford Lecturers* Henry H. Price, Hywell D. Lewis und Brand Blanshard. Aber auch ein intellektueller Gegner und Denker von so unterschiedlichem Gemüt wie Alfred J. Ayer nannte Ewing seinen Freund.[17]

Ewings intellektueller Gegner par excellence war jedoch ein Kollege in Cambridge, der in den Augen der Studenten alle anderen Philosophen in den Schatten stellte – ein Kollege, der nicht wie Ayer und er selbst schweizerischer, sondern österreichischer Herkunft war. Während Ewing von den Werken Russells, Moores und Broads im Allgemeinen eine hohe Meinung hatte, begegnete er der Philosophie des zehn Jahre älteren Ludwig Wittgenstein von Anfang an mit

come captivated by a conception of philosophy which he believed to be mistaken and against which he had argued, in his view, decisively. It must have been a heartbreaking life.«

15 Ewings Unpopularität ging so weit, dass jemand, der es schwer fand, sich seinen Argumenten zu entziehen, in Selbstzweifel verfallen konnte. Das geht aus einem Empfehlungsschreiben Isaiah Berlins für Herbert L. A. Hart hervor (in: Lacey 2004, 117 f.): »What he is tortured by is the thought that he will never be better than Ewing and will never hold other views than Ewing. He realizes himself that this is not a very exciting state of mind to be in«.

16 Siehe etwa Mander 2005, 272.

17 Vgl. Ayer 2007, 275: »If Broad was an atheist, my friend A. C. Ewing was not. Ewing, who considered Broad to be a better philosopher than Wittgenstein, was naive, unworldly even by academic standards, intellectually shrewd, unswervingly honest, and a devout Christian. Once, to tease him, I said: ›Tell me, Alfred, what do you most look forward to in the next world?‹ He replied immediately: ›God will tell me whether there are [Edmonds/Eidinow 2001, 68: synthetic] a priori propositions.‹«

schroffer Ablehnung – eine Haltung, die von diesem uneingeschränkt erwidert wurde: Wittgenstein schloss Ewing, der in Cambridge als »der Anti-Wittgenstein« (Wolff 1998) galt, zumindest zeitweise von seinen Seminaren aus.[18] In der Tat hätten Erscheinungsbild, Auftreten und Wirkung der beiden Philosophen kaum verschiedener sein können. Gleiches gilt für ihren Denk- und Schreibstil. Auf den von Wittgenstein notorisch dominierten Treffen des *Moral Science Club* kam es zu kontroversen Diskussionen der Antipoden.[19] Ewing war einer der Teilnehmer an der denkwürdigen, mit den Worten des Protokollanten »in einem ungewöhnlichen Maße mit polemischem Geist aufgeladen[en]« Sitzung des *Moral Science Club* vom 26. Oktober 1946 (McGuiness 2008, Nr. 355), als Karl Popper das Eingangsreferat hielt und während der Diskussion von Wittgenstein mit einem Schürhaken bedroht wurde.[20] Als Wittgenstein wenig später im Rahmen einer friedlicheren Sitzung auf den abwesenden Popper replizierte, führte Ewing den Vorsitz (vgl. ebd., Nr. 358). Bei einem anderen Treffen wurde das Problem des Fremdgeistigen erörtert. Wittgenstein, der sich »nie bemühte, seine Verachtung für Ewing zu verbergen« (Edmonds/Eidinow 2001, 68), forderte die Teilnehmer auf, »rein hypothetisch anzunehmen, dass Ewing einen Geist besitze«.[21] Bei einer Diskussion an

18 Vgl. Goldstein 2004, 54. Andererseits mutmaßt Theodore Redpath, damals Sekretär des *Moral Science Club*, dass Ewing und Richard Bevan Braithwaite beim Treffen am 23. Februar 1939 – für diese Sitzung galt eine Beschränkung auf zwei Personen des Lehrkörpers – anwesend waren, weil Wittgenstein sich dies als Referent so wünschte; vgl. Redpath 1990, 80. In Ewings Nachlass finden sich Aufzeichnungen zu Vorlesungen Wittgensteins aus den Jahren 1934–35 (University of Manchester Library ACE/1/12).

19 So im Anschluss an den Vortrag von Ewing mit dem Titel »A Reply to Mr Wisdom on Meaninglessness« vom 1. Dezember 1938; vgl. das Protokoll zu dieser Sitzung in: McGuiness 2008, 289, Nr. 238.

20 Vgl. dazu Edmons/Eidinow 2001.

21 Edmonds/Eidinow 2001, 68. Möglicherweise handelte es sich

der Cornell University verglich Wittgenstein dessen Definition des Guten als »das, was zu bewundern richtig ist« (s. u. II.3) mit einer »aus drei Stücken Dreck« geformten schlammigen Kugel.[22] Lediglich in einem Brief vom 19. Januar 1945 an Rush Rees äußert sich Wittgenstein über Ewing, obschon abschätzig (»dümmlich und akademisch«), so doch angenehm überrascht.[23] Dieser hatte, das Ende des Krieges vor Augen, in seinem Aufsatz »The Ethics of Punishing Germany« (= *EP*), gefordert, dass die Friedensbedingungen für Deutschland einem reformerischen Ziel dienen müssten, statt auf Vergeltung oder bloße Abschreckung aus zu sein, und dass sie daher nicht übermäßig hart ausfallen sollten. Ewing seinerseits machte keinen Hehl daraus, dass er Broad für einen besseren und Moore für einen weitaus besseren Philosophen hielt als den Kollegen aus Wien.[24] Seinen von Wittgenstein verwirrten Schülern gestand er, dass er selber kein Wort von dem ver-

um die Sitzung vom 23. Mai 1940, auf der Isaiah Berlin zum Thema Solipsismus referierte (vgl. McGuiness 2008, Nr. 273). Ewing – von dem das transzendentale Argument stammt: »Wenn der Solipsismus wahr ist, so gibt es keinen Solipsisten; denn ich bin keiner« (*I*, 292, Anm. 3; vgl. dazu Beck 1976, 41; zu weiteren Argumenten Ewings gegen den Solipsismus siehe *FQ*, 119–122) – war bei dem Treffen anwesend. Eine andere Möglichkeit ist, dass die fragliche Sitzung jene vom 25. Oktober 1940 war, auf der Wittgenstein zum Thema »Other Minds« sprach (vgl. McGuiness 2008, Nr. 285).

22 Vgl. Bouwsma 1986, 41 f. Siehe dazu Rabinowicz, Rønnow-Rasmussen 2004, 398: »We believe, by the way, that he is wrong in his critique of Ewing: it is illuminating (if true) to learn that the notions of good, right, and admiration, however vague they might be, are mutually related in the way Ewing's definition requires.«

23 In: McGuiness 2008, Nr. 323: »Oh Hell! I bought the Hibbert Journal. Ewing's article is quite different from what I expected. It's stupidish and academical but *not* unkind. [...] In fact the whole tone of the Journal surprised me as being rather human.«

24 Vgl. Grice 1974, 501 (Moore); Ayer 2007, 275 (Broad); vgl. Grice 1974, 504: »He saw the later Wittgenstein as an aberration.«

stehe, was jener sagte.[25] Das hinderte ihn nicht daran, dessen viel beachteten Ausführungen zum Befolgen von Regeln und zur Unmöglichkeit einer Privatsprache zu widerlegen (vgl. *VR*, 93 f.).[26] Ewings Wittgenstein-Résistance setzte sich bis zu seinem letzten Buch fort. Dort verteidigt er den von Wittgenstein bestrittenen objektiven Wahrheitsanspruch religiöser Aussagen (vgl. *VR*, 19–29) und bringt sein Bedauern darüber zum Ausdruck, dass Menschen sich oft zu voreiligen Schlüssen hätten verleiten lassen, »indem sie allzu bereitwillig nicht nur die Autorität der römisch-katholischen Kirche akzeptierten, sondern auch jene von Marx oder sogar von Wittgenstein« (*VR*, 127).

25 Vgl. Pagnamenta 2008, 136 (Denis Edward Hain); Edmonds/ Eidinow 2001, 68 (Maurice Wiles).

26 Vgl. auch die Darstellung des »Zeitalter[s] Wittgensteins« in Ewings Überblick der jüngeren britischen Philosophie (*AD*, 166–183). Eine Beschreibung von Wittgensteins Werk hält Ewing für »extrem schwierig«, zumal für jemanden wie ihn, der »nicht einer seiner engsten Gefährten war« (ebd., 166).

II. *Ewings Moralphilosophie*

»Seiner kleinen Statur zum Trotz trug Dr. Ewing enorm große Stiefel. Wenn er sich vor dem Gasofen in seinem kleinen, viel zu warmen Wohnzimmer die wöchentlichen Essays anhörte, hoben sich seine Stiefel in die Höhe, da er nach interessanten Thesen in den schlecht geschriebenen Sätzen Ausschau hielt. Die riesigen schwarzen Stiefel stiegen am höchsten, wenn Zweifel an der Objektivität der Ethik laut wurden.«[27]

1. Ewings Schriften zur Ethik

Ewings Karriere als Moralphilosoph beginnt mit zwei Arbeiten zur angewandten Ethik. 1926 wird der Siebenundzwanzigjährige für ein Essay zur Ethik der Strafpraxis in Oxford mit dem *T.H. Green Prize* für Moralphilosophie ausgezeichnet; drei Jahre später legt er zum selben Thema ein Buch vor. In der Abhandlung *The Morality of Punishment, with some Suggestions for a General Theory of Ethics* (= *MP*), zu der W.D. Ross ein Vorwort verfasste, finden sich über die eigentliche Fragestellung hinaus Entwürfe einer normativen Ethik und moralischen Epistemologie, die später nur unwesentlich modifiziert werden. Stehen die 1930er Jahre im Zeichen der Auseinandersetzung mit dem Idealismus seiner Lehrer, wendet sich Ewing in der Zeit während und nach dem Zweiten Weltkrieg intensiv der Ethik zu. In die Kriegsjahre fällt die Veröffentlichung einer Reihe von Zeitschriftenbeiträgen, die das Grundgerüst für zwei 1947 erschienene Werke bilden: *The Definition of Good* (= *DG*), eine Untersuchung vornehmlich zu Problemen der Metaethik, sowie eine Studie zur Politischen Ethik vor dem Hintergrund der europäischen Katastrophe und der Gefahr eines Atomkriegs mit dem Titel *The Individual, the State, and World Government.* 1951 erscheinen zwei Beiträge zum Freiheitsproblem, das auch im vorliegen-

[27] Gregory 2004, 5.

den Buch diskutiert wird. *Ethics* (=*E*), zuerst 1953 in einer Einführungsreihe erschienen, ist seinem Anspruch nach kein Forschungsbeitrag, erörtert jedoch zentrale Fragen der Metaethik und vor allem der normativen Ethik ähnlich gründlich wie Ewings moralphilosophische Monographien und bietet eine Zusammenfassung seiner Ethik des Strafens. Es fällt in eine Zeit, da Ewing seine frühe Metaethik – die Deutung moralischer Urteile und ihrer Wahrheitsbedingungen sowie die Verhältnisbestimmung der moralischen Grundbegriffe – einer Selbstkritik unterzieht, wovon der Aufsatz »A Middle Way in Ethics« (1953) zeugt. Seine teilweise revidierte Position, mit der er den Gegnern des ethischen Non-Naturalismus entgegenzukommen glaubt, legt er 1959 in *Second Thoughts in Moral Philosophy* (=*ST*), seiner letzten großen ethischen Schrift, ausführlich dar. Die Ethik Ewings ist damit nicht abgeschlossen. Drei Kapitel in seinem Alterswerk *Value and Reality. The Philosophical Case for Theism* (=*VR*), 1974 posthum erschienen, eröffnen neue Perspektiven zur Frage nach der Objektivität moralischer Urteile, zur Idee eines moralischen Gottesbeweises sowie zum Freiheitsproblem.

2. Kritik des ethischen Naturalismus

Den ethischen Naturalismus als die Auffassung, dass sich moralische Urteile als Aussagen über Tatsachen verstehen lassen, die in den Gegenstandsbereich einer empirischen Wissenschaft fallen, lehnt Ewing in allen Phasen seines Denkens entschieden ab. »Gut« (nämlich »intrinsisch gut«) und »richtig« (»moralisch richtig«), so betont er schon in *The Morality of Punishment* im Gefolge Moores, sind Begriffe ganz eigener Art;[28] etwas Wesentliches geht verloren, wenn man die Grund-

28 Vgl. *MT*, 216: »It is essential to recognise that ›good‹ and ›right‹ are specific attributes […] which must not be reduced to anything else that is not itself ethical.«

begriffe der Ethik auf nicht-moralische Begriffe zurückführt. Angesichts dieser Irreduzibilität spricht Ewing auch von der »Autonomie« der Ethik, deren wichtigste Fürsprecher er in Kant und Moore ausmacht (vgl. *RDN*, 84). In *The Definition of Good* nennt er den Aufschwung naturalistischer Theorien »eines der auffallendsten Kennzeichen der zeitgenössischen Ethik« (*DG*, 3). Am häufigsten begegne dieser Ansatz in Form von Definitionen, welche auf die eine oder andere Weise das Gute und Richtige als den Gegenstand von Wünschen bestimmen oder als dasjenige, dem Zustimmung entgegengebracht wird. Damit würde die Ethik zu einem Zweig der empirischen Psychologie. Definitionsversuche mit Hilfe von biologischen und soziologischen Begriffen sind nach Ewing auf noch offensichtlichere Weise unzureichend. Gegen die Autonomie der Ethik verstoßen schließlich Ansätze, welche das Gute und das Richtige auf den Willen Gottes zurückführen und die Ethik damit zu einem Teilgebiet der Theologie machen, eine Unterart der von Moore so genannten »metaphysischen Ethiken«.[29] Auf für ihn charakteristische Art gibt Ewing in verschiedenen Schriften zunächst eine Übersicht von Argumenten gegen den Naturalismus in der Ethik, um anschließend die Argumente zu entkräften, die man für diesen in Anspruch genommen hat. Der ethische Naturalismus scheitert nach Ewing im Wesentlichen aus folgenden Gründen:[30]

[29] Siehe dazu »The Autonomy of Ethics«, in: I. Ramsey (Hg.), *Prospects for Metaphysics. Essays of Metaphysical Exploration*, London 1961, 33–49 (=*AE*).

[30] Zu den Argumenten (a) bis (e) siehe *ST*, 36–77, bes. 74f.; das Argument (f) findet sich neben (b) und (d) erstmals in *AE*, 33-6; *VR*, 98–100 bietet die Argumente (a), (b) sowie (d) bis (f); *RDN*, 85f. enthält eine ausführliche Version von Argument (a).

(a) Wäre der Naturalismus wahr, bestünde die Methode der Ethik in induktiv-statistischen Erhebungen. Im Zeitalter der Wissenschaft haben dies manche als Vorteil angesehen, weil die Ethik dadurch an Respektabilität zu gewinnen scheint. Es ist jedoch evident, dass diese Art von Untersuchung die Fragen nach dem Guten und Richtigen nicht zu klären vermag.
(b) Naturalistische Definitionen der moralischen Grundbegriffe geben sich als ungenügend zu erkennen, da es immer denkbar erscheint, dass ein Gegenstand oder eine Handlung die definitorischen Merkmale aufweist und dennoch nicht die Eigenschaften des Gut- bzw. Richtigseins exemplifiziert (oder umgekehrt die definitorischen Merkmale nicht aufweist und dennoch gut oder richtig ist). Selbst wenn alle Menschen eine Handlung gutheißen, mag sie dennoch falsch sein. Dies ist die in Moores »Argument der offenen Frage« festgehaltene Einsicht: Angesichts einer jeden solchen Definition lässt sich immer fragen, ob etwas, das ihr genügt, auch tatsächlich die definierte Eigenschaft besitzt.
(c) Es ist offensichtlich, dass »gut« in seiner moralischen Grundbedeutung (»an sich gut«) nicht mit irgendeiner natürlichen Eigenschaft identisch ist. Und wenn man darüber nachdenkt, kann man deutlich sehen, dass die moralischen Grundbegriffe von ganz eigener Art sind und sich allenfalls aufeinander, nicht jedoch auf Begriffe anderer Art zurückführen lassen.
(d) Insbesondere ist unmittelbar einsichtig, dass der Begriff der Pflicht sich aus keinem nicht zur Ethik gehörenden Begriff wie dem des Wünschens ableiten lässt. Naturalistische Definitionen erklären nicht den Schritt vom Sein zum Sollen.
(e) Die Gesamtheit der natürlichen Eigenschaften eines Dings oder einer Handlung legen deren moralische Eigenschaften mit Notwendigkeit fest – ohne dass sich letztere auf erstere reduzieren ließen: Zwei Dinge oder Handlun-

gen, die sich in ihren nicht-moralischen Eigenschaften nicht unterscheiden, können sich auch in ihren moralischen Eigenschaften nicht unterscheiden (s.u. II.5). Diese Supervenienz moralischer auf nicht-moralischen Eigenschaften geht gerade in den plausibelsten Versionen des Naturalismus verloren, wenn nämlich die moralischen Eigenschaften auf subjektive oder intersubjektive Reaktionen wie Wünsche oder Zustimmungen zurückgeführt werden. Denn diese Reaktionen können sich durchaus im Hinblick auf ein und denselben Gegenstand unterscheiden.

(f) Ein späteres Argument besagt, dass die charakteristische Funktion moralischer Urteile nicht im Beschreiben, sondern in einer Art Loben und Empfehlen besteht, wohingegen naturalistische Theorien sie als wesentlich deskriptiv erscheinen lassen.

Von diesen Einwänden werden im sechsten Kapitel des vorliegenden Buchs der erste, zweite und vierte vorgetragen. Ewing beruft sich dabei vor allem auf den introspektiven Befund. Verglichen mit dem intuitiven Verständnis der moralischen Grundbegriffe greifen naturalistische Definitionen zu kurz. Das betrifft subjektivistische und intersubjektivistische Definitionen, die auf geistige Zustände des Sprechers oder einer Gruppe von Menschen oder aller Menschen Bezug nehmen, genauso wie objektivistische Definitionen, die das Richtige und Gute mit Tatsachen anderer Art identifizieren.

In seinem 1939 erschienenen Essay »A suggested non-naturalistic analysis of good« (= *SN*) legt Ewing im Anschluss an C.D. Broad eine für die Strömung des Non-Naturalismus eher ungewöhnliche Analyse des Begriffs des Guten und seiner Stellung zum Begriff des Sollens vor (s.u. II.3), gleichwohl reiht er sich mit *The Definition of Good* weitgehend in die Traditionslinie von Sidgwick, Rashdall, Moore, Prichard und Ross ein; so hat man von einer *»Sidgwick-to-Ewing school«* in der britischen Ethik des 19. und 20. Jahrhunderts gesprochen.[31] Ewing teilt den moralischen Realismus Moores und nimmt trotz größerer Modifikationen die Existenz nicht-natürlicher Entitäten (Beziehungen) an, die dasjenige sind, was moralische Urteile wahr macht. Die Funktion dieser Urteile besteht darin, jene Beziehungen zu beschreiben. Später entwickelt er hingegen Argumente gegen die Annahme nicht-natürlicher Eigenschaften und Relationen: Der in *Second Thoughts* und *Value and Reality* ausgeführten revidierten moralischen Metaphysik zufolge gibt es keine nicht-natürlichen Entitäten; dementsprechend bestreitet Ewing jetzt, dass moralische Urteile einen primär deskriptiven Charakter aufweisen (s. u. II.5). Gleichwohl besteht er weiterhin auf nicht-natürliche moralische Grundbegriffe, auf deren Irreduzibilität und Apriorizität.[32] Den wahren Kern des Naturalismus erblickt er darin, dass die moralische Bewertung eines Gegenstandes oder einer Handlung von deren natürlichen Eigenschaften abhängt, und zwar derart, dass die natürlichen Eigenschaften eine andere moralische Bewertung unmöglich machen (s. u. II.5):

> »Es gibt keinen gültigen formalen Weg, das Gute oder das Sollen aus dem Ist abzuleiten. Und doch sind moralische Urteile offenbar auf irgendeine Weise auf solche über Tatsachen gegründet. Wir beurteilen etwas aufgrund seiner tatsächlichen Beschaffenheit als gut oder schlecht. Dies, so glaube ich, ist in der Hauptsache das Wahre am Naturalismus. […] Werturteile sind auf natürliche Eigenschaften gegründet, sind aber selber keine Urteile über natürliche Ei-

31 Vgl. Thomas Hurka, »Common Themes from Sidgwick to Ewing«, in: ders., *Underivative Duty. British Moral Philosophers from Sidgwick to Ewing*, Oxford 2011, 22; 24f.

32 Vgl. *ST*, 52: »What I have said involves the denial of non-natural objective properties or relations in moral philosophy, but it does not involve the denial of ›non-natural‹ concepts, though I must say that I do not think ›non-natural‹ a very good term and should prefer ›non-empirical‹.«

genschaften. […] Die Verbindung zwischen Tatsachen und Werten muss durch eine spezifisch ethische Einsicht erfasst werden, für die kein metaphysischer Ersatz zur Verfügung steht. Wenn eine Handlung überhaupt schlecht ist, so muss sie schlecht sein als die Handlung, die sie ist, mit den Umständen, wie sie sind.« (*AE*, 37 f.)

3. Zur Definierbarkeit von ›gut‹ und ›sollen‹

In einer Selbstdarstellung bezeichnet Ewing neben der Erklärung der Objektivität moralischer Urteile die Frage nach dem Verhältnis der Begriffe ›gut‹ und ›sollen‹ als den Brennpunkt seiner moralphilosophischen Vergewisserungen.[33] Erweist sich ›gut‹ (und somit auch ›schlecht‹) als vielfach äquivoker Begriff,[34] so lässt sich dessen fundamentale ethische Bedeutung als ›in sich gut‹ oder ›intrinsisch gut‹ bestimmen; an diesem Grundbegriff entzündet sich die Kontroverse zwischen Naturalisten und Non-Naturalisten in der Ethik. Aber auch innerhalb des Lagers derer, die sich einer Rückführung des in diesem Sinne Guten auf empirische Tatsachen verweigern, bestehe Klärungsbedarf. So vertrete eine Mehrheit der Gegner des Naturalismus die These von der (a) Undefinierbarkeit des Guten als dem moralischen Grundbegriff schlechthin, von dem ausgehend sich der Begriff des Sollens bestimmen ließe. Indes ist dies nicht die einzige für den Non-Naturalismus mögliche Position. Wie Ewing im sechsten Kapitel dieses Buches darlegt, könnte es sich bei ›gut‹ und ›sollen‹ auch um (b) zwei Begriffe handeln, die weder auf empirische Tatsachen noch aufeinander zurückgeführt noch mit Hilfe anderer moralischer Begriffe analysiert werden können. Diese Auffassung, der Ewing unter dem Einfluss von Ross anfangs

33 Vgl. *MPA*, 17.

34 In *DG*, 112–118 unterscheidet Ewing einen zehnfachen Sinn von »gut« und »schlecht«.

selber zuneigte, war die frühe Position Moores gewesen und wurde von diesem später gegen die These (a) eingetauscht. Die Auffassung, dass es eine undefinierbare Eigenschaft ›gut‹ gibt, sei jedoch problematisch. Sie lässt sich, wie man zurecht eingewandt hätte, nicht ausfindig machen. Ewing bekennt, dass er sich selbst keiner solchen Eigenschaft gewahr sei, während er über einen klaren Begriff der Pflicht bzw. des Sollens verfüge, der sich deutlich der Reduktion auf Tatsächliches widersetze.[35] Und es sei kaum zu bezweifeln, dass es der großen Mehrheit der Menschen (*DG*, 178: »practically everybody«) ebenso ergeht. Der Non-Naturalist ist daher besser beraten, ein (c) undefinierbares Sollen anstelle eines undefinierbaren Guten in den Mittelpunkt seiner Lehre zu stellen. Da moralische Begriffe nicht aus nicht-moralischen Begriffen abgeleitet werden können, muss mindestens ein moralischer Begriff undefinierbar sein. Man habe diesen aber allzu lange an der falschen Stelle gesucht, wie Ewing in seiner unaufdringlichen Art schreibt: »Dieser Begriff könnte vielleicht nicht der des Guten sein« (*DG*, 145). Mit Hilfe des Begriffs des Sollens und eines psychologischen Begriffs, dem der Pro-Einstellung *(pro-attitude)*, lässt sich nach Ewing das in sich Gute definieren: Danach *ist dasjenige gut, was um seiner selbst willen Gegenstand einer Pro-Einstellung sein soll.*[36] ›Pro-Einstellungen‹ sind positive intentionale Haltungen wie »Wählen, Wünschen, Mögen, Verfolgen, Zustimmen, Bewundern« (*DG*, 149), »Erstreben, Befördern, Begrüßen«

35 Vgl. *DG*, 174: »it may be asked why I defined ›good‹ in terms of ›ought‹ when I might equally well have defined ›ought‹ in terms of ›good‹ […]. […] I found that I could not form a clear concept of intrinsic goodness without including in it the concept of ought, but that I could form a clear concept of ought without including in it the concept of good.« Siehe auch *MPA*, 17.

36 Ewing legt diese Definition erstmals in *SN* vor und bekennt sich noch in seinem Alterswerk zu ihr; vgl. *VR*, 105: »I still adhere to my view that good should be analysed in terms of ought or right together with a psychological pro-attitude.«

(*E*, 104). Dass etwas Gegenstand einer Pro-Einstellung sein soll, hat also seinen Grund nicht in dessen Güte, sondern *bedeutet*, dass es gut ist. Der Grund dafür, dass etwas Gegenstand einer Pro-Einstellung sein soll und gut ist, liegt nach Ewing in dessen natürlichen Eigenschaften.[37] Deshalb und wegen des in die Empirie verweisenden Begriffs der Pro-Einstellung sieht Ewing in dieser Definition ein partielles Zugeständnis an den Naturalismus. Da es sich bei dem zweiten definierenden Begriff des Sollens um einen irreduzibel ethischen handele, bleibe ›gut‹ gleichwohl ein nicht-natürlicher Begriff, wenn auch kein einfacher und unanalysierbarer (vgl. *DG*, 146; *ST*, 83).[38] Mit seiner These von der Fundamentalität des Sollensbegriffs sieht sich Ewing in der Tradition Kants (vgl. *RDN*, 84).

Nun ist nach Ewing auch »Sollen« ein mehrdeutiger Ausdruck: Er kann sich (a) auf die Handlung beziehen, von der wir (nach angemessener Überlegung) glauben, dass wir sie

[37] Vgl. *ST*, 63: »To say that some particular thing is intrinsically good is then to say that its nature in itself provides a reason for adopting a favourable attitude towards it.« Mit einem von Thomas M. Scanlon geprägten Ausdruck werden Theorien des Guten (Wertvollen), die das Gute mittels normativer Begriffe (›Sollen‹, ›Gründe‹) bestimmen und von fundamentaleren, Güte verleihenden Eigenschaften abhängig machen, in der gegenwärtigen Diskussion als »buck-passing accounts of goodness (value)« bezeichnet; vgl. *What We Owe to Each Other*, Cambridge/MA. 1998, 95–100. Ewing erscheint als »einer der Gründerväter« dieser Auffassung; siehe dazu Jonas Olson, »Buck-Passing and the Consequentialist/Deontology Distinction«, in: T. Rønnow-Rasmussen et al. (Hg.), *Hommage à Wlodek: Philosophical Papers Dedicated to Wlodek Rabinowicz*, Lund 2007, nur online: http://www.fil.lu.se/hommageawlodek/site/papper/OlsonJonas.pdf, 3.

[38] Ewing hält seine Definition des Guten nicht für unanfechtbar; denn er glaubt, dass im Rahmen einer Begriffsanalyse von A als BC bestenfalls die extensionale Identität von A und BC *bewiesen* werden kann, niemals aber ihre intensionale Identität; vgl. *RDG*, 77 f.

ausführen sollen, auf die Handlung, die uns unser Gewissen auszuführen heißt. Mit der Handlung, die wir ausführen *sollen*, kann darüber hinaus (b) jene gemeint sein, die insgesamt – vom Standpunkt eines allwissenden Wesens aus – gesehen die richtige ist. Schließlich sollen wir (c) die Handlung ausführen, die im Lichte aller verfügbaren Informationen als die richtige erscheint.

Nur ein Sollen in der ersten dieser drei Bedeutungen konstituiert unmittelbar eine moralische Pflicht. Wer gegen sein Gewissen handelt, ist tadelnswert, nicht hingegen jemand, der hinter dem Sollen im zweiten Sinne zurückbleibt; da wir nicht allwissend sind, impliziert dieses zweite Sollen nicht einmal ein Können. Und wer zwar dem Sollen im ersten, nicht aber im dritten Sinne entspricht, dem kann man allenfalls vorwerfen, dass er sein Gewissen nicht ausreichend gebildet hat. In der normativen Ethik geht es vornehmlich darum zu eruieren, welche Handlungen wir der dritten Bedeutung des Wortes gemäß ausführen sollen – wenn auch nur deshalb, weil wir, wenn wir unser Handeln an diesem dritten Sollen ausrichten, am meisten Grund haben zu hoffen, dass wir auch unser Sollen im zweiten Sinne erfüllen (vgl. *DG*, 128). Ferner wird das Ergebnis der Suche nach dem, was wir im dritten Sinne sollen, idealerweise unsere Auffassung von dem, was wir im ersten Sinne sollen, und damit das erste Sollen selbst bestimmen. Das Sollen im zweiten und dritten Sinne bezeichnet keine moralische Pflicht, sondern ein Verhältnis der Angemessenheit *(»fittingness«)*;[39] es handelt sich um normative, nicht aber um im strikten Sinne moralische Begriffe. Ewing glaubt, dass die Unterscheidung zwischen einem (a) subjektiven Sollen, welches eine moralische Pflicht konstituiert, und einem (b, c) objektiven Sollen, das ein Verhältnis der Angemessenheit bedeutet, unabdingbar ist, um eine weit verbreitete ethische Intuition vor einem fundamentalen Wider-

39 Vgl. *DG* 132: »ought really covers two different concepts, the concept of fittingness and the concept of moral obligation.«

spruch zu bewahren. Wenn wir nämlich daran festhalten, dass wir sowohl tun sollen, was wir glauben, tun zu sollen, als auch tun sollen, was im Licht der verfügbaren Informationen als die richtige Handlung erscheint, so kommt es zu folgendem Problem (vgl. *E*, 144 f.; *ST*, 101): Angenommen, das, was wir glauben tun zu sollen, stimmt nicht mit dem überein, was im Licht der verfügbaren Informationen als die richtige Handlung erscheint – angenommen also, unser Gewissen ist im Irrtum; dann müsste man sagen, dass ›wir tun sollen, was wir nicht tun sollen‹. Ewings Diagnose einer Äquivokation vermeidet hier den Widerspruch.[40]

Ein Sollen welcher Art ist das in der Definition des intrinsisch Guten verwendete? In *The Definition of Good* vertritt Ewing die Auffassung, dass es das Sollen der Angemessenheit (»*the ought of fittingness*«) und nicht das Sollen als moralische Verpflichtung sei. Dafür führt er unter anderem an, dass das Sollen als moralische Verpflichtung das Sollen der Angemessenheit voraussetzt.[41] So definiert er ›gut‹ in diesem Werk als »*angemessenen* Gegenstand einer Pro-Einstellung« (*DG*, 152). Um die verbleibende Dualität der moralischen Grundbegriffe letztmalig zu reduzieren, versucht er sich an einer Analyse der Idee moralischer Verpflichtung mit Hilfe des Begriffs der Angemessenheit und gelangt dabei zu folgender Definition: Dass ich zu etwas moralisch verpflichtet bin, bedeutet so viel wie, dass es für mich angemessen wäre, es zu tun, und dass, falls ich es nicht tue, es angemessen

40 Diese – bereits im lateinischen Mittelalter ausführlich erörterte – Schwierigkeit diskutiert Christian Piller als »Ewing's Problem«; vgl. »Ewing's Problem«, in: *European Journal of Analytic Philosophy* 3 (2007), 43–65. Piller weist Ewings Lösung zurück; für eine Verteidigung derselben siehe dagegen Mark Schroeder, »Means-end coherence, stringency, and subjective reasons«, in: *Philosophical Studies* 143 (2009), 223–248.

41 Vgl. *DG*, 185: »For me to be under a moral obligation to do A, I must first believe that it is fitting for me to do A.«

wäre, dass ich Gegenstand moralischer Missbilligung bin (vgl. *DG*, 168). Ewing äußert jedoch bereits in *The Definition of Good* Vorbehalte gegenüber dieser Definition.[42] In *Second Thoughts* widerruft er die Ansicht, dass sich das moralische Sollen weiter analysieren lässt, ausdrücklich. Er bedauert nun, dass er dem Sollen als Angemessenheit eine derart maßgebende Rolle in der Ethik eingeräumt hat und bestimmt das Sollen der Angemessenheit als bloße Vernünftigkeit.[43] An der Analysierbarkeit von ›gut‹ mit Hilfe von ›sollen‹ hält er weiterhin fest. Die Definition des Guten wird gegenüber den beiden Sollensbegriffen neutralisiert: »›Gut‹ ist das, dem gegenüber man eine Pro-Einstellung haben *soll*« (*ST*, 81; vgl. *E*, 104). Die Bedeutungsvielfalt von ›gut‹ resultiert für Ewing zum einen aus der Äquivokation im Sollensbegriff, zum anderen aus der Mannigfaltigkeit der möglichen Pro-Einstellungen.

4. Kritik des ethischen Non-Kognitivismus

Bereits in *The Definition of Good*, vor allem aber in *Second Thoughts* setzt sich Ewing mit der Auffassung auseinander, dass unsere moralischen Urteile nur auf den ersten Blick einen Wahrheitsanspruch erheben, tatsächlich aber keine propositionale Struktur und folglich keinen kognitiven Sinn aufweisen (und daher streng genommen überhaupt keine Urteile

42 Vgl. *DG*, 170: »It may be doubted, however, whether the analysis given brings out the full specific nature of the ethical ought. If not, we may have to admit a second indefinable concept in ethics, moral obligation, as distinct from fittingness.«

43 Vgl. *ST*, 90: »I still recognize these two meanings of ›ought‹, but now I wish to lay more stress on the moral ›ought‹ and to reduce the ›ought‹ of ›fittingness‹ to reasonableness«; ebd., 94: »my view [...] has reduced the distinctively ethical concepts to a single fundamental one, expressed by ›ought‹ in the moral sense, the other ›ought‹ not being specifically ethical«; ebd., 95: »Indeed reasonableness conceived as the sole ultimate concept of ethics is [...] patently inadequate«.

sind). Ihre wahre Funktion erschöpft sich dem *Emotivismus* zufolge darin, die subjektiven Einstellungen des Sprechers einer Handlung oder einem Sachverhalt gegenüber zum Ausdruck zu bringen; dem *Präskriptivismus* gemäß handelt es sich bei moralischen Urteilen eigentlich um Befehle und Aufforderungen, die ihrerseits Ausdruck der Sprecherwünsche sind. Beide Formen des moralischen Expressivismus leiden für Ewing daran, dass sie den Begriff moralischer Gründe eliminieren (vgl. *ST*, 21). Die Rede von guten und schlechten Argumenten verliere dementsprechend ihren traditionellen Sinn. Übrig blieben nur noch Überzeugungsmethoden, die auf einer Ebene mit »Manipulation und Indoktrination« stehen (vgl. *ST*, 22), mit »Gehirnwäsche, geschickter, aber trügerischer Rhetorik«, mit den »von der russischen Geheimpolizei angewandten Methoden« (*RDN*, 93), »Umerziehungslagern« (*RT*, 341) oder der Anziehungskraft einer »magnetischen Persönlichkeit« (*VR*, 97). Die vermeintlichen moralischen Urteile glichen Flüchen wie »Verdammt!«, rein willkürlichen Befehlen (vgl. *VR*, 103), »bloßen Beschimpfungen« oder »Schreien und Drohungen« (*E*, 122). Wir hätten ferner keinen Grund, einem solchen Befehl oder der Äußerung einer Einstellung nicht zuwiderzuhandeln, es sei denn aus Furcht vor Sanktionen oder weil wir eine Belohnung erhoffen. Das Verständnis von moralischen Urteilen als Befehle unterzieht Ewing einer besonders eingehenden Kritik. Einem Befehl als solchem eigne noch nichts spezifisch Moralisches (vgl. *DG*, 14). Urteile über Vergangenes ließen sich ferner nicht als Befehle auffassen. Und würde ich mein eigenes moralisches Urteil über mein zukünftiges Handeln als Befehl verstehen, so wäre das Urteil gleichbedeutend mit meiner Entscheidung für ein entsprechendes Handeln; folglich »könnte es nicht so etwas wie unmoralisches Handeln geben« (*VR*, 104, vgl. *ST*, 11) und man geriete in das sokratische Paradox, dass man nicht wider sein eigenes Urteil zu wollen vermag. Tatsächlich versuchte der Hauptvertreter des Präskriptivismus, R. M. Hare, die sokratische Leugnung der Willensschwäche zu rehabilitieren, was ihm nach Ansicht Ewings aber nicht gelingen konnte.[44]

Der Präskriptivismus wie der Emotivismus bieten eine verzerrte Sicht auf unsere moralischen Urteile. Sie zielen an den Phänomenen und damit an unserer moralischen Erfahrung vorbei. Wie Ewing mutmaßt, liegt der Grund dafür in dem seinerzeit verbreiteten szientistischen Vorurteil, dass »es jenseits des Bereichs der Naturwissenschaften keine gültigen oder sogar keine bedeutungsvollen Behauptungen geben kann« (*E*, 121).

In *Second Thoughts* beschreibt Ewing eine neue, liberale Variante der non-kognitivistischen Position, die er für teilweise anschlussfähig hält. Deren Vertreter behaupten einerseits, dass moralische Urteile nicht wahr oder falsch sein könnten, weil sie sich zu sehr von den Urteilen der Wissenschaften unterscheiden; ihre Funktion sei praktisch und nicht deskriptiv. Sie halten andererseits daran fest, dass es in der Ethik gute und schlechte Gründe gibt. Moralische Urteile folgten einer eigenen Logik. Gelte für jene auch nicht die Unterscheidung von ›wahr‹ und ›falsch‹, so stünden sie doch unter einer anderen normativen Differenz, die man durch Ausdrücke wie ›richtig/unrichtig‹ oder ›gültig/ungültig‹ bezeichnen zu können glaubt.[45] Diese Position kann offenbar nur noch bedingt eine non-kognitivistische genannt werden. Ewing präsentiert seine eigene Auffassung in *Second Thoughts* als Kompromiss zwischen jener liberalen Variante des Non-Kognitivismus und

44 Vgl. *ST*, 10f.: »I wish for heaven's sake that, every time I did assent to the judgement that I ought to do X, it always followed that I assented to the command, ›Do it‹, i.e. that I did X!«

45 Ewing bezieht sich unter anderem auf R.M. Hare, *The Language of Morals*, Oxford 1952 (dt. *Die Sprache der Moral*, Frankfurt a.M. 1972), Stephen Toulmin, *An Examination of the Place of Reason in Ethics*, Cambridge 1950, Paul Edwards, *The Logic of Moral Discourse*, Glencoe, IL 1955, und auf die unpublizierten Ansichten seines Cambridger Kollegen John Wisdom.

seiner eigenen frühen Position. Während es im vorliegenden Buch noch heißt, dass der kognitive Sinn moralischer Urteile ihrem non-kognitiven Sinn »normalerweise vorausgeht« (*E*, 121), anerkennt Ewing nun eine primäre, nicht auf Erkenntnis abzielende Funktion moralischer Urteile. Moralische Urteile haben in erster Linie einen praktischen, keinen theoretischen Sinn.[46] Sie bringen einen psychologischen Zustand zum Ausdruck: eine »anfängliche Einstellung des Strebens« (*»incipient conative attitude«*; *ST*, 74; *VR*, 102). Wer ein günstiges moralisches Urteil fällt, besitzt immer schon eine Neigung zu der Handlung oder zu dem Sachverhalt, von denen sein Urteil handelt; wer ein ungünstiges Urteil fällt, ist der beurteilten Handlung oder dem Sachverhalt immer schon abgeneigt. Es ist nicht möglich, ohne die entsprechende ›anfängliche Einstellung des Strebens‹ ein aufrichtiges moralisches Urteil zu fällen; andererseits bedeutet eine ›anfängliche Einstellung des Strebens‹ noch kein vollwertiges Wollen und geht nicht notwendig mit einem solchen einher. Im Falle von Urteilen, die sich auf vergangene Taten richten, besteht diese Einstellung nur darin, dass der Handlung »Sympathie oder Aversion« entgegengebracht werden (*VR*, 103). Ein moralisches Urteil zu akzeptieren bedeutet daher noch nicht, die entsprechende Entscheidung zu treffen. Das Phänomen der Willensschwäche – des Handelns gegen unsere moralischen Überzeugungen – muss nicht geleugnet werden. Während Ewing in *The Definition of Good* noch eine externalistische Motivationstheorie vortrug, nach der es einfach eine zusätzliche Tatsache ist, wenn wir unseren moralischen Urteilen entsprechend handeln, ist seine reife Position ein schwacher motivationstheoretischer Internalismus,[47] dem die Paradoxien des Präskriptivismus erspart bleiben (vgl. *VR*, 104).

[46] Vgl. *VR*, 194: »I am inclined to accept the view that they are primarily the expression of practical attitudes and thus primarily do something other than make a truth-claim«.

[47] Siehe dazu Jonas Olson, Mark Timmons, »A.C. Ewing's First

Dass moralische Urteile eine praktische Einstellung der beschriebenen Art zum Ausdruck bringen, ist nach *Second Thoughts* indes nicht die ganze Wahrheit über diese. Denn sie zeichnen sich darüber hinaus durch ein kognitives Element aus, welches für sie nicht weniger wesentlich ist als das nonkognitive: Sie beinhalten die Behauptung, dass die von ihnen zum Ausdruck gebrachte Einstellung objektiv gerechtfertigt, d.h. rational begründet ist. Im Hinblick auf jene Behauptung sind moralische Urteile wahr oder falsch (vgl. *MPA*, 19):

> »Sie rufen nicht nur einen selbst und andere zu Handlungen auf; sie beanspruchen auch, dass es gute Gründe gibt, dazu aufzurufen. [...] Moderne Kritiker des Objektivismus haben bei ihrer Beweisführung in großem Stil den praktischen Charakter der Ethik herangezogen. Aber ich sehe nicht, wieso dieser die moralischen Urteile daran hindern sollte, im vollsten Sinne des Wortes wahr zu sein.« (*ST*, 61 f.)

Für Ewing gibt es keinen Grund, objektive Wahrheit auf Sätze der empirischen Wissenschaften zu beschränken. Moralische Urteile drücken nicht nur Einstellungen, sondern auch – auf diese Einstellungen bezogene – Propositionen aus, und es sei offensichtlich, dass moralische Urteile wie »Hitler handelte schlecht« (*E*, 122) oder »Ich soll einen Menschen nicht nur deshalb töten, weil mir das Aussehen seiner Krawatte nicht gefällt« (*ST*, 39), objektiv wahr sind, ebenso wie »viele Millionen ähnlicher« Urteile (ebd.), deren objektive Wahrheit uns zu trivial erscheint, als dass wir auf den Gedanken kämen, sie ausdrücklich zu behaupten. Dabei kommt es Ewing auf die Objektivität und nicht auf das Wort von der Wahrheit an. Sofern nur anerkannt wird, dass der von moralischen Urteilen erhobene objektive Geltungsanspruch einlösbar ist, würde er sich auch damit abfinden, dass die sich dadurch er-

and Second Thoughts in Metaethics«, in: T. Hurka (Hg.), *Underivative Duty. British Moral Philosophers from Sidgwick to Ewing*, Oxford 2011, 189.

gebende normative Differenz mit einem anderen Ausdruckspaar als mit »wahr« und »falsch« bezeichnet wird, obwohl er dazu keinen Anlass sieht (vgl. *E*, 134f.). Auch für Hare, der den moralischen Urteilen neben dem primären präskriptiven einen sekundären deskriptiven Sinn zuerkennt, drücken moralische Urteile Propositionen aus. Es handelt sich bei ihnen allerdings nicht um moralische Propositionen. Sie betreffen vielmehr Tatsachen – faktische Eigenschaften von Handlungen und Sachverhalten als Grundlage für die Befehle, welche moralische Urteile vorrangig ausdrücken.[48] Ewing dagegen bestreitet, dass moralische Urteile überhaupt eine deskriptive Funktion aufweisen. Ihre objektive Wahrheit, an deren Möglichkeit er dennoch festhält, besteht nicht darin zu sagen, dass natürliche oder nicht-natürliche Eigenschaften oder Sachverhalte sind, wie sie sind (s. u. II.5). Hierin sieht er ein weiteres Zugeständnis an den Non-Kognitivismus.

Dessen Grundthese ist gleichwohl verfehlt. Wer wie der Non-Kognitivist an der Wahrheitsfähigkeit moralischer Urteile zweifelt, könne angesichts ihres nicht zu leugnenden Wahrheitsanspruchs allenfalls behaupten, dass sie allesamt falsch sind. Den ethischen Skeptizismus einer solchen »Irrtumstheorie« meint Ewing nicht förmlich widerlegen zu können. Aber er sei erstens unglaublich. Es erscheine ihm zum Beispiel schlicht unmöglich, dass er sich irrt, wenn er glaubt, es sei falsch, einen ethischen Skeptiker »zu foltern, weil ich seine Ansicht nicht teile« (*ST*, 29); er könne nicht anders als glauben, dass er nicht darin irrt, »dass es moralisch falsch wäre, eine Bande von Schurken anzuheuern, um den ersten Kritiker meiner Position zusammenschlagen zu lassen« (*E*, 110).[49]

48 Vgl. R.M. Hare, Die Sprache der Moral, Frankfurt a.M. 1972, 144–161 (»Beschreiben und Werten«).

49 Vgl. Olson, Timmons, »A. C. Ewing's First and Second Thoughts«, 192: »Ewing thinks that philosophical views ought to fit with ›what we can't possibly help believing in ordinary life‹ which (he thinks) rules out an error theory.«

Der ethische Skeptizismus sei zweitens eine Position von rein akademischem Interesse, die sich in der Praxis unmöglich durchhalten lässt. So würde es bereits eine Inkonsistenz bedeuten, wenn ein Wertskeptiker die Überzeugung vertritt, es sei »vernünftiger, seine Hände in Wasser zu waschen statt in Salzsäure« (*DG*, 33); denn dies würde bereits voraussetzen, dass Schmerzen etwas Schlechtes sind.

5. Die Objektivität moralischer Urteile

Der frühe Ewing folgt Moore in der Annahme nicht-naturalistischer Entitäten. Im Unterschied zu Moore bestimmt er diese aber nicht als Instanziierungen einer einstelligen moralischen *Eigenschaft* (›in sich gut‹), sondern einer moralischen *Beziehung* (›gesollt‹): Handlungen und Sachverhalte zeichnen sich dadurch aus, dass wir ihnen gegenüber eine Pro- oder Anti-Einstellung einnehmen *sollen*. Die Instanziierungen des Gesolltseins treten zu den natürlichen Eigenschaften hinzu; sie bereichern das Inventar der Welt.[50] Unsere moralischen Urteile drücken Einstellungen aus; primär aber *beschreiben* sie jene nicht-natürlichen Beziehungen. Diese wiederum garantieren die Objektivität moralischer Urteile.[51] Weil es nicht-natürliche Entitäten wirklich gibt, sind moralische Urteile, wenn sie diese Entitäten korrekt beschreiben, objektiv wahr (und im umgekehrten Fall objektiv falsch). Es sind letzlich die Instanziierungen der nicht-natürlichen Eigenschaft des Gesolltseins, die unsere moralischen Urteile wahr oder falsch machen.

50 Vgl. *RT*, 338: »He [sc. Moore] treats it [sc. good] as if it were just some extra-characteristic of a peculiar kind which some things possess in fact over and above the characteristics mentioned in the natural sciences.«

51 Vgl. *ST*, 50, wo Ewing schreibt, er habe früher mit seinen Gegnern angenommen, »that ethical and evaluative judgements can only be objective if there are ›non-natural‹ qualities or relations«.

Der reife Ewing hingegen bestreitet die Existenz nicht-natürlicher Relationen ebenso wie die von nicht-natürlichen Eigenschaften. Er bezeichnet es nun als Irrtum anzunehmen, dass sich moralische Begriffe unmittelbar auf wirkliche Entitäten beziehen. In dieser Annahme bestehe der gemeinsame Fehler des Naturalismus und des klassischen Non-Naturalismus (vgl. *NLP*, 202). Moralische Urteile schreiben ihren Gegenständen allenfalls vordergründig Eigenschaften und Beziehungen zu. Um seine bereits im Titel von *Second Thoughts* angekündigte Kehrtwende in der moralischen Metaphysik zu rechtfertigen, führt Ewing unter anderem die folgenden drei Gründe an (vgl. *ST* 44 f.; 79 f.):

(a) Es gehört zu den Bedingungen der Existenz einer Beziehung, dass beide Relata existieren. Aber viele unserer moralischen Urteile betreffen Zukünftiges: Dasjenige, dem gegenüber wir eine bestimmte Einstellung an den Tag legen sollen, ist oftmals (noch) nicht wirklich, sondern nur möglich. Also kann eine Verpflichtung nicht das wirkliche Bestehen einer Beziehung zur Voraussetzung haben.
(b) Damit eine Eigenschaft oder Beziehung wirklich ist, muss sie als Ursache in Erscheinung treten können. Dem moralischen ›Gesolltsein‹ kommt aber keine ursächliche Kraft zu.
(c) Das bloße Beschreiben einer Eigenschaft oder Beziehung – ob natürlicher oder nicht-natürlicher Art – liefert noch keinen Grund zum Handeln; es drückt noch keine Verpflichtung aus.

Damit wendet sich Ewing vom moralischen Realismus ab. Moralische Urteile betreffen das richtige Handeln und Bewerten, sagen aber »nicht unmittelbar« etwas über die »tatsächliche Beschaffenheit des Wirklichen« aus (*ST*, 51). Ihre Wahrheit besteht folglich nicht in einer an der Wirklichkeit Maß nehmenden *Beschreibung* moralischer Entitäten. Die Aufgabe, die sich Ewing daraufhin stellt, ist es zu zeigen, wie moralische

Urteile auch unter diesen veränderten Vorzeichen objektiv wahr sein können.[52]

Zu diesem Zweck unterzieht er in *Second Thoughts* und einem kurze Zeit darauf entstandenen Aufsatz die Korrespondenztheorie der Wahrheit einer eingehenderen Betrachtung.[53] Die der Korrespondenztheorie zugrunde liegende Vorstellung besagt, dass die Wahrheit einer Aussage nicht von unserem subjektiven Dafürhalten, sondern von objektiven Gegebenheiten abhängt. Diese Gegebenheiten sind das, was die Aussage, wenn sie jene korrekt beschreibt, wahr macht. Ewing bezeichnet es als den Kerngedanken der Korrespondenztheorie, dass die Wahrheit einer Aussage von ihrer Beziehung zur Wirklichkeit abhängt (und nicht etwa von ihrer Beziehung zu anderen Aussagen). Insofern meint er, sich der Korrespondenztheorie der Wahrheit anschließen zu sollen.[54] Er tut dies jedoch nur unter großen Vorbehalten. Denn er glaubt, dass verschiedene Typen von Aussagen sich auf sehr unterschiedliche Weise auf Wirkliches beziehen können. Es sei fraglich, ob sich alle diese Arten des Wirklichkeitsbezugs sinnvollerweise unter dem Begriff der Korrespondenz fassen lassen. Sofern dies überhaupt angebracht ist, ergibt sich jedenfalls ein »extrem weiter« (*NLP*, 197) und darüber hinaus vager Begriff von Korrespondenz: Alle wahren Aussagen teilen die »weite allgemeine Eigenschaft, durch eine Beziehung zum Wirklichen wahr gemacht zu werden« (*ST*, 60); ›wahr‹ bezeichnet diese »sehr weite (bislang nicht erfolgreich definierte und womöglich undefinierbare) Relation« (*NLP*, 203).

52 Vgl. G.R. Grice, »Alfred Cyril Ewing, 1899–1973«, in: *Proceedings of the British Academy* 59 (1973), 507.

53 Vgl. »The Correspondence Theory of Truth«, in: *The Personalist* 43 (1962), 473–485; wieder abgedruckt in: A.C. Ewing, *Non-Linguistic Philosophy*, London 1968; London 3/2004, 193–204 (= *CT*).

54 Vgl. *NLP*, 196: »It (sc. the correspondence theory) does make one important assertion, namely, that truth depends on a relation to an objective reality beyond any set of judgements or beliefs.«

So könne der im Begriff der Korrespondenz festgehaltene Wirklichkeitsbezug mehr oder weniger direkt sein: Die Wahrheit von affirmativen Tatsachenurteilen besteht offenbar unmittelbar in ihrer Korrespondenz mit den Tatsachen; aber bereits im Falle von negativen Tatsachenurteilen lässt sich das nicht ohne weiteres aufrecht erhalten, und noch weniger gilt dies für Urteile über dispositionale Eigenschaften, über Zukünftiges, für hypothetische und kontrafaktische Aussagen (vgl. *ST*, 44; *NLP*, 197) sowie für die Sätze der Mathematik (vgl. *AE*, 36; *VR*, 106; *RT*, 343). Und doch hängt in Ewings Augen die Wahrheit aller wahren Aussagen zuletzt von dem ab, was wirklich ist.

Wie aber nehmen moralische Urteile an der Wirklichkeit Maß, da sie keine nicht-natürlichen Eigenschaften oder Beziehungen beschreiben? Moralische Urteile drücken eine ›anfängliche Einstellung des Strebens‹ aus und behaupten, dass es gute Gründe gibt, diese Einstellung einzunehmen. Worin liegen diese Gründe? Was macht moralische Urteile wahr? Die Korrespondenz moralischer Propositionen mit der Wirklichkeit ist nach Ewing eine indirekte Beziehung, die er mit Hilfe einer Analogie zu erklären versucht. Wie hypothetische und kontrafaktische Aussagen weder die Wirklichkeit noch irgendwelche hypothetischen Entitäten beschreiben, so behaupten auch moralische Urteile weder die Existenz von natürlichen noch von über die natürliche Welt hinausgehenden Gegebenheiten.[55] Und doch werden, wenn sie wahr sind, die einen wie die anderen durch die »Beschaffenheit des Wirklichen« wahr gemacht. Die kontrafaktische Aussage »Wenn die Nazis den Krieg gewonnen hätten, hätten sie die Bewohner Englands einer Tyrannei unterworfen« (*NLP*, 200), ist wahr,

[55] Vgl. *ST*, 51: »It may be that we are no more bound to assert the existence of ethical properties in the real because some ethical propositions are true than we are bound to assert the existence of a peculiar kind of events, hypothetical events, because some hypothetical propositions are true.«

weil die Nazis so waren, wie sie waren; die hypothetische Aussage »Wenn ich vom Woolworth Building in New York hinabspränge, würde ich zu Schaden kommen« (*NLP*, 200; vgl. *VR*, 107), ist wahr, weil die Fallhöhe so hoch ist, wie sie ist, weil der Luftwiderstand so groß ist, wie er ist, weil mein Körper so zerbrechlich ist, wie er ist *etc*. Ähnlich hängt auch die Wahrheit moralischer Urteile mittelbar von der faktischen Beschaffenheit ihres Gegenstandes ab (und im Falle von Handlungen darüber hinaus von den faktischen Umständen). So sind viele Handlungen objektiv schlecht, weil sie die Eigenschaft haben, Schmerzen zu verursachen.

> »Moralische Urteile kommen mit gewöhnlichen Urteilen jedenfalls darin überein, dass ihre Geltung davon abhängt, wie sie sich zur faktischen Beschaffenheit des Wirklichen verhalten. Obwohl keine Aussagen über empirische Tatsachen, werden sie von diesen doch ›wahr‹, gültig, richtig, vernünftig – oder wie auch immer wir es nennen wollen – gemacht« (*ST*, 60).

Und jene Abhängigkeit ist derart, dass die natürlichen Eigenschaften der bewerteten Handlung oder des bewerteten Sachverhalts das moralische Urteil *erzwingen*. Wahre moralische Urteile sind notwendig wahr und falsche notwendig falsch. Es ergibt keinen Sinn zu sagen: »An dieser Handlung stört mich nur eines, nämlich dass sie moralisch schlecht ist. Also entscheide ich mich für eine Handlung, die mit ihr in jeder einzelnen Eigenschaft übereinkommt – außer in ihrer moralischen Schlechtigkeit« (vgl. *VR*, 109). Die moralischen Qualitäten einer Handlung, so ließe sich im heutigen Idiom sagen, sind ihren natürlichen Eigenschaften *supervenient*.[56]

56 Für jeden Gegenstand *A* einer in einem moralischen Urteil ausgedrückten ›anfänglichen Einstellung des Strebens‹ gilt nach Ewing (*ST*, 70; vgl. *VR*, 109): »Wenn wir *A* (nicht bloß zufällig) richtig bewerten, so muss die Bewertung auf der Beschaffenheit von *A* gründen und kann daher nicht anders sein, wenn *A* ist, wie es tatsächlich ist«.

Doch bleibt noch zu fragen, was es ist, das die notwendige Verbindung der natürlichen Eigenschaften einer Handlung oder eines Sachverhalts mit der angemessenen Einstellung ihnen gegenüber und damit die Wahrheit moralischer Urteile garantiert. Bei den hypothetischen Propositionen ermöglichen »kausale oder logische Beziehungen von Elementen in der Wirklichkeit« (*NLP*, 200) – die Naturgesetze und die Gesetze der Logik – den Brückenschlag. Dass ich mir durch einen Sturz von einem Wolkenkratzer beträchtlichen Schaden zufügen würde, ist wahr aufgrund der Fallhöhe, des Luftwiderstands, der Beschaffenheit meines Körpers etc. *in Anbetracht der Gesetze der Physik*. Entsprechend benötigen wir bei den ethischen Propositionen ein *moralisches Gesetz*, um die Norm an die Beschreibung, das ideale Sollen an das reale Sein zu binden und umgekehrt (vgl. *VR*, 195). Spekulationen über den ontologischen Status eines solchen Gesetzes sind ein spätes Thema von Ewings theistischer Religionsphilosophie; dort vertritt er, nachdem er sich früher skeptischer geäußert hatte, die These, dass die Objektivität der Ethik als Hinweis auf die Existenz Gottes zu verstehen sei, in dem (in dessen Geist) das moralische Gesetz existiert (s. u. II.11).

Man hat den Verdacht geäußert, dass Ewing, ohne sich darüber Rechenschaft zu geben, den moralischen Realismus der Annahme nicht-natürlicher Eigenschaften und Relationen gegen eine subtilere Form des Realismus eintausche; und dass seine Deutung moralischer Urteile als nicht-deskriptiv folglich ein Fehlgriff gewesen sei.[57] Denn der erstmals in *Second Thoughts* entwickelten Position zufolge gebe es »normative Fakten« – nämlich das Angemessen- oder Gerechtfertigtsein der durch das moralische Urteil ausgedrückten Einstellung –,[58] und auch diese stellten eine Art relationaler

[57] Vgl. Olson, Timmons, »A. C. Ewing's First and Second Thoughts«, 201, Anm. 43: »Ewing's claim that moral judgements are not descriptive was a misleading characterization if not a lapse.«

[58] Vgl. Jonas Olson, Mark Timmons: »A. C. Ewing«, in: H. LaFol-

Eigenschaften dar. Ewing nimmt diesen Einwand vorweg, wenn er schreibt:

> »Vom Wort her gesehen könnte man vorbringen, dass ›gerechtfertigt‹, da es sich um ein Adjektiv handelt, wiederum eine Eigenschaft zuschreibt; aber darauf lässt sich entgegnen, dass es jedenfalls nicht eine in dem Sinne zuschreibt, in dem deskriptive Urteile dies tun« (*AE*, 36).

In der Tat scheint die Rede von normativen »Fakten« noch derjenigen Position verpflichtet, die Ewing in seiner Moralphilosophie vor allem als Irrtum zu entlarven bemüht ist, den Naturalismus. Ewings Non-Naturalismus zufolge sind normative Begriffe weder auf deskriptive Begriffe zurückzuführen, noch funktionieren normative Begriffe nach Art der deskriptiven. Sie beschreiben keine nicht-natürlichen, nach Art der natürlichen konzipierten Entitäten. Das Beschreiben ist überhaupt nicht ihr Geschäft. Ewing wirft daher Moore implizit vor, die Autonomie der Ethik nicht radikal genug gedacht zu haben.[59] Ein Anzeichen für den Nicht-Eigenschaftscharakter des Gesolltseins – d. h. des Gerechtfertigtseins durch die natürlichen Eigenschaften – ist nach Ewing dessen fehlende wirkursächliche Kraft.

lette (Hg.), *International Encyclopedia of Ethics*, Bd. 2, Oxford 2013, 1819: »this commits Ewing to particular instantiated normative facts involving attitudes having the property of being justified or required«; s. a. dies, »A. C. Ewing's First and Second Thoughts«, 206–209 (»A Moral Property Realist *malgré lui*?«). Der Einwand wird bereits von John Knox, Jr., vorgetragen (1975, 241): »But then if a subject indeed takes up such an attitude toward an appropriate object, a relation of propriety or of obligatoriness must obtain between the attitude and the object.«

59 Vgl. *AE*, 36: »On such a view the autonomy of ethics goes even further [...]. [...] value judgements [...] do something different in kind from what is done by factual judgements, which are usually thought of as ascribing properties«.

6. Egoismus und Universalismus

In *The Methods of Ethics* unternahm Sidgwick den Versuch, dem hedonistischen Utilitarismus seine stringenteste Form zu geben; er zeigte sich in der ersten Auflage des Werks aber zugleich von der Rationalität des hedonistischen *Egoismus* beeindruckt und würdigte diesen mit seiner Formel vom »Dualismus der praktischen Vernunft« als unwiderlegbare Alternative zu seiner eigenen Position.[60] Im zweiten Kapitel des vorliegenden Buchs hat sich Ewing so ausführlich wie nirgends sonst mit einer Ethik auseinandergesetzt, welche dem Handelnden letztlich allein die Sorge um die eigene Lust vorschreibt. Dabei ist er darum bemüht, den moralischen Egoismus so stark wie möglich zu machen. Bei näherem Hinsehen sei dieser weder so kontraintuitiv, wie man glauben könnte; noch sei er mit einem regelrechten Selbstwiderspruch behaftet, wie Moore dies wollte.[61] Dennoch scheitert er für Ewing daran, dass er nicht dem entspricht, was wir als Verpflichtung erfahren; dass er dem widerspricht, »was wir in bestimmten ethischen Situationen unweigerlich glauben werden« (*E*, 22). Es stehe uns klar vor Augen, dass sich unsere Pflichten anderen gegenüber nicht auf das Gebot zurückführen lassen, die Lust für uns selber zu mehren. In Situationen, wo wir deutlich eine moralische Pflicht vernehmen, seien wir gerade nicht um unser eigenes Glück besorgt. Umgekehrt mache das Erfüllen der Pflicht einen nicht notwendig glücklicher. »Es scheint ein wesentliches Merkmal des entwickelten moralischen Empfindens zu sein, dass es […] uns verbietet, ein Gut als wichtiger anzusehen, nur weil es sich um unser eigenes Gut handelt« (*E*, 31). Das bedeutet, dass weder das Ausmaß seiner Güte noch sein verpflichtender Charakter davon abhängt, wem es zukommt. Dagegen schlössen primitive Gesellschaften fremde Personen in der Regel von

60 Vgl. Sidgwick 1874, 473.

61 Vgl. Moore 1903, 98 f.; *E*, 30.

ihren Pflichten aus. Auch das moralische Denken moderner Nationen sei noch allzu häufig von der Antithese zwischen ihnen selbst und den anderen bestimmt (vgl. *ST*, 129). Der sich darin ausdrückende moralische Partikularismus ist mit unseren universalistischen Intuitionen ebenso wenig zu vereinbaren wie der Egoismus.

Insbesondere die in der Zusammenschau moralischer Systeme fast invariante Wertschätzung des *Selbstopfers* entzieht sich nach Ewing einer Rekonstruktion in egoistischen Begriffen. Dieses Problem betreffe keineswegs nur den hedonistischen Egoismus, sondern auch die höheren Formen einer letztlich selbstreferentiellen Moral bei Platon oder Aristoteles, für die eine Handlung richtig sei, wenn sie einem guten Charakter entspringt oder beim Handelnden Tugend bewirkt. Das Selbstopfer vermag gar nicht so viel Tugend zu bewirken, als dass es die Hingabe des mir verbleibenden, potentiell tugendhaften Lebens rechtfertigen könnte (vgl. *E*, 28 f.). Sidgwick glaubte, dass der Konflikt zwischen dem egoistischen und dem universalistischen Hedonismus in der Ethik durch die Annahme aufgelöst werden kann, dass Gott ein unparteiisches Handeln im Sinne des letzteren im ewigen Leben belohnt,[62] doch widerspricht dem Ewing: Ein guter Gott wird ein Handeln nur belohnen, wenn dieses richtig ist; die entsprechende Annahme setzt daher bereits voraus, dass wir nicht egoistisch handeln sollen (vgl. *E*, 19).

7. Hedonistischer und nicht-hedonistischer Utilitarismus

Als universalistische Ethik vermeidet der von Sidgwick vertretene hedonistische Utilitarismus in Ewings Augen einige der schwerwiegendsten Einwände gegen den hedonistischen Egoismus. Er entspricht viel eher als dieser unserem alltägli-

62 Vgl. Sidgwick 1907, 503–509.

chen Denken über moralische Fragen. Wie der hedonistische Egoismus ist der hedonistische Utilitarismus eine konsequentialistische Theorie, für die sich die Richtigkeit oder Falschheit einer Handlung an ihren Folgen bemisst. Und als solche sieht auch er sich nicht unbedeutenden Einwänden gegenüber. Die meisten von ihnen hält Ewing indes für beherrschbar (vgl. *E*, 36f.; 66–74). So sei ein Konsequentialist keineswegs darauf festgelegt, in jedem einzelnen Fall eine Erhebung und Bewertung der Handlungsfolgen durchzuführen, sondern könne an Regeln appellieren, von denen er glaubt, dass ihre allgemeine Observanz die Folgen optimiert. Die oft ins Feld geführte Unvorhersehbarkeit der gesamten Handlungsfolgen sei zwar bedauerlich, aber kein Argument gegen den Konsequentialismus; denn in der normativen Ethik geht es um ein Sollen im dritten ausgemachten Sinne des Wortes (s. u. II.3), und dieses bezieht sich auf diejenige Handlung, die im Lichte aller *mir verfügbaren* Informationen als die richtige erscheint. Die Abwägung der Folgen sei oftmals schwierig, aber nicht unmöglich, wie unsere alltägliche Praxis zeige. Dennoch wird Ewing dafür plädieren, das konsequentialistische Prinzip dahingehend einzuschränken, dass bei der Bestimmung der richtigen Handlung neben den Folgen auch der intrinsische Wert der Handlung als solcher herangezogen wird (s. u. II.8). Denn auch der nicht-hedonistische Utilitarismus ist mit der Alltagsmoral, in der die kollektive moralische Erfahrung aufgehoben ist, nur schwer vereinbar. Als Konsequentialismus scheint er allzu oft Fälle von Lüge und Betrug zu rechtfertigen – obgleich dies nicht einfach nachzuweisen ist und auch ein entsprechender Nachweis noch keine strenge Widerlegung des hedonistischen Utilitarismus darstellt (vgl. *E*, 41 f.).

Ein viel offensichtlicherer Mangel des hedonistischen Utilitarismus ist für Ewing dessen monistische Güterlehre. Der Versuch, alle übrigen Güter auf die Lust als das einzige intrinsische Gut zurückzuführen, misslingt. Wer im Einklang mit dem *Common sense* einige Arten von Lust als schlecht ansieht oder auch nur einige Arten von Lust als besser betrachtet als andere, hat den Hedonismus bereits hinter sich gelassen (vgl. *E*, 42 f.) Die Lust ist das Gute im Hinblick auf die fühlende Seite unserer Natur. Der Mensch ist aber nicht nur ein fühlendes, sondern auch ein denkendes und handelndes Wesen. Deshalb gilt es, die schmale Wertbasis des Hedonismus durch die Anerkenntnis anderer, irreduzibler Güter zu erweitern. Dazu zählen insbesondere die intellektuelle und ästhetische Erfahrung, moralische Tugend, Freundschaft und Liebe. Auch die gerechte Verteilung bestimmter Güter sei selber ein Gut, das bei der Bewertung einer Handlung in Rechnung gestellt werden muss. Nach Ewing ist es zwar nicht möglich, bei all diesen Dingen zu *beweisen*, dass sie in sich gut sind, doch lässt sich dies im Falle der Lust ebenso wenig beweisen: »Sidgwicks hedonistischer Utilitarismus ist auf die Intuition angewiesen, dass die Lust gut ist; doch beinhalten andere ethische Intuitionen, dass es sich bei ihr nicht um das einzige Gut handelt« (*U*, 100; vgl. *E*, 48). Seine eigene Annahme eines Wertepluralismus rechtfertigt Ewing durch eine Reihe von Gedankenexperimenten und Beispielen aus der Literatur (vgl. *E*, 43–47; *U*, 101 f.). Mit ihrer Hilfe sollen dem Leser die entsprechenden Intuitionen vergegenwärtigt werden. So zeichne Aldous Huxleys Roman *Brave New World* das Bild einer Gesellschaft, die sich für einen Vertreter des hedonistischen Utilitarismus als höchst befriedigend ausnehmen müsse und die uns doch als moralisch abstoßend erscheint. Den Monopolismus der Lust auf der Ebene der Werte zu durchbrechen, markiert den Schritt vom hedonistischen zum »idealen«, nämlich nicht-hedonistischen Utilitarismus.

Ein solcher nicht-hedonistischer Utilitarismus wurde von Rashdall und Moore vertreten und war eine im Zeitalter Ewings lebendige Position.[63] Wer die hedonistische Kompo-

63 Dagegen stellt Ewing fest, dass der hedonistische Utilitarismus nur noch bei »sehr wenigen« Moralphilosophen Zuspruch finde (*E*, 36); beim egoistischen Hedonismus handele es sich sogar um

nente als für den Utilitarismus wesentlich ansieht, wird es vorziehen, die gemeinte Theorie als »nicht-utilitaristischen Konsequentialismus« zu bezeichnen. Aber Ewing sieht zum einen den Hedonismus nicht als wesentlich für den Utiliarismus an. Er vermeidet es zum anderen bewusst, die gemeinte Position als konsequentialistisch zu definieren. Der ideale oder nicht-hedonistische Utilitarismus besteht ihm zufolge vielmehr in den beiden Annahmen, dass (a) die Lust nicht das einzige Gut ist; und dass (b) die richtige Handlung stets jene ist, welche den größten Überschuss an Gutem über das Schlechte bewirkt (und es allein diese Eigenschaft ist, welche sie gut macht).[64] Zu den besagten Wirkungen einer Handlung zählen nach Ewing vornehmlich deren Folgen. Hinzu kommt jedoch der intrinsische Wert der Handlung selbst. Dieser hängt nicht nur von den Folgen ab, sondern wird auch durch die Absicht des Handelnden und seinen Charakter bestimmt. Zwei Handlungen können dieselben oder fast dieselben Folgen haben und sich in ihrer moralischen Qualität deutlich unterscheiden.[65] Ewings Ratschlag an den idealen Utilitaristen lautet daher, vom Konsequentialismus Abstand zu nehmen:

> »Das […] beinhaltet das Zugeständnis, dass die Richtigkeit oder Falschheit einer Handlung nicht in jedem Falle allein von ihren Folgen abhängt. Mit dem grundlegenden utilitaris-

eine – unter den »bedeutenden« Philosophen – quasi ausgestorbene Position (*E*, 24).

64 Vgl. *RT*, 345; *DG*, 186: »The ›ideal utilitarian‹, while not restricting good to pleasure as the hedonistic utilitarian does, insists that the ultimate ground which makes an action right must always be its conduciveness to the production of good.«

65 Ewings Beispiel hierfür sind zwei Schiffbrüchige A und B, die sich an ein Floß klammern, welches nicht mehr als einen von ihnen tragen kann. Angenommen, das Leben von A ist für das Gemeinwohl von viel größerer Bedeutung als das Leben von B. Wenn B sein Leben für A opfert, würden wir dies für verdienstvoll ansehen; alles andere als verdienstvoll erschiene es hingegen, wenn A sein Leben rettet, indem er B mit Gewalt vom Floß entfernt; vgl. *E*, 45 f.

> tischen Prinzip, dass die Richtigkeit einer Handlung von der Bilanz des bewirkten Guten und Schlechten abhängt, wäre dies aber keineswegs unvereinbar. […] Es ist demnach nicht unstimmig, wenn ein idealer Utilitarist anerkennt, dass es intrinsisch gute und schlechte Handlungen gibt. Sein Utilitarismus ist dann nur sehr schwer zu widerlegen«.[66]

Schwer zu widerlegen ist ein derart modifizierter, gewissermaßen minimaler Utilitarismus für Ewing deshalb, weil er unserem gewöhnlichen moralischen Denken noch näher kommt als ein nicht-hedonistischer, dabei aber strikt konsequentialistischer Utilitarismus. Lassen sich etwa durch Lüge oder Betrug insgesamt gesehen bessere Folgen herbeiführen als durch ehrliches Verhalten, wären jene intrinsisch schlechten Handlungen unter Umständen dennoch als falsch zu bewerten. Erst wenn die Folgen sehr viel besser wären, würde dieser innere Mangel nicht mehr den Ausschlag geben. Ein notorisches Problem des Konsequentialimus besteht in der Rechtfertigung regelkonformen Verhaltens in Fällen, in denen zwar die allgemeine Missachtung der Regel (des Diebstahlverbots beispielsweise) schlechte Folgen hätte, nicht aber deren Durchbrechung im Einzelfall. Ewing verortet das moralische Problem in solchen Situationen darin, dass es *unfair* wäre, von der Befolgung der Regel durch andere zu profitieren, ohne sich selbst an sie zu halten. Diese Unfairness mache die Handlungen »in sich schlecht«; es müsse »zu dem bewirkten Übel nicht nur die Wirkungen einer Handlung« gerechnet werden, sondern auch alles intrinsische Übel, das der Handlung als solcher zukommt« (*BVG*, 235 f.). Auch die Rechtfertigung besonderer Pflichten, etwa gegen-

66 *E*, 83; vgl. *RT*, 346: »It would still never be our duty to act in a way which did not, at least as far as we could anticipate, produce the greatest possible good, but this need not be identified with producing the best possible consequences, since one should include in the total good produced any goodness belonging to the action itself and not only that of future effects.«

über Familienangehörigen, muss nach Ewing eine strikt konsequentialistische Ethik überfordern: Diese Pflichten werden verständlich, wenn wir anerkennen, dass das Herbeiführen derselben Folgen einen unterschiedlichen Wert besitzen kann, je nachdem, in welchem Verhältnis der Handelnde zu dem Betroffenen steht. Wenn ich einem Bedürftigen helfe, ist das eine in sich gute Tat; wenn der Bedürftige darüber hinaus ein naher Verwandter ist, liegt eine noch bessere Handlung vor (vgl. *ST*, 107 f.).

8. Kantische und Ross'sche Deontologie

Zum Wesenskern des Utilitarismus gehört nach Ewing mithin weder der Hedonismus noch der strikte Konsequentialismus, sondern allein die Auffassung, dass wir möglichst viel Gutes (und möglichst wenig Schlechtes) bewirken sollen. Und auch deswegen sei der minimale Utilitarismus schwer zu widerlegen; denn das sich daraus ergebende Handlungsprinzip scheint geradezu evident: »Es ist schwer zu glauben, dass es jemals unsere Pflicht sein kann, absichtlich weniger Gutes hervorzubringen, als wir könnten«.[67] Für moralische Kontroversen bleibe auch so genügend Raum, da immer noch geklärt werden müsse, welche Arten von Handlung und Handlungsfolgen – und in welchem Maße – intrinsisch gut oder schlecht sind (vgl. *RT*, 347).

Wenn Ewing den strikten Konsequentialismus verwirft und darauf besteht, für die Bewertung einer Handlung deren intrinsischen Wert mit heranzuziehen, so kann dies als Zugeständnis an deontologische Positionen in der Ethik angesehen werden. Allerdings gibt er zugleich zu bedenken, dass

[67] *E*, 82; vgl. *DG*, 188. s. a. *E*, 66: »And indeed what better or what other ultimate reason could there be, one may ask, for doing anything than that it brings into existence good or lessens or prevents evil?«

sich die Frage nach der Richtigkeit oder Falschheit einer Handlung *vor allem* an ihren Konsequenzen entscheidet (»der wichtigste Faktor bei der Entscheidung, was wir tun sollen«, vgl. *ST*, 149). Die Auffassung Kants, dass bestimmte Arten von Handlungen unabhängig von ihren Folgen stets falsch sind, sei schwer zu akzeptieren. Die Gesamtheit der Folgen müsse zumindest dort berücksichtigt werden, wo verschiedene Pflichten oder Verhaltensregeln miteinander konfligieren (vgl. *E*, 60–62). Ein deontologischer Ansatz, der dem Rechnung trägt, liege in der Ethik von W.D. Ross mit ihrer Rede von *Prima-facie-Pflicht*en vor. Damit sind Pflichten gemeint, die nicht absolut gelten, sondern nur solange ihnen keine höheren entgegenstehen. Die Unterscheidung von sieben solcher Pflichten durch Ross hält Ewing für ergänzungsfähig;[68] insgesamt gesehen stelle sie jedoch eine der bedeutendsten Leistungen in der Ethik des zwanzigsten Jahrhunderts dar. Als Darstellung unseres gewöhnlichen moralischen Denkens – ja, selbst des moralischen Denkens anderer Kulturen – sei der Ross'sche Katalog von *Prima-facie-Pflicht*en seinen utilitaristischen Rivalen überlegen (vgl. *ST*, 126–128). Dass wir auf der Ebene des *Common Sense* deontologisch empfinden, sei jedoch mit der Annahme nicht unvereinbar, dass die letzte Rechtfertigung unserer Pflichten in deren Nützlichkeit besteht: »Die Ansicht von Ross beschreibt besser unsere tatsächliche Denkweise, doch ließe sich immer noch behaupten, dass [der ideale Utilitarismus] eine bessere Theorie über den letzten Grund darstellt, warum Handlungen verpflichtend sind« (*DG*, 187). Ross selbst und einige seiner Anhänger glaubten, dass sich nur ein Teil der von ihnen ausgemachten *Prima-facie-Pflicht*en utilitaristisch begründen lassen. Dass

68 So lasse sich etwa unsere Verantwortung für das Wohlergehen von Familienangehörigen nur teilweise auf die von Ross beschriebene Pflicht zur Dankbarkeit zurückführen. Hinzu komme eine – von Ross unterschlagene – Pflicht des Menschen, »to see that what he has voluntarily brought into existence fares satisfactorily« (*ST*, 139).

wir für uns und für andere möglichst viel Gutes bewirken sollen, sind für sie nur zwei *Prima-facie-Pflichten* unter anderen. Danach gäbe es keine notwendige Verbindung zwischen dem Richtigen und dem Guten; es träfe nicht zu, dass wir immer die in diesem Sinne optimale Handlung ausführen sollen. Falsch wäre dies immer dann, wenn eine utilitaristisch begründete *Prima-facie-Pflicht* von einer nicht-utilitaristisch begründeten aufgehoben wird.

Da Ewing die Wahrheit des minimalen Utilitarismus – im Gegensatz zur Geltung »eines Haufens unverbundener und unabgeleiteter *Prima-facie*-Pflichten« (*E*, 81) – für evident erachtet,[69] beurteilt er die anti-utilitaristische Pointe der Ross'schen Deontologie skeptisch. Die Behauptung, dass etwas *gut* ist, nehme sich eher wie eine letzte evidente Wahrheit an als die Behauptung, dass wir etwas *sollen*, insofern die zweite Behauptung noch die Warum-Frage zuzulassen scheint (*E*, 82). Andererseits eröffnet Ewings Analyse des Guten als ›das, was Gegenstand einer Pro-Einstellung sein soll‹, die Perspektive einer Versöhnung der scheinbar so gegensätzlichen utilitaristischen und deontologischen Ansätze. Dass etwas in sich gut ist, bedeutet danach im Kontext der normativen Ethik nichts anderes, als dass wir es *ceteris paribus* um seiner selbst willen anstreben sollen; ein Katalog von *Prima-facie*-Pflichten ist zugleich ein Verzeichnis von intrinsisch guten Dingen (vgl. *DG*, 188; *RT*, 346). Es wird dann zu einer analytischen Wahrheit, dass wir diejenige Handlung wählen sollen, welche die bestmögliche Bilanz von Gutem und Schlechtem bewirkt. »Die Antithese zwischen einer Theorie, die das Sollen auf das Gute gründet, und einer Theorie, die es auf *Prima-facie*-Pflichten gründet, würde auf diese Weise verschwinden« (*DG*, 189). Gleichwohl haben für Ewing sowohl

69 Vgl. *ST*, 130: »In fact I do not wish to maintain the complete ultimacy of the *prima facie* principles in question. It does not seem to me plausible to say that we know them to be self-evident in their own right.«

der Begriff des Guten als auch der Pflichtbegriff in der Ethik ihren legitimen Ort:

> »Wiewohl meine Definition des Guten meine Ethik in einem Sinne deontologisch macht, weil sie dem Begriff des Sollens den Vorrang vor dem des Guten gibt, wäre es doch irreführend, mich ohne Weiteres einen Deontologen zu nennen. Ich behaupte gewiss nicht, dass es jemals eine Pflicht sein könnte, absichtlich weniger statt mehr an Gutem zu bewirken, wie dies Prichard und Ross dachten; denn in dem einzigen Sinne, in dem wir in diesem Zusammenhang sinnvollerweise von dem höchsten Gut reden können, muss es für mich eben jenes Gut besagen, das wir wählen sollen. [...] Was das eigentliche Argumentieren in der Ethik betrifft, bin ich überwiegend Utilitarist, in dem Sinne, dass ich den Blick hauptsächlich auf die Folgen richte und nicht auf das Wesen der in Frage stehenden Handlung unter relativer Absehung von den Folgen [...]; jedoch wäre es unvernünftig zu sagen, dass der intrinsische Charakter einer Handlung, sofern er von ihren Folgen unterschieden werden kann, niemals Berücksichtigung finden solle.« (*ST*, 105f.)

9. Intuitionen und Argumente in der Ethik

Die Tradition britischer Moralphilosophie, auf die Ewing sich bezieht, wird als »intuitionistisch« bezeichnet und ihre Vertreter als »Intuitionisten«. In der Tat spielt auch in Ewings moralischer Epistemologie der Begriff der Intuition eine zentrale Rolle. Eine Intuition ist für ihn jede Art von Erkenntnis, die weder auf sinnlicher Wahrnehmung, Introspektion oder Erinnerung noch auf einer »mittelbaren«, nämlich argumentativ vermittelten Schlussfolgerung beruht (vgl. *AG*, 238f., 246; *MP*, 186). Als solche verlangt sie nach keiner weiteren Erklärung oder Rechtfertigung.[70] Zu beachten ist, dass es sich bei einer

[70] Vgl. *AG*, 246: »[...] what the intuitionist is giving is not a sup-

Erkenntnis, die uns als Intuition erscheint, tatsächlich um eine unbewusste (deduktive oder induktive) Schlussfolgerung handeln kann. Obwohl nicht auf vernünftige Argumente gegründet und keines strengen Beweises fähig, ist die echte Intuition ein Urteil der Vernunft – und nicht etwa ein Gefühl (vgl. *AG*, 238; *RI*, 42–45). Intuitiv erkannt werden kann nicht nur die Wahrheit ethischer Prinzipien, sondern auch jene von moralischen Urteilen über besondere Handlungen und Gegenstände. Dabei treten die speziellen Intuitionen in der Regel vor den allgemeinen auf (vgl. *E*, 138). Bei seiner Analyse intuitiver Erkenntnis in der Ethik ist Ewing darum bemüht, diese gewissermaßen zu »entmystifizieren« (Olson/Timmons 2011, 193), indem er ihre Ubiquität herausstellt, sie zu anderen Erkenntnisformen in Beziehung setzt und verbreitete Einwände diskutiert, von denen er einige selbst aufgreift; dadurch hofft er, ihren Kritikern auf einem »Mittelweg« (*RI*, 35) entgegenzukommen.

Von seinem ethischen Erstlingswerk *The Morality of Punishment* bis zu seinen letzten Schriften stellt Ewing immer wieder heraus, dass Intuition keineswegs nur ein Thema der praktischen, sondern ebenso eines der theoretischen Philosophie ist. Keine Art von schlussfolgerndem Denken komme ohne sie aus.[71] Beim *deduktiven* Schließen könne die Gültigkeit der verwendeten Schlussfiguren nicht ihrerseits bewiesen, sondern nur unmittelbar eingesehen werden – so sei es beispielsweise beim *Modus ponens* weder möglich noch nötig, die Verbindung der Implikation zwischen den Prämissen und der Konklusion auf irgendeine Weise herzuleiten. Intuitiver Erkenntnis bedürfe es außerdem, um in einem deduktiven Argument die Wahrheit der Prämissen abschließend zu sichern. Und was das *induktive* Schließen angeht, so sei man hier entweder auf die Intuition angewiesen, dass allgemeine

posed explanation but an assertion that the cognition to which he is referring needs no further explanation or justification«.

71 Vgl. *MP*, 186–188; *AG*, 246; *FQ*, 48; *E*, 136f.; *MPA*, 17.

metaphysische Prinzipien wie jenes der ›Einförmigkeit der Natur‹ oder das Kausalitätsprinzip universelle Geltung besitzen, oder auf die unableitbare Einsicht, dass der Befund die Folgerung im jeweiligen Fall wahrscheinlich macht (vgl. *RI*, 38–40). Nicht weniger grundlegend und sogar noch offensichtlicher ist die Angewiesenheit auf intuitive Erkenntnis nach Ewing in der Ethik. Wir benötigen sie zum einen für die letzte Rechtfertigung unserer moralischen Urteile, die sich, wenn überhaupt, so immer nur aus anderen moralischen Urteilen ableiten lassen. Dass wir zum Beispiel anderen Menschen keine unnötigen Schmerzen zufügen sollen, setzt voraus, (a) dass Schmerzen etwas Schlechtes sind und (b) dass wir anderen Menschen nicht unnötigerweise Schlechtes zufügen sollen. Es sei aber nicht abzusehen, »wie diese Wahrheiten bewiesen werden könnten: Wir wissen sie entweder intuitiv oder überhaupt nicht. Ganz allgemein ist schwer zu sehen, wie wir irgendetwas als in sich gut oder schlecht erkennen können, es sei denn durch Intuition« (*E*, 138). Um eine intuitive Erkenntnis handelt es sich zum anderen, wenn wir auf der Grundlage unseres (intuitiven) Wissens um das Gute und Schlechte sowie um das Gebot, das möglichst Beste zu bewirken, in komplexen Handlungssituationen eine Handlung als die richtige identifizieren. Das Erfassen des Ganzen aus dem Wert der Handlung und diversen Handlungsfolgen ist selbst eine Art unmittelbare Einsicht (vgl. *MP*, 182f.; *E*, 138). Für die Erkenntnis der richtigen Handlung in einer gegebenen Situation sind wir stets auf die erste und in der Regel außerdem auf die zweite Art von Intuition angewiesen.

Intuitionen sind für Ewing nicht unfehlbar, weshalb er im Allgemeinen bevorzugt, von »intuitiver Erkenntnis« *(»cognition«)* statt von »intuitivem Wissen« zu sprechen (vgl. *AG*, 239). Wie es falsche Erinnerungen gibt, so auch falsche Intuitionen. Diese lassen sich von den wahren nicht zweifelsfrei anhand psychologischer Kriterien unterscheiden: Wahre Intuitionen zeichnen sich von den falschen nicht notwendig durch besondere Eigenschaften wie Lebendigkeit oder ein

Gefühl der Gewissheit aus. Dass einige moralische Intuitionen besonders deutlich und weit verbreitet sind, ist unter Umständen als Indiz für ihre Wahrheit zu werten, aber weder eine notwendige noch hinreichende Bedingung derselben (vgl. *E*, 139 f.). Die Intuition ist ein sich in Entwicklung befindliches Erkenntnisvermögen. Dessen Zuverlässigkeit ist um so größer, je mehr der Erkennende den Intellekt geschult und Wissen über den betreffenden Gegenstand erworben hat – im Falle einer Handlung besonders über die voraussichtlichen Folgen. Moralische Intuitionen und diskursives Denken sind keine Feinde, sondern Verbündete, die gemeinsam unsere praktische Vernunft ausmachen. In vielen Fällen ist es zudem nötig, dass der Erkennende über die richtigen Erfahrungen verfügt, um den wahren Wert von etwas wahrnehmen zu können – Erfahrungen, die ihm ein Schriftsteller oder ein Heiliger eher zu vermitteln vermag als ein Philosoph (vgl. *RI*, 64; *ST*, 150). Dagegen machen uns fehlende Bildung, Vorurteile, intellektuelle Verwirrung und Autoritätsgläubigkeit zu falschen Intuitionen geneigt. Argumente können unser intuitives Erkenntnisvermögen nicht nur schärfen; sie können auch dessen Resultate erhärten oder in Zweifel ziehen. Die wichtigste Rolle spielt dabei der Kohärenztest;[72] unter Kohärenz versteht Ewing nicht bloß logische Konsistenz, sondern die Eigenschaft von Propositionen, ein System zu bilden und sich gegenseitig zu stützen (vgl. *DG*, 90 f.). Die Wahrheit einer ethischen Theorie lasse sich daran erkennen, dass sie möglichst viele moralische Intuitionen in ein kohärentes System eingliedert, ähnlich wie in der Physik diejenige Theorie den

[72] Vgl. *RI*, 57; s. a. Audi, 2004, 83. Andere von Ewing erwähnte Methoden, ein intuitiv erfasstes Handlungsurteil auf seine Wahrheit hin zu überprüfen, sind die Frage, ob eine Handlung einem bereits erkannten Verhaltensideal oder einem bereits etablierten moralischen Gesetz entspricht; die Frage, was geschähe, wenn ein jeder sich so verhielte; das Bedenken des intrinsischen Werts der Handlung; die Analyse der Folgen; und der Vergleich mit Urteilen über analoge Fälle; vgl. *MP*, 196–212; *RI*, 65 f.; *ST*, 142–144.

Vorzug verdiene, der es gelingt, möglichst viele Wahrnehmungen in einen stimmigen Zusammenhang zu bringen. Die Intuitionen als das Material, das es einzugliedern gilt, sind dem Kohärenzbeweis vorgeordnet. Und Ewing geht davon aus, dass es bestimmte Intuitionen gibt, die sich von den übrigen durch Klarheit und Allgemeinheit gerade bei den am besten disponierten Subjekten auszeichnen und denen der epistemische Status von *Wissen* zukommt. Mit ihrer Hilfe werden einige moralische Propositionen auch unabhängig von allen argumentativen Testverfahren als wahr erkannt; sie bilden archimedische Punkte in dem von der Ethik als Wissenschaft anzustrebenden System.[73]

10. Freiheit und Verantwortlichkeit

Ewing ließ die Frage nach der Wahrheit des Determinismus lange offen. Die Naturwissenschaften hielt er für prinzipiell außerstande, den Streit zwischen Determinismus und Indeterminismus zu entscheiden (vgl. *FQ*, 182f.; *E*, 152). Zugleich sympathisierte er aus philosophischen Gründen anfangs mit einer deterministischen Position, da ihm diese für eine rationalistische Weltsicht zu stehen schien. In allen Abhandlungen zum Freiheitsproblem nimmt er den Determinismus vor allzu schnellen Widerlegungen in Schutz: Es handle sich keineswegs notwendig um eine materialistische Position; aus dem Determinismus folge kein Fatalismus; es müsse keinen Widerspruch bedeuten, wenn ein Determinist die Existenz von intrinsisch guten und schlechten Dingen oder Ereignissen annehme; Tadel und Strafe verlören für ihn nicht

73 Vgl. *DG*, 92f.: »[...] we may be able to know by intuition the truth of certain ethical judgements which do not stand in any relation of entailment to others that we thus know. [...] intuition and coherence may help each other out as tests *in cases where the intuition does not amount to knowledge*« (eigene Hervorhebung).

jeden Sinn (vgl. *E*, 153–162; *VR*, 245–247). Ewings stets vorhandene Zweifel an der Vereinbarkeit des Determinismus mit der – in moralischen Urteilen vorausgesetzen – Willensfreiheit verdichten sich jedoch schließlich zu der libertarischen Auffassung, dass sich der Determinismus vom ethischen Standpunkt als falsch erweisen lässt: Das in moralischen Urteilen ausgesagte Sollen setze ein Anders-wollen-Können in einem absoluten, den Determinismus dementierenden Sinne voraus. Denn wäre dieser wahr, wäre unser Wollen – selbst dort, wo es auf unsere Natur zurückginge – vollständig durch Vergangenes festgelegt. Die Ursachen für unser Wollen würden in die Zeit vor unsere Geburt zurückreichen. Nun aber seien einige Sollensurteile – etwa dass ich nicht den nächstbesten Menschen erschießen soll (vgl. *VR*, 246) – äußerst *gewiss* – weitaus gewisser jedenfalls als die deterministische Position selbst:

> »Mir war nicht klar, dass unter Voraussetzung des Determinismus der Begriff der moralischen Verpflichtung überhaupt keine Anwendung besäße. Zu den Dingen, die wir wissen, gehört jedoch, dass wir bestimmte Dinge moralisch tun sollen und andere nicht. Dies ist darum eine eindeutige Widerlegung des Determinismus, und wir müssen den Determinismus zurückweisen, es sei denn, es wäre möglich, ein Argument von gleicher Stärke auf der anderen Seite vorzulegen, wodurch wir uns vor eine unauflösbare Antinomie gestellt sähen. [...] Wir kommen nicht um die Tatsache herum, dass wir von einem Menschen nicht sagen können, dass er einer moralischen Verpflichtung im eigentlichen Sinne unterlag, wenn von Beginn des Universums an – ja, wenn von irgendeinem Zeitpunkt vor seiner Geburt an – immer schon feststand, was er tat« (*VR*, 247 f.).

Die Reaktion auf diese Unzulänglichkeit des Determinismus darf nach Ewing nicht darin bestehen, die freien Willensakte als jeder ursächlichen Bestimmung enthoben zu betrachten. Es gelte vielmehr, eine spezielle Art von Verursachung durch den Wollenden anzunehmen, der ja nur als Urheber seines Wollens für dieses verantwortlich ist. Diese Verursachung darf nicht so gedacht werden, dass das Wollen vollständig aus dem Charakter des Wollenden hervorgeht – denn dann wäre es vollständig durch Vergangenes bestimmt –, sondern muss als *agent causation* konzipiert werden, der gemäß der als reine Substanz verstandene Handelnde selbst das Wollen bewirkt (das nicht im Einklang mit seinen Charaktereigenschaften zu stehen braucht). Ewing referiert zwei Einwände gegen die Vorstellung einer solchen Akteurskausalität. Dem ersten zufolge können wir überhaupt nur für Handlungen, die unserem Charakter entspringen, verantwortlich sein. Dem zweiten zufolge ist die Vorstellung einer unabhängig von ihren Charakteristika wirkenden Substanz nur schwer verständlich zu machen.[74] In *Second Thoughts* wagt Ewing unter dem Eindruck dieser Einwände die These einer Akteurskausalität nur unter großen Vorbehalten vorzutragen. In einem kurz darauf entstandenen Aufsatz bringt er neben der Akteurskausalität eine zweite libertarische Position ins Spiel: die Annahme, dass zwar alle unsere Handlungen aus unserem Charakter folgen, dass unser Charakter aber nicht vollständig durch Vergangenes bestimmt ist, so dass »jedes Individuum« als ein »echter Beginn« erscheint (*IMS*, 508). In *Value und Reality* heißt es schließlich, die Akteurskausalität besage nicht das Wirken einer reinen Substanz unter Absehung aller ihrer Eigenschaften; sie bedeute vielmehr, dass das Selbst als Substanz entscheidet, *durch welche* seiner Charaktereigenschaften es wirkt (vgl. *VR*, 255).

[74] Ewing bezieht sich dabei auf C.D. Broads »Datiertheitsproblem«: Handlungen finden zu einem bestimmten Zeitpunkt statt, und die Angabe ihrer Ursache hat zu erklären, warum sie zu diesem bestimmten Zeitpunkt stattfindet und zu keinem anderen. Der bloße Verweis auf das nicht ereignishaft konzipierte substanzielle Selbst als Ursache der Handlung könne dies aber nicht erklären; vgl. Broad (1952), 215.

11. Ethik der Strafe und Politische Ethik

In *The Morality of Punishment* kombiniert Ewing eine konsequentialistische Theorie mit Elementen einer Vergeltungstheorie. Durch ihre *Folgen* rechtfertigen lässt sich eine Strafmaßnahme weniger aufgrund ihrer abschreckenden Wirkung als aufgrund ihres erzieherischen Wertes: Die Strafe ist in besonderer Weise geeignet, einem Menschen »beizubringen, dass er schlecht gehandelt hat« (*E*, 175); sie kann somit zur moralischen Besserung beitragen. Als Vergeltung ist sie zugleich ein *intrinsisches Gut*. Dabei liegt ihr Gutsein nicht, wie oft angenommen, in der Zufügung »verdienter« Schmerzen, sondern darin, Ausdruck moralischer Missbilligung einer schlechten Handlung zu sein. Als solche ist die Strafe allerdings nur ein vergleichsweise geringes Gut – ihre läuternde Funktion etwa sei »sehr viel wichtiger« (*MP*, 230) als die vergeltende. Ewing weist der Vergeltungstheorie daraufhin eine beschränkte Rolle in der Strafpraxis zu: Sie ist vor allem bei der Entscheidung zu berücksichtigen, ob überhaupt bestraft werden darf. Bei der Entscheidung, ob auch tatsächlich bestraft werden sollte, und wenn ja, in welchem Maße, hat man sich dagegen weitgehend von konsequentialistischen Überlegungen leiten zu lassen (vgl. *E*, 174).

Die Ende 1945 ageschlossene Studie *The Individual, The State, and World Government (=IS)* ist der Entwurf einer Politischen Ethik vor dem Hintergrund der weltgeschichtlichen Situation. Ewing entwickelt darin eine Theorie individueller Rechte und, darauf aufbauend, eine Ethik des Staates. In Auseinandersetzung mit dem Faschismus, Kommunismus und Totalitarismus – von denen er mehrere Formen unterscheidet – formuliert er eine Reihe von Argumenten für die Demokratie (vgl. *IS*, 110–173). Er spricht sich für eine Stärkung internationaler Organisationen aus mit dem Ziel, die Vereinten Nationen langfristig zu einem föderalen Weltstaat auszubauen, worin er die wirksamste Form der Kriegsprävention im atomaren Zeitalter erblickt. Sein besonderes Augenmerk gilt dem richtigen Umgang der alliierten Großmächte mit dem besiegten Deutschland. Ewing hebt den fehlenden Kriegswillen in weiten Teilen der deutschen Bevölkerung hervor und plädiert auf der Grundlage seiner Straftheorie von *The Morality of Punishment* für milde Friedensbedingungen und den weitestgehenden Verzicht auf Strafmaßnahmen; diese sollten auf die Entwaffnung Deutschlands beschränkt bleiben (vgl. *IS*, 225–253; ähnlich bereits *EP*).

12. Ethik und Religion

Eine enge Verbindung zur Ethik ist nach Ewing allen großen Religionen gemeinsam, zumal den monotheistischen. Für deren Anhänger ist die Versuchung groß, die Ethik auf die Theologie zu gründen, doch handelt es sich dabei um einen Irrweg. Die Autonomie der Ethik verbietet die Rückführung des Guten (oder Richtigen) auf den Gegenstand des göttlichen Wollens. Die Definition von »gut« als »von Gott gewollt« oder »von Gott befohlen« erweist sich als eine Verwandte des ethischen Naturalismus mit allen ihm eigenen Problemen (s. u. II.2); sie führt überdies zu einem gerade auch in religiöser Hinsicht gänzlich unangemessenen Gottesbegriff. Dieser würde paradoxerweise eines jeden moralischen Inhaltes beraubt: Dass Gott etwas will oder befiehlt, weil es gut ist, würde nichts anderes besagen, als dass er es will oder befiehlt, weil er es eben will oder befiehlt (vgl. *E*, 112). Worin aber würde dann die Heiligkeit und Autorität Gottes gründen? Allein aufgrund seiner Macht ist kein Wesen verehrenswert. Auch eine noch so große Machtfülle verpflichtet niemanden zum Gehorsam.[75] Dass Gott gut ist, wird erst dann zu einer gehaltvollen Aus-

[75] Vgl. *AE*, 40: »Without a prior conception of God as good or his commands as right God would have no more claim on our obedience than Hitler or Stalin except that he would have more power than even they had to make things uncomfortable for those who disobey him«; vgl. *EBG*, 377.

sage, wenn vernünftige Maßstäbe die Bedeutung des Prädikats »gut« eingrenzen (vgl. *AE*, 47; *VR*, 186); die Zuschreibung eines jedweden Wollens an Gott – ob aufgrund einer angenommenen göttlichen Offenbarung oder nicht – darf der Einsicht der Vernunft nicht widersprechen. Gott kann nicht bewirken, dass etwas Gutes schlecht wird – ebensowenig wie er es vermag, die Wahrheiten der Logik und Mathematik falsch werden zu lassen. Wir müssen »zuerst einsehen, was gut ist; und es daraufhin Gott zuschreiben, weil es gut ist und weil wir glauben, dass Gott gut ist« (*EBG*, 377). Wie die Gesetze der Logik und Mathematik, so sind auch die Gesetze der Ethik weder geschaffen noch überhaupt etwas, das erschaffen werden könnte. Die Ethik darf nicht auf die Theologie, die Theologie muss auf die Ethik gegründet werden. Der letzte Grund des Seins im Sinne der Existenz liegt in »dem, was gut ist oder was sein soll«, und dies bedeutet, dass sogar Gottes Sein im Sollen gründet: »[W]enn Werte der Grund des Seins sind, muss zumindest das denkbar beste Wesen existieren, was für andere Wesen auch immer existieren mögen« (*VR*, 202). Das braucht für Ewing der Absolutheit des Göttlichen keinen Abbruch tun; denn die Gesetze der Ethik dürfen nicht als etwas von Gott Verschiedenes angesehen werden. Das Prinzip der Moral ist Gott nicht vorgängig, sondern von Ewigkeit in Gott exemplifiziert und untrennbar mit diesem verbunden (vgl. *AE*, 43; *VR*, 203f.). Wenn die Ethik auch nicht in der Theologie gründet, so wird sie durch den Glauben an einen persönlichen Gott doch in ihrem ganzen Geist transformiert. Moralisches und unmoralisches Handeln nehmen eine veränderte Bedeutung an; moralische Gesetze erscheinen als göttliche Gebote (die Gott erlässt, weil es richtig ist, sie zu befolgen, und nicht umgekehrt); das Handeln aus Pflicht nimmt die Form des Handelns aus Liebe zu Gott an; und nicht zuletzt ergeben sich aus dem Glauben zusätzliche Pflichten, wie dass man Gott verehren soll (vgl. *AE*, 43f., 47f.; *VR*, 187).

Die Ethik lässt sich nach Ewing nicht der Theologie entnehmen: Gott ist nicht die *ratio cognoscendi* des moralischen

Gesetzes (vgl. *AE*, 46f.). Doch ist es möglich, dass ein Nachdenken über das Phänomen des Moralischen zeigt, dass die Ethik die Existenz Gottes *impliziert*: »Daraus, dass die Ethik nicht aus der Theologie abgeleitet werden kann, folgt nicht, dass die Theologie (oder ein großer Teil von ihr) nicht aus der Ethik abgeleitet werden könnte«.[76] Den Ausgangspunkt bildet dabei die objektive Wahrheit zumindest einiger moralischer Urteile, die »so gewiss sind wie nur irgendetwas«,[77] etwa die Aussage: »Man soll nicht seine Mutter verspeisen, um mit einer neuen Art von Fleisch zu experimentieren«, sowie unzählige andere Aussagen, deren Wahrheit nicht weniger offensichtlich ist (*VR*, 204). Um einzusehen, dass die besagte Art von Kannibalismus und viele andere Verhaltensweisen falsch sind, bedarf es nicht des Glaubens an Gott. Daher liegt jedenfalls keine *Petitio principii* vor, wenn ihre Wahrheit zur Grundlage eines Arguments für die Existenz Gottes genommen wird. Ein radikaler ethischer Skeptiker zu sein, ist schwieriger, als die Existenz Gottes zu bezweifeln (vgl. *EBG*, 382); und obwohl es nicht zu leugnen ist, dass der Glaube an Gott viele Menschen zu moralischem Handeln motiviert hat, so vermag durchaus auch ein Atheist oder Agnostiker ein guter Mensch zu sein (vgl. *E*, 113). Niemand kann es vermeiden, zumindest einige Sollensurteile für objektiv wahr zu halten. Wenn sich zeigen ließe, dass die Idee moralischer Verpflichtung die Existenz Gottes beinhaltet, so ergäbe sich daher ein stichhaltiger moralischer Gottesbeweis; denn dann würde jedes beliebige Sollensurteil als Prämisse ausreichen, um die Existenz Gottes zu erschließen (vgl. *EGB*, 382f.).

Jedes moralisches Argument für die Existenz Gottes setzt nach Ewing nicht nur eine objektivistische, sondern auch

76 *FQ*, 236; vgl. *EBG*, 378: »I conclude that ethics cannot be derived from theology, but must rather come first. It does not follow that it may not serve as the basis of an argument for the existence of God.«

77 *FQ*, 237; zur Gewissheit und Objektivität moralischer Urteile s.o., 2.4–2.5.

eine anti-naturalistische ethische Theorie voraus, wie er sie unabhängig davon selbst vertritt.[78] Ewings Einstellung zum Projekt eines moralischen Gottesbeweises unterliegt einer ständigen Entwicklung, welche erst in seinem religionsphilosophischen Spätwerk zum Abschluss kommt. Unverändert bleibt allein seine kritische Haltung zu den diesbezüglichen Ausführungen Kants in dessen *Kritik der praktischen Vernunft*. So schlägt er zwei aus seiner Sicht notwendige Reparaturen an Kants Begriff des höchsten Gutes vor – jedoch nur, um auch ein derart verbessertes Argument zurückzuweisen. Dieses scheitert daran, dass wir dadurch, dass wir dem Sittengesetz unterliegen, lediglich wissen, dass wir das höchste Gut *erstreben*, nicht hingegen, dass wir es *erreichen* sollen: »Um zu wissen, dass wir es erreichen sollen, müssten wir zuerst wissen, dass wir es erreichen können, und deshalb können wir nicht in die entgegengesetzte Richtung argumentieren.«[79] In seinem Aufsatz »Ethics and Belief in God« von 1940 präsentiert Ewing erstmals die Umrisse dreier Argumente für die Existenz Gottes, die von Prämissen über das Wesen und den Status moralischer Werte und Pflichten ausgehen:[80]

78 Vgl. *EBG*, 386; *FQ*, 234; *VR*, 185; zu Ewings Kritik des moralischen Subjektivismus und Naturalismus s. o., 2.2 u. 2.4.

79 *VR*, 184; vgl. *EBG*, 384: »I cannot possibly judge that I ought to attain the *summum bonum* till I know that I can, only that I ought to pursue it.« Daneben verwirft Ewing auch ein zweites, im *Opus postumum* verortetes Argument Kants, wonach der Begriff des moralischen Gesetzes denjenigen eines Gesetzgebers und Richters beinhaltet (vgl. *EBG*, 384 f.; *AE*, 43; *VR*, 186), sowie das cartesische Argument, dass jedes moralische Urteil immer schon »eine Idee der Vollkommenheit« voraussetzt (vgl. *EBG*, 385).

80 Vgl. *EBG*, 336–338. Ewing spricht von lediglich zwei Argumenten. In späteren Schriften spaltet er jedoch das erste Argument in zwei separate Argumente – nämlich (1) und (2) – auf. Die folgenden Darstellungen berücksichtigen zum Teil einige von Ewing später hinzugefügten Erläuterungen und Modifikationen.

(a) Das, was ich tun soll, ist noch keine Tatsache. Als etwas bloß Hypothetisches vermag es mich nicht in die Pflicht zu nehmen. Dass ich einer moralischen Pflicht unterliege, setzt eine wirkliche, die empirischen Tatsachen transzendierende, nämlich geistige Instanz voraus.
(b) Das moralische Gesetz kann als Gesetz nur in einem geistigen und als moralisches nur in einem vollkommen guten Wesen – also in Gott – realisiert sein.
(c) Das Gesollte und Wertvolle ist nicht mit dem Faktischen identisch. In welcher Beziehung steht es zum Faktischen? Näher als ein radikaler Dualismus liegen die Annahmen, dass sich der Wert von etwas daran bemisst, wie grundlegend es im Bereich des Wirklichen ist; oder dass das Faktische umgekehrt im Normativen gründet. Beide Annahmen vermögen zu erklären, warum dem moralischen Gesetz jene unbedingte Autorität über unser gesamtes Leben zukommt; hier wie dort drängen sich theologische Schlussfolgerungen auf.

Auch in späteren Schriften bleiben diese und die folgenden Argumente mehr oder weniger unausgearbeitet und elliptisch. Im religionsphilosophischen Kapitel von *The Fundamental Questions of Philosophy* (1951) äußert sich Ewing zu ihrem logischen Status. Es handle sich um keine deduktiven, sondern um induktive Beweise. Sie ergänzten einander und machten aufgrund ihrer »kumulativen Beweiskraft« die Existenz Gottes umso wahrscheinlicher.[81] Neben dem zweiten und dritten Argument – das erste wird nicht aufgegriffen – zeichnet sich hier ein viertes ab:

(d) Die Einstellung des guten Menschen dem moralischen Gesetz gegenüber weist größte Ähnlichkeit zur Einstellung des religiösen Menschen gegenüber Gott auf. Beiden Instanzen wird absolute Autorität und Heiligkeit zuerkannt.

[81] Vgl. *FQ*, 236–238.

> Aber nicht das moralische Gesetz, sondern nur Gott ist ein möglicher Gegenstand der Verehrung. Die Einstellung des guten Menschen dem moralischen Gesetz gegenüber ist am besten dadurch zu erklären, dass dieses Gesetz von Gott verkörpert wird.

Ewings Abkehr vom moralischen Realismus veranlasst ihn zu Beginn der 1960er Jahre zu einer Neueinschätzung des Beweiswerts jener Argumente, die weit weniger optimistisch ausfällt.[82] Wiederum ein Jahrzehnt später bemerkt er rückblickend, damals sei er davon ausgegangen, seine revidierte moralische Metaphysik würde insbesondere das zweite Argument (b) schwächen, wenn nicht destruieren (vgl. *VR*, 196). Gerade einem ähnlichen Argument scheint er jedoch in seinem Spätwerk eine zentrale Rolle zuzuerkennen. In *Second Thoughts* war Ewing zu dem Ergebnis gekommen, dass die Wahrheit moralischer Propositionen nicht in der Korrespondenz mit nicht-natürlichen Eigenschaften oder Relationen besteht, die wirklich existieren. Die Wahrheit eines moralischen Urteils ist vielmehr die – durch ein moralisches Gesetz geregelte – Gerechtfertigtheit der durch das Urteil ausgedrückten ›anfänglichen Haltung des Strebens‹ in Anbetracht der natürlichen Eigenschaften ihres Gegenstandes. In *Value and Reality* macht sich Ewing selbst den Vorwurf, er habe es in *Second Thoughts* versäumt, den ontologischen Status jenes moralischen Gesetzes zu präzisieren und damit ein subjektivistisches Missverständnis desselben auszuschließen (vgl. *VR*, 197). Die Objektivität moralischer Urteile mache es erforderlich, dass dieses Gesetz einem solchen Geist innewohnt, in dem es im Gegensatz zu dem unsrigen stets vollkommen verwirklicht ist:

82 Vgl. *AE*, 46. Ewing erklärt sich außerstande, ein »besonders schlüssiges« moralisches Argument für die Existenz Gottes vorzutragen, obgleich er »spüre«, dass es ein solches geben müsse.

(b') Das moralische Gesetz kann als Gesetz nur in einem geistigen und als objektives Gesetz nur in einem übermenschlichen Wesen von der Art Gottes realisiert sein.[83]

Hinzu kommt in *Value and Reality* ein fünftes Argument:

(e) Der eigentümlich fordernde Charakter des moralischen Sollens setzt eine Autorität voraus, auf welche die Forderung zurückgeht. Die objektive Wahrheit zumindest einiger moralischer Sollensurteile erweist diese Autorität als eine übermenschliche.

Im letztgenannten Werk werden alle fünf Gedankengänge dargelegt und verteidigt.[84] Es handelt sich um sehr verschiedenartige Argumente, deren geringer Grad an Ausarbeitung ihrer

83 Problematisch ist die Deutung von Olson und Timmons (vgl. 2012, 211), Ewings Option für den Theismus sei durch die Sorge motiviert, im Anschluss an *Second Thoughts* an der Autorität und am objektiven Wahrheitsanspruch moralischer Urteile festzuhalten und dabei sowohl die Annahme nicht-natürlicher Eigenschaften zu vermeiden als auch die Gefahr einer Irrtumstheorie – der Unerfüllbarkeit des objektiven Wahrheitsanspruchs moralischer Urteile – zu bannen. Zwar erklärt für Ewing die Annahme, dass das moralische Gesetz im Geist Gottes realisiert ist, in der Tat die Objektivität und Autorität moralischer Urteile. Das entsprechende Argument (c') ist bei ihm aber erstens nur eines von mehreren moralischen Argumenten für die Existenz Gottes, die nicht alle die Objektivität und Autorität moralischer Urteile zu erklären beanspruchen; ihm liegt zweitens ein Argument zugrunde (c), dessen Entwicklung auf eine Zeit zurückgeht, als Ewing noch von der Existenz nicht-natürlicher Eigenschaften überzeugt war; und drittens ist für Ewing die Objektivität zumindest einiger moralischer Urteile – und damit die Falschheit einer Irrtumstheorie – auch unabhängig von der Annahme der Existenz Gottes unbezweifelbar.

84 Und zwar in der Reihenfolge (d), (e), (b'), (a), (c); vgl. *VR*, 189–199.

Rezeption nicht zuträglich war.[85] Ewing selbst misst seinen moralischen *Quinque viae* eine differenzierte Überzeugungskraft zu. So äußert er Vorbehalte gegenüber Argument (e), dessen Schwierigkeit nicht zuletzt darin liege, es von dem irreführenden Gedanken abzugrenzen, dass die Geltung moralischer Urteile in göttlichen Befehlen gründet. In Argument (d) scheint er zuletzt nur noch eine – die Existenz Gottes bereits voraussetzende – Bestätigung der göttlichen Güte zu sehen. Im Hinblick auf die übrigen moralischen Beweise bekräftigt er, dass sie keine deduktiven Argumente (und also keine Beweise im engen Sinne) sind, deren Prämissen den Schluss auf die Existenz Gottes notwendig machen würden. Ihre Funktion bestehe vielmehr in dem Aufweis, dass die Annahme von Gottes Existenz die *beste Erklärung* für zentrale Aspekte unserer moralischen Erfahrung ist (vgl. *VR*, 204): für die objektive Wahrheit moralischer Urteile (b') – gerade angesichts des Scheiterns des moralischen Realismus –, für das ethische Sollen (a) und für dessen unbedingte Autorität (c, e). Moralische Argumente für die Existenz Gottes besitzen nach Ewing den Vorteil, dass sie neben der Existenz auch die Güte Gottes wahrscheinlich machen, das in religiöser Hinsicht entscheidende göttliche Attribut – im Gegensatz zu den meisten klassischen Gottesbeweisen und im Einklang mit dem Argument aus der religiösen Erfahrung.

[85] Siehe lediglich Knox (1975), 248–250; Geivett (2000), 201; Olson, Timmons (2011), 204–211.

Bibliographie

I. *Verzeichnis der Schriften Ewings zur Ethik*[1]

1. Monographien

MT | *The Morality of Punishment, with some Suggestions for a General Theory of Ethics* (mit einem Vorwort von W. D. Ross), London 1929; Montclair 2/1970; London 3/2012 (Collected Works, Bd. 2).

DG | *The Definition of Good*, London 1947; Westport 2/1979; London 3/2012 (Collected Works, Bd. 4).

IS | *The Individual, the State, and World Government*, New York 1947.

E | *Ethics*, London 1953; London 11/1975.

ST | *Second Thoughts in Moral Philosophy*, London 1959; London 2/2012 (Collected Works, Bd. 6).

2. Bücher mit Einzelkapiteln zu Fragen der Ethik

FQ | *The Fundamental Questions of Philosophy*, London 1951; London 7/2012 (Collected Works, Bd. 5), 48–51 (»The ›A Priori‹ and the Empirical: Intuition); 182–205 (»Freedom«); 234–238 (»God: Moral Arguments. Ethics and Religion«).

VR | *Value and Reality. The Philosophical Case for Theism*, London 1974, 96–111 (»Moral Judgements«); 183–208 (»Moral Arguments for God«); 238–262 (»The Problem of Freedom«).

NLP | *Non-Linguistic Philosophy*, London 1968; London 3/2004, 34–66 (»Reason and Intuition«); 193–204 (»The Correspondence Theory of Truth«); 205–222 (»May Can-Statements be Analysed Deterministically?«).

[1] Ein nicht nur die ethischen Schriften Ewings umfassendes Werkverzeichnis bietet Goebel 2010.

3. Beiträge zu Einzelfragen

a) *Naturalismus und Non-Naturalismus; Subjektivismus und Objektivität*

SN | »A Suggested Non-Naturalistic Analysis of Good«, in: *Mind* 48 (1939), 1–22.

»Symposium on the Relations between Science and Ethics« (mit C.H. Waddington u. C.D. Broad), in: *Proceedings of the Aristotelian Society* 42 (1941–42), 68–86.

»Subjectivism and Naturalism in Ethics«, in: *Mind* 53 (1944), 120–141.

»A Middle Way in Ethics«, in: *Analysis* 13 (1953), 33–38.

RT | »Recent Tendencies in Moral Philosophy in Great Britain«, in: *Zeitschrift für philosophische Forschung* 9 (1955), 337–347.

RDN | »Recent developments in British ethical thought (mit einem Postskriptum in der 2. Aufl.). 2. The Nature of Ethical Judgements«, in: C.A. Mace (Hg.), *British Philosophy in the Mid-Century. A Cambridge Symposium*, London 1957 (2/1966), 82–95.

AE | »The Autonomy of Ethics«, in: I. Ramsey (Hg.), *Prospects for Metaphysics. Essays of Metaphysical Exploration*, London 1961, 33–49.

»The Correspondence Theory of Truth«, in: *The Personalist* 43 (1962), 473–485.

»Naturalistic Ethics«, in: J.F. Childress, J. Macquarrie (Hg.), *The Westminster Dictionary of Christian Ethics*, Philadelphia 1967 (2/1986), 415–417.

»The Transition from ›Is‹ to ›Ought‹«, in: L. Gabriel (Hg.), *Akten des XIV. Internationalen Kongresses für Philosophie, Wien, 2.–9. September 1968*, Bd. 4, Wien 1970, 81–86.

b) *Straftheorie*

»Punishment as a Moral Agency«: An Attempt to Reconcile the Retributive and the Utilitarian View«, in: *Mind* 36 (1927), 292–305.

»Punishment as viewed by the philosopher«, in: L. Radzinowicz, J. W. C. Turner (Hg.), *A Study on Punishment, Canadian Bar Review* 21 (1943), 102–122.

EP | »The Ethics of Punishing Germany«, in: *The Hibbert Journal* 43 (1945), 99–106.

»The Primary Reason for Punishment«, in: *Theoria* 14 (1948), 118–123.

c) *Politische Ethik*

»The Rights of the Individual against the State: The Presidential Address«, in: *Proceedings of the Aristotelian Society* 42 (1941), 1–34.

»Ethics and Politics«, in: *Philosophy* 26 (1951), 19–29.

»Political Differences«, in: *Philosophical Quarterly* 13 (1963), 333–343.

»The Individual and the State«, in: J.P. Atreya (Hg.), *Dr. S. Radhakrishnan Souvenir Volume*, Moradabad 1964, 91–97.

»The Rights of the Individual«, in: *Le Fondement des droits de l'homme. Actes des entretiens de l'Aquila. Institut international de philosophie, 14–19 septembre 1964*, Firenze 1966.

d) *Intuitionismus*

»Intuitionism and Utilitarianism«, in: *Revue Internationale de Philosophie* 4 (1939).

RI | «Reason and Intuition«, in: *Proceedings of the British Academy* 27 (1941), 67–107, auch in: A. C. Ewing (Hg.), *Non-Linguistic Philosophy*, London 1968, 34–66, als Buch: *Annual Philosophical Lecture, Henriette Hertz Trust, British Academy*, London 1941.

AG | »Awareness of God«, in: *Philosophy* 40 (1965), 1–17, auch in: A.C. Ewing (Hg.), *Non-Linguistic Philosophy*, London 1968, 238–255.

e) *Ethik und Religionsphilosophie*

EBG | »Ethics and Belief in God«, in: *The Hibbert Journal* 39 (1940), 375–388.

AE | »The Autonomy of Ethics«, in: I. Ramsey (Hg.), *Prospects for Metaphysics. Essays of Metaphysical Exploration*, London 1961, 33–49.

f) *Freiheit und Verantwortlichkeit*

»Indeterminism«, in: *Review of Metaphysics* 5 (1951), 199–222.

IMS | »Indeterminismus: Vom möglichen Sinn der Freiheit«, in: R. Wisser (Hg.), *Sinn und Sein: Ein philosophisches Symposion*, Freiburg 1960, 495–508.

»May Can-statements be Analysed Deterministically?«, in: *Proceedings of the Aristotelian Society* 64 (1963–64), 157–176, auch in: A. C. Ewing, *Non Linguistic Philosophy*, London 1968, 205–222.

g) *Konsequentialismus und Deontologie*

RDG | »Recent developments in British ethical thought (mit einem Postskriptum in der 2. Aufl.). 1. The Good and the Right«, in: C.A. Mace (Hg.), *British Philosophy in the Mid-Century. A Cambridge Symposium*, London 1957 (2/1966), 65–81.

U | »Utilitarianism«, in: *Ethics* 58 (1948), 100–111.

»Conflicts of Duty«, in: J.F. Childress, J. Macquarrie (Hg.), *The Westminster Dictionary of Christian Ethics*, Philadelphia 1967 (2/1986), 112f.

h) *Die Ethik Kants*

»The Paradoxes of Kant's Ethics«, in: *Philosophy* 21 (1933), 40–56.

»What Would Happen if Everybody Acted Like Me?«, in: *Philosophy* 28 (1953), 16–29.

»Hare and the Universalization Principle«, in: *Philosophy* 39 (1964), 71–74.

i) *Sonstiges*

»Symposium: What is action?« (mit J. Macmuray u. O.S. Franks), in: *Proceedings of the Aristotelian Society, Supplementary Volume* 17 (1938), 69–120.

»The Possibility of an Agreed Ethics«, in: *Philosophy* 21 (1946), 29–41.

»Philosophical Analysis in Ethics«, in: *Philosophical Studies* 1 (1950), 74–80.

»The Justification of Emotions«, in: *Proceedings of the Aristotelian Society, Supplementary Volume* 31 (1957), 59–74.

»The Work of G.E. Moore«, in: *The Indian Journal of Philosophy* 1 (1959), 73–86.

»Ethics in English-Speaking Countries«, in: R. Klibansky (Hg.), *Contemporary Philosophy: a Survey / La philosophie contemporaine: chroniques*, Bd. 4, Florenz 1971, 12–29.

MPA | »My philosophical attitude / Mon attitude philosophique«, in: A. Mercier, M. Svilar (Hg.), *Philosophes critiques d'eux-mêmes / Philosophers on their own work / Philosophische Selbstbetrachtungen*, Bern/Frankfurt a.M. 1975, 7–36 [bes. 17–20 u. 30–33].

4. Debatten im Anschluss an *The Definition of Good*

a) *mit Harry Burrows Acton*

[H.B. Acton, »Moral Subjectivism«, in: *Analysis* 9 (1948/49), 1–8.]

»Moral Subjectivism. Reply to Professor Acton«, in: *Analysis* 9 (1948/49), 17–23.

[H.B. Acton, »Moral Subjectivism. Dr. Ewing's Method«, in: *Analysis* 9 (1948/49), 57f.]

»Moral Subjectivism. A further Reply to Professor H.B. Acton«, in: *Analysis* 10 (1949/50), 15f.

b) *mit Brand Blanshard*

[Brand Blanshard, *Reason and Goodness*, Kap. 10: »Three Theories of Goodness«, London 1961 (2/1966), 280–289.]

»Blanshard's View of Good«, in: P.A. Schilpp (Hg.), *The Philosophy of Brand Blanshard*, La Salle 1980, 222–236.

[Brand Blanshard, »Reply to Mr. Ewing«, in: P.A. Schilpp (Hg.), *The Philosophy of Brand Blanshard*, LaSalle 1980, 237–246.]

II. *Sonstige in der Einleitung zitierte Schriften Ewings*

I | *Idealism. A Critical Survey*, London 1934; London 6/2012 (Collected Works, Bd. 3).

Notizen zu Vorlesungen Ludwig Wittgensteins in Cambridge 1934–1935, University of Manchester Library ACE/1/12.

NM | «The Necessity of Metaphysics«, in: H.D. Lewis (Hg.), *Contemporary British Philosophy: Personal Statements* (Third Series), London 1956, (2/1961), 141–164.

AD | «Angleterre et dominions Grande Bretagne«, in: M.F. Sciacca (Hg.), *Les grands courants de la pensée mondiale contemporaine*, Bd. 1.1, Mailand 1959, 139–217.

DED | »Directions in the event of my death«, 12. Januar 1967, University of Manchester Library ACE/4/6.

III. *Literatur*

1. Studien zu Ewings Ethik

Thomas Hurka, »Common Themes from Sidgwick to Ewing«, in: ders., *Underivative Duty. British Moral Philosophers from Sidgwick to Ewing*, Oxford 2011, 6–25.

William K. Frankena, »Ewing's case against naturalistic theories of value«, in: *Philosophical Review* 57 (1948), 481–492.

John Knox, Jr., »A.C. Ewing – A Critical Survey of Ewing's Recent Work«, in: *Religious Studies* 11 (1975), 229–255.

Christian Piller, »Ewing's Problem«, in: *European Journal of Analytic Philosophy* 3 (2007), 43–65.

Wlodek Rabinowicz, Tony Rønnow-Rasmussen, »The Strike of

the Demon: On Fitting Pro-Attitudes and Value«, in: *Ethics* 114 (2004), 391–423.

Mark Schroeder, »Means-end coherence, stringency, and subjective reasons«, in: *Philosophical Studies* 143 (2009), 223–248.

Jonas Olson, »Buck-Passing and the Consequentialist / Deontology Distinction«, in: T. Rønnow-Rasmussen et al. (Hg.), *Hommage à Wlodek: Philosophical Papers Dedicated to Wlodek Rabinowicz*, Lund 2007, nur online: http://www.fil.lu.se/hommageawlodek/site/papper/ OlsonJonas.pdf.

Jonas Olson, Mark Timmons, »A.C. Ewing's First and Second Thoughts on Metaethics«, in: T. Hurka (Hg.), *Underivative Duty. British Moral Philosophers from Sidgwick to Ewing*, Oxford 2011, 183–211.

2. Lexikonartikel

R. Douglas Geivett, »Ewing, Alfred Cyril«, in: T.A. Hart (Hg.), *The Dictionary of Historical Theology*, Grand Rapids 2000, 200f.

Bernd Goebel, »Ewing, A.C.«, in: T. Bautz (Hg.), *Bibliographisch-biographisches Kirchenlexikon*, Bd. 31 (2010), 414–424 (Onlineversion mit aktualisierter Bibliographie: http://www.bautz.de/bbkl/e/ewing_a_c.shtml).

William J. Mander, »A.C. Ewing«, in: S. Brown (Hg.), *The Dictionary of Twentieth-Century British Philosophers*, Bristol 2005, 271f.

Jonas Olson, Mark Timmons: »A.C. Ewing«, in: H. LaFollette (Hg.), *International Encyclopedia of Ethics*, Bd. 2, Oxford 2013, 1817–1823.

3. Nachrufe

Geoffrey Russell Grice, »Alfred Cyril Ewing, 1899–1973«, in: *Proceedings of the British Academy* 59 (1973), 499–513.

Brand Blanshard, »Alfred Cyril Ewing, 1899–1973«, in: *Proceedings and Addresses of the American Philosophical Association* 48 (1974/75), 112f.

4. Zeugnisse und Berichte

Richard I. Aaron, *Gutachten für A. C. Ewing vom 21. März 1948*, University of Manchester Library ACE/4/4.

Alfred Jules Ayer, »That Undiscovered Country«, in: C. Hitchens (Hg.), *The Portable Atheist. Essential Readings for the Nonbeliever*, Philadelphia 2007, 270–276 (zuerst in: *New Humanist*, 104 (1989), 10–13).

Oets Kolk Bouwsma, *Wittgenstein: Conversations, 1949–1951*, Indianapolis 1986.

Pat Crossman, »A Girton Girl in Search of Meaning«, in: *Philosophy at Cambridge. Newsletter of the Faculty of Philosophy, University of Cambridge* 4 (2007), 6.

Brian Dowling, *Riding the Tiger. The Life of Brian*, Privatdruck, 2010, http://www. docstoc.com/docs/129650365/Brian-Dowling-Riding-the-Tiger.

David Edmonds / John Eidinow, *Wittgenstein's Poker. The Story of a Ten-Minute Argument Between Two Great Philosophers*, New York 2001 (dt. *Wie Ludwig Wittgenstein Karl Popper mit dem Feuerhaken bedrohte. Eine Ermittlung*, Frankfurt a. M. 2005).

Laurence Goldstein, »Wittgenstein as Soil«, in: M. Kölbel, B. Weiss (Hg.), *Wittgenstein's Lasting Significance*, Routledge 2004, 148–178.

Richard Gregory, »A Student's View of Cambridge Philosophy Post-Wittgenstein, 1947–49«, in: *Philosophy at Cambridge. Newsletter of the Faculty of Philosophy, University of Cambridge* 1 (2004), 4 f.; 8.

Nicola Lacey, *A Life of H. L. A. Hart. The Nightmare and the Noble Dream*, Oxford 2004.

Peter Pagnamenta (Hg.), *The University of Cambridge. An 800th Anniversary Portrait*, London 2008.

Karl Popper, *Ausgangspunkte. Meine intellektuelle Entwicklung*, München 4/2004 (*Unended Quest. An Intellectual Autobiography*, London/Glasgow 1974).

Theodore Redpath, *Ludwig Wittgenstein. A Student's Memoir*, London 1990.

William D. Ross, *Gutachten für A. C. Ewing vom 21. März 1948*, University of Manchester Library ACE/4/4.

Brian McGuiness (Hg.), *Wittgenstein in Cambridge. Letters and Documents, 1911–1951*, Oxford 2008.

Michael Wolff, »Michael Wolff's Cambridge Recollections«, http://www.roangelo. net/logwitt/mwolff.html.

5. Weitere in der Einleitung zitierte Schriften

Robert Audi, *The Good in the Right. A Theory of Intuition and Intrinsic Value*, Princeton 2004.

Lewis White Beck, *Akteur und Betrachter. Zur Grundlegung der Handlungstheorie*, München 1976 (*The Actor and the Spectator*, New Haven 1975).

C.D. Broad, *Ethics and the History of Philosophy*, London 1952.

Paul Edwards, *The Logic of Moral Discourse*, Glencoe, IL 1955.

Richard Mervyn Hare, *The Language of Morals*, Oxford 1952 (dt. *Die Sprache der Moral*, Frankfurt a.M. 1972).

George Edward Moore, *Principia Ethica*, Cambridge 1903.

Thomas M. Scanlon, *What We Owe to Each Other*, Cambridge/Mass. 1998.

Henry Sidgwick, *The Methods of Ethics*, London 1874; London 7/1907.

Stephen Toulmin, *An Examination of the Place of Reason in Ethics*, Cambridge 1950.

IV. *Von Ewing zitierte Werke*

Ayer, Alfred Jules: *Language, Truth and Logic*, London 1936; dt.: *Sprache, Wahrheit und Logik*, Stuttgart 1996.

Broad, Charlie Dunbar: *Five Types of Ethical Theory*, London 1930.

Ewing, Alfred Cyril: *The Morality of Punishment. With Some Suggestions for a General Theory of Ethics*, London 1929.

–: *The Definition of Good*, London/New York 1947.

–: *The Fundamental Questions of Philosophy*, London 1951.

Field, Guy Cromwell: *Moral Theory. An Introduction to Ethics*, London 1921.

Hume, David: *A Treatise of Human Nature*, 3 Bde., London 1739–1740; dt. *Traktat über die menschliche Natur*, 2 Bde., Hamburg 2013.

Mill, John Stewart: *Utilitarianism*, London 1863; dt.: *Utilitarismus*, Hamburg 2009.

Moore, George Edward: *Principia Ethica*, Cambridge 1903; dt.: *Principia Ethica*, Stuttgart 1996.

–: *Ethics*, London 1912; dt.: *Grundprobleme der Ethik*, München 1985.

Perry, Ralph Barton: *General Theory of Value*, Cambridge/Mass. 1926.

Rashdall, Hastings: *The Theory of Good and Evil. A Treatise on Moral Philosophy*, 2 Bde., Oxford 1907.

Ross, William D.: *The Right and the Good*, Oxford 1930.

–: *Foundations of Ethics*, Oxford 1939.

Sidgwick, Henry: *The Methods of Ethics*, London 1874; dt.: *Die Methoden der Ethik*, Leipzig 1910.

Stevenson, Charles Leslie: *Ethics and Language*, New Haven 1940.

Toulmin, Stephen: *An Examination of the Place of Reason in Ethics*, Cambridge 1950.

V. *Von Ewing zur Vertiefung empfohlene Werke*

Carritt, Edgar Frederick: *The Theory of Morals: An Introduction to Ethical Philosophy*, London 1928

Field, Guy Cromwell: *Moral Theory. An Introduction to Ethics*, London 1921.

Mill, John Stewart: *Utilitarianism*, London 1863; dt.: *Utilitarismus*, Hamburg 2009.

Moore, George Edward: *Principia Ethica*, Cambridge 1903; dt.: *Principia Ethica*, Stuttgart 1996.

–: *Ethics*, London 1912; dt.: *Grundprobleme der Ethik*, München 1985.

Platon, *Politeia*: *The Republic of Plato. Edited with critical notes, commentary, and appendices by James Adam*, 2 Bde., Cambridge 1902; dt.: *Politeia*. Übersetzt von Friedrich Schleiermacher, ergänzt von Franz Susemihl, herausgegeben von Karlheinz Hülser, Frankfurt a. M. 2006.

Ross, William D.: *The Right and the Good*, Oxford 1930.

Alfred Cyril Ewing

Ethik

Eine Einführung

Vorwort des Verfassers

Es gibt heute eine starke Tendenz, Wissen mit Naturwissenschaft gleichzusetzen. Aber die Naturwissenschaft kann uns, wie zwei Kriege schmerzlich vor Augen geführt haben, nur über die Mittel belehren – nicht darüber, wie diese Mittel eingesetzt werden sollen. Damit wir bei allen Errungenschaften der Naturwissenschaft am Ende nicht schlechter dastehen, gilt es das Studium der Naturwissenschaft durch eine Untersuchung der Frage zu ergänzen, wie das Wissen, das sie uns zur Verfügung stellt, richtig angewandt wird. Uns allen muss, insofern wir moralische Wesen sind, an einer solchen Untersuchung gelegen sein. Die Versuche der fähigsten Denker, sich dieser Frage zu stellen – in der umfassendsten Weise und in einem nicht minder wissenschaftlichen Geist, wenn auch mit Methoden, die sich von denen der Naturwissenschaften sehr unterscheiden – werden in diesem Buch nachgezeichnet und kritisiert.

Kapitel 1: Einleitung

Wer Sie, Leser, auch immer sind, ein völliger Anfänger sind Sie auf diesem Gebiet nicht. Sie verfügen schon über irgendeine Vorstellung darüber, was ›gut‹ und ›schlecht‹, ›richtig‹ und ›falsch‹ bedeuten. Und Sie wissen, dass einige Handlungen richtig, andere falsch sind, dass einige Dinge gut und andere schlecht sind. Genau dies sind die Themen, von denen die Ethik als Wissenschaft handelt. Nur weil Sie dieses Wissen bereits mitbringen, gibt es in der Ethik für Sie überhaupt einen Ansatzpunkt. Die Ethik hat es in der Hauptsache mit zwei Arten von Fragen zu tun. Es geht ihr erstens um die allgemeinen Prinzipien, die es uns erlauben, ethische Ausdrücke wie ›gut‹, ›schlecht‹, ›Pflicht‹ usw. auf etwas anzuwenden; und es geht ihr zweitens darum herauszufinden, was genau diese Ausdrücke bedeuten. Nun scheint es keine Möglichkeit zu geben, ethische Aussagen durch irgendein logisches Verfahren aus der wirklichen Beschaffenheit der Welt gültig abzuleiten, ohne einige ethische Aussagen schon als wahr vorauszusetzen; oder wenn es eine solche Möglichkeit gibt, dann ist jedenfalls noch niemand auf sie gestoßen. Das ist vielleicht eine ernüchternde Erkenntnis, sie wird aber von den verschiedensten philosophischen Strömungen bestätigt. Folglich bleibt uns nur eine Methode, eine systematische Theorie der Ethik zu entwickeln: Wir müssen bei den moralischen Urteilen ansetzen, die wir in unserem praktischen Denken zu fällen gezwungen sind. Diese Urteile sind gemeint, wenn manchmal von der ›Ethik des Common Sense‹ die Rede ist. Davon ist die systematische Ethik, die Ethik als Wissenschaft, zu unterscheiden. Wenn ich einfach ›Ethik‹ schreibe, so beziehe ich mich im Folgenden stets auf die systematische Ethik.

Dass die Ethik bei unseren alltäglichen moralischen Vorstellungen beginnen sollte, besagt natürlich nicht, dass sie hier auch Halt machen soll. So betreffen die moralischen Urteile des alltäglichen Lebens jeweils eine besondere Situation, die Ethik aber strebt wie die Wissenschaft nach Allgemeinheit. Tatsächlich haben sich uns allen solche Verallgemeinerungen schon sehr früh im Leben erschlossen. Es gibt eine ganze Reihe von moralischen Verallgemeinerungen – dass es falsch ist zu stehlen zum Beispiel –, die wir schon als kleine Kinder gelernt haben. Aber damit gibt sich der Ethiker nicht zufrieden. Das ist ihm noch nicht allgemein genug. Vor allem will der Ethiker wissen, warum die Verallgemeinerungen wahr sind und welche von ihnen die obersten, die grundlegenden sind. Sein Studium der Ethik mag ihn außerdem zu der Schlussfolgerung führen, dass manche unserer alltäglichen Verallgemeinerungen und manche unserer mit besonderen Situationen befassten moralischen Urteile verbesserungswürdig sind. Die Alltagsethik zum Ausgangspunkt zu nehmen heißt sicherlich nicht, sie als unfehlbar zu betrachten. Die Alltagsethik als unfehlbar zu betrachten, wäre eine geradezu absurde Auffassung, weil die Alltagsethik einer Kultur mit derjenigen einer anderen Kultur im Widerspruch stehen kann, ja weil schon innerhalb ein und derselben Kultur die Alltagsethik eines Menschen oftmals derjenigen eines anderen Menschen widerspricht. Andererseits vermag ich nicht zu sehen, wie wir ein alltägliches moralisches Urteil ohne Bezugnahme auf ein anderes solches Urteil korrigieren könnten; denn wir können ein moralisches Urteil nur rechtfertigen, wenn wir zuerst die Gültigkeit eines anderen moralischen Urteils anerkennen.

Wie sollen wir also vorgehen? Mir scheint, dass uns hier die Wissenschaft der Physik – bei aller Verschiedenheit ihrer Methoden von denjenigen der Ethik – eine hilfreiche Analogie zur Verfügung stellt. In der Wissenschaft setzte man ursprünglich bei alltäglichen Wahrnehmungen körperlicher Gegenstände an (und den Urteilen, die diese Wahrnehmungen ausdrücken). Auf dieser Grundlage entwickelte man dann eine Theorie der körperlichen Welt, die nicht nur viel weiterreicht als jene Wahrnehmungen, sondern diese auch in vielerlei Hinsicht korrigiert, ja widerlegt: So lehrt uns die Physik, dass die Erde rund ist und die Sonne sehr viel größer als die Erde, obwohl diese auf uns keineswegs so wirken. Gleichwohl hängt die ganze physikalische Wissenschaft zuletzt von unseren Wahrnehmungen ab. Wir hätten niemals eine wissenschaftliche Theorie körperlicher Dinge – auch nur ansatzweise – gewinnen können, wenn wir derartige Dinge nicht wahrnehmen könnten; und noch die abgelegensten Verfahren, durch die Einsteins Theorien bestätigt werden, beruhen auf dem Vertrauen, das der Wissenschaftler seinen gewöhnlichen Sinneswahrnehmungen entgegenbringt, wenn er körperliche Gegenstände beobachtet. Selbst wo Kameras und andere Aufnahmegeräte als Ersatz für menschliche Sinnesorgane verwendet werden, muss es jemanden geben, der die Bilder und sonstigen Aufnahmen beobachtet und darauf vertraut, dass er sie mit seinen Sinnen richtig wahrgenommen hat. Wenn aber die Wissenschaft der Physik für ihr Vorankommen darauf angewiesen ist, dass wir unseren Wahrnehmungen vertrauen, wie kann sie dann menschlichen Wahrnehmungen widersprechen? Die Antwort lautet, dass sich die Wissenschaft zum Ziel setzt, dasjenige System aufzustellen, welches unsere Wahrnehmungen am besten erklärt und das die Urteile, die auf diesen Wahrnehmungen basieren, zu einem stimmigen Ganzen verknüpft, dessen verschiedene Teile einander nicht widersprechen, sondern bekräftigen. Um zu demjenigen System zu gelangen, das von den uns zur Verfügung stehenden Systemen unsere Erfahrungen am besten erklärt und das uns ein logisch zusammenhängendes Bild von der Welt liefert, sind die Wissenschaften – und ist schon der gesunde Menschenverstand – gezwungen, gewisse unserer Wahrnehmungen als trügerisch zurückzuweisen, um andere ohne Widerspruch als zuverlässig ansehen zu können. Aus ähnlichen Gründen weisen wir ja auch, noch bevor wir uns mit den Naturwissenschaften befassen, diejenigen von unseren Wahrnehmungen als nur scheinbar zurück, die wir Träume nennen.

Die Ethik verfolgt nun genau dasselbe Ziel im Hinblick auf die Urteile der Alltagsmoral. Denn diese lassen sich alle als Ausdruck von Wahrnehmungen betrachten – Wahrnehmungen von etwas Wirklichem, welche jedoch ebenso, aufgrund verschiedener Umstände, der Gefahr der Verzerrung ausgesetzt sind. Und wie der Naturwissenschaftler, obwohl er bei Sinneswahrnehmungen ansetzt und seine Schlussfolgerungen durch Sinneswahrnehmungen belegt, viele unserer Wahrnehmungen zurückweisen kann, da sie ein ungenaues Bild von den Dingen vermitteln, so auch der Ethiker. Er setzt bei unseren alltäglichen moralischen Urteilen an, kann aber die Korrektur einiger dieser Urteile vornehmen, um sie mit anderen, wichtigeren moralischen Urteilen in Einklang zu bringen und schließlich auf seinem eigenen Feld ein vernünftiges, in sich stimmiges System zu errichten. Dabei wird er, so glaube ich, auch nicht einen annähernd so großen Teil moralischer Urteile als trügerisch zurückweisen müssen, wie es der Naturwissenschaftler im Falle sinnlicher Wahrnehmungen tut. Das Testkriterium ist in beiden Fällen nicht, ob unsere endgültige Theorie eben das wiedergibt, was wir auf der alltagsethischen Ebene wahrzunehmen meinen, sondern ob unsere endgültige Theorie mit Hilfe dieser Wahrnehmungen ein wirklich stimmiges System ergibt. Diese systematische Theorie wird einerseits erklären, warum wir die Fehler, die wir in unseren alltagsethischen Urteilen begangen haben, begingen; sie wird uns andererseits helfen zu erkennen, was an diesen Urteilen wahr ist. Das ist alles sehr abstrakt. Doch lässt es sich kaum mit Beispielen veranschaulichen, bevor wir nicht wenigstens eines der ethischen Systeme behandelt haben, die in der Vergangenheit entwickelt wurden. Und indem wir den erwähnten Test anwenden, werden wir, so meine ich, bloß denselben ethischen Denkprozess weiter vorantreiben, an dem wir uns alle schon beteiligen, sobald wir versuchen, uns über das richtige Handeln mit Hilfe der Vernunft Aufschluss zu geben. Dies macht einen Reiz unseres Themas aus: Da wir alle ethisch denken können, besitzen wir in unserem Verstand selbst die Mittel, die in diesem Buch vorgestellten Theorien zu überprüfen. Um qualifiziert über die Ethik zu diskutieren, bedarf es keines teuren Laborgeräts und keiner schwierigen mathematischen Verfahren.

Wir könnten ferner kein vernünftiges moralisches Urteil, welcher Art auch immer, aufstellen, besäßen wir nicht bereits ein anfängliches Verständnis der Bedeutung von Wörtern wie ›gut‹, ›Pflicht‹ usw. Es gehört wesentlich zum ethischen Geschäft, die Bedeutung solcher Ausdrücke zu definieren, soweit das möglich ist. Auch in dieser Hinsicht also haben wir die Ethik als Vollenderin einer Aufgabe anzusehen, mit der wir schon vor jedem Ethikstudium befasst sind. Wir haben bereits eine Vorstellung davon, was ›gut‹ usw. bedeutet, bevor wir jemals ein Ethikbuch aufgeschlagen haben. Die Ethik hilft uns, die Bedeutung dieser Wörter besser zu verstehen.

Die beiden ethischen Grundbegriffe werden durch die Wörter »gut« und »sollen« (oder »Pflicht«) zum Ausdruck gebracht. Aber diese Ausdrücke – besonders der erste von ihnen – sind weit davon entfernt, eindeutig zu sein. Sie werden in gleich mehreren verschiedenen Sinnen gebraucht, und es ist notwendig, ein oder zwei solche Sinne zu unterscheiden, bevor wir fortfahren. Besonders wichtig ist die Unterscheidung zwischen ›gut‹ als einem Mittel und ›gut‹ als einem Ziel oder Zweck. Wenn Sie an einer Krankheit leiden, dann mag es gut für Sie sein, dass Sie sich einer Operation unterziehen. Aber das heißt nicht, dass die Operation an sich in irgendeiner Weise erstrebenswert ist; es heißt nur, dass sie gut ist als Mittel, um ein anderes Gut herbeizuführen. Im Falle der Operation ist die Gesundheit dieses Ziel. Man könnte allerdings auch bezweifeln, dass die Gesundheit etwas an sich Gutes ist. Wir würden uns nämlich nicht darum sorgen, ob unsere Zähne kariös oder unser Blinddarm entzündet sind, wenn wir nicht genau wüssten, dass die Karies und die Entzündung mit Schmerzen einhergehen und alle unsere Tätigkeiten erschweren. Es gibt aber einige Dinge, zum

Beispiel das Glück und die Tugend, die für sich genommen gut zu sein scheinen, und nicht bloß deshalb, weil sie ein anderes Gut oder andere Güter hervorbringen. Zumindest das Glück würde fast jeder selbst dann schätzen, wenn es niemals irgendwelche darüber hinausgehende Vorteile mit sich brächte – vorausgesetzt jedenfalls, es verursacht kein Leid. Und viele würden sagen, dass es sich mit der Tugend (der moralischen Güte einer Person) genauso verhält. Diese Dinge werden ›gut an sich‹ genannt oder ›intrinsisch gut‹; sie sind gut als Ziele. Diese Art des Gutseins ist offenbar grundlegender als die andere. Etwas, das nur als ein Mittel gut ist, wird nur deswegen zu Recht geschätzt, weil es in der Lage ist, etwas anderes hervorzubringen, das an sich gut ist (oder etwas anderes zu verhindern, das an sich schlecht ist, wie wenn eine Arznei unnötige Schmerzen lindert). Andererseits kann etwas, das als ein Mittel gut ist, auch als Zweck gut sein, und ist dies der Fall, dann ist es umso besser. Freundlichkeit zum Beispiel erscheint wünschenswert, sowohl weil sie an sich gut ist, als auch weil sie glücklich macht. Die Unterscheidung zwischen Mittel und Zweck darf daher nicht zu streng genommen werden. Dieselben Eigenschaften, welche die Tugend zu einem guten Zweck machen, machen sie auch zu einem guten Mittel. Zudem kann es leicht geschehen, dass wir etwas um seiner selbst willen lieben und schätzen, was uns ursprünglich nur wegen seiner Wirkungen wertvoll erschien, ja von dem wir auch weiterhin glauben, dass es ohne diese Wirkungen keinerlei Wert besäße. Die Einstellung des Geizkragens seinem Reichtum gegenüber ist von dieser Art, und uns allen geht es in einem gewissen Grade mit einigen besonders nützlichen materiellen Gegenständen so. Aus diesen Gründen wurde die Unterscheidung zwischen Mittel und Zweck scharf angegriffen, etwa von dem amerikanischen Philosophen John Dewey. Aber die eigentliche Frage ist nicht, was wir tatsächlich für wertvoll erachten; die eigentliche Frage ist: Was sind die letzten Gründe dafür, dass es vernünftig ist, es für wertvoll zu erachten? Und diese Gründe können nicht in dem liegen, was nur ein Mittel ist, sondern nur in dem, was ein Zweck an sich ist.

Menschen neigen dazu, alles auf seinen Nutzen hin zu befragen. Sie wollen wissen, welchen zukünftigen Zweck es – als Mittel – befördert. Aber wenn nicht einige Dinge an sich selbst gut wären und nicht nur als Mittel, so wäre alles zu nichts nutze. Alles nur als Mittel zu schätzen hieße, alles um eines zukünftigen Nutzens zu tun, der nie einträte. Die Annahme, dass die Arbeit, da nützlich, unmöglich auch eine Tätigkeit sein kann, die ihren Wert in sich selbst trägt, und die Auffassung, dass man selbst und andere immer etwas »Nützliches« tun sollen, sind zwei Irrtümer, die zweifellos einen ebenso großen wie unnötigen Verlust an Glück zur Folge hatten. Indem ich das behaupte, bestreite ich nicht, dass es viele Arten von Arbeit gibt, an denen man sich kaum um ihrer selbst willen erfreuen kann, oder dass es umso besser ist, wenn die Dinge, die wir um ihrer selbst willen gerne tun, auch einen erzieherischen Nutzen haben, in einem weiten Sinne von Erziehung. Viele Dinge sind es durchaus wert, ganz unabhängig von ihrer Nützlichkeit für irgendetwas anderes, um ihrer selbst willen getan zu werden – obgleich sie durchaus nützlich sein mögen.

Noch dürfen wir einen absichtlichen Vorgang so in den Kategorien von Mittel und Zweck konzipieren, dass der erste Bestandteil notwendigerweise als bloßes Mittel zu dem letzteren, dem Zweck-an-sich, angesehen wird. Wenn man die Dinge so betrachtet, müsste man sagen, dass ein Buch nur geschrieben wird, um den Schlusspunkt zu setzen. Überall wird es Bestandteile geben, deren Wert nur darin besteht, Mittel zu sein; Bestandteile, die nur als Zwecke-an-sich einen Wert darstellen; und Bestandteile, die in beiderlei Hinsicht wertvoll sind. Der erste Bestandteil kann Mittel und Zweck zugleich sein, und der letztere ist nicht notwendig ein Ziel in dem hier diskutierten Sinne. Die Rückfahrt aus dem Theater in einem überfüllten Bus ist wahrscheinlich genauso ein wertloser, aber notwendiger Bestandteil eines größeren Vorgangs, der auch wertvolle Bestandteile besitzt, wie die Reise dorthin, die zugegebenermaßen ein reines Mittel ist.

Die Leute, die über diese Fragen nachgedacht haben, sind sich in der Regel einig, dass – schöne Gegenstände, die aufgrund ihrer Schönheit einen Wert besitzen, möglicherweise ausgenommen – ein rein körperliches Ding nicht an sich selbst gut sein kann, sondern nur gut als ein Mittel. Von der eben erwähnten, sehr zweifelhaften Ausnahme abgesehen, muss etwas, das an sich selbst gut ist, ein Erlebnis sein, ein Geisteszustand oder ein Leben; es kann nicht etwas sein, das über gar kein Bewusstsein verfügt.

Um herauszufinden, ob etwas als Mittel gut ist, benötigen wir Wissen von der Art, wie es die Naturwissenschaften liefern, nämlich ein Wissen von den Naturgesetzen und damit von den wahrscheinlichen Wirkungen der Dinge. Aber dieses Wissen – an dieser Einsicht führt kein Weg vorbei – ist nutzlos für die Beantwortung der Frage, ob etwas an sich gut ist. Es ist das Wissen darum, was an sich gut oder schlecht ist, um das es der Ethik zu tun ist, nicht das Wissen um das Gutsein als Mittel. Die Naturwissenschaften lehren uns, was als Mittel gut ist, in ethischer Hinsicht sind sie gleichwohl neutral – in dem Sinne, dass dasselbe Wissen, das beispielsweise zur Heilung eines Patienten eingesetzt wird, von einem schlechten Menschen dazu benutzt werden kann, den Patienten zu töten. Die jüngere Geschichte hat uns ausreichend vorgeführt, dass naturwissenschaftliche Erkenntnis ein Fluch und kein Segen für die Welt ist, wenn das sich aus ihr ergebende technische Potential unter Missachtung ethischer Prinzipien umgesetzt wird. Es gibt noch viele andere Bedeutungen von »gut«, aber diese beiden sind die einzigen, die wir an dieser Stelle auseinander halten müssen.

Der Ausdruck »sollen« unterscheidet sich dadurch von »gut«, dass er sich in erster Linie auf Handlungen bezieht. Man verwendet ihn manchmal bloß im Blick auf dasjenige Mittel, das einem vorgegebenen Zweck am besten dient, unabhängig davon, ob dieser Zweck gut oder schlecht ist, wie wenn wir sagen: »Der Mörder hätte seinen Fingerabdruck nicht auf der Waffe hinterlassen sollen.« Aber der Gebrauch von »sollen« im Blick auf die in einer bestimmten Situation in moralischer Hinsicht beste Handlung ist für die Ethik viel bedeutsamer, und wenn ich das Wort in den folgenden Kapiteln verwende, dann immer in diesem Sinne, sofern ich nichts Gegenteiliges verlauten lasse. Eine der Hauptfragen der Ethik betrifft die letzten Kriterien, die es uns erlauben zu entscheiden, welche Handlungen wir tun sollen. Die Handlung, die wir tun sollen, nennen wir auch unsere »Pflicht«; aber daneben gibt es noch eine andere Bedeutung von »sollen« und »Pflicht«, auf die ich später (in den Kapiteln 6 und 8) zurückkomme, der gemäß man sagen kann, dass wir selbst dann unsere Pflicht tun und selbst dann tun, was wir sollen, wenn wir hinsichtlich unserer objektiven Pflicht einem aufrichtigen Irrtum unterliegen. Statt »die Handlung, die wir tun sollen« sagt man auch: »die richtige Handlung«. Wird »richtig« dagegen ohne den bestimmten Artikel verwendet, hat es eine etwas andere Bedeutung. Denn in einer gegebenen Situation kann es alternative Handlungen geben, die alle richtig sind; nicht kann es jedoch zwei einander ausschließende Handlungen geben, die wir beide tun sollen, die beide zu tun unsere Pflicht ist. So ist es normalerweise richtig, jedoch keine Pflicht, seine Schulden per Scheck zu begleichen, weil es genauso richtig ist, sie bar zu bezahlen. Unsere Pflicht besteht darin, sie irgendwie zurückzuzahlen, sei es per Scheck oder in bar oder auf eine andere anerkannte Weise, etwa mittels Verrechnung einer Forderung von uns an den Gläubiger.

Um herauszufinden, für welche Handlung wir uns in einer gegebenen Situation entscheiden sollen, welches also die richtige Handlung in dieser Situation ist, müssen wir uns zumindest fragen, welche Folgen die in Frage kommenden Handlungen hätten. Es ist in der Ethik umstritten, ob die Richtigkeit einer Handlung ausschließlich von ihren Folgen abhängt oder nicht. Zweifellos hängt sie aber zumindest zum Teil von ihnen ab. Dass eine bestimmte Handlung schlechte

Folgen nach sich zieht, spricht immer gegen das Ausführen dieser Handlung, ob dies nun ein entscheidender Einwand ist oder durch andere Überlegungen ausgeglichen werden kann. Um also herauszufinden, ob wir etwas tun sollen oder nicht, benötigen wir entweder immer oder doch für gewöhnlich ein Wissen um die wahrscheinlichen Folgen der fraglichen Handlung. Das ist – wie schon das Wissen darum, ob etwas ein gutes Mittel zu einem gegebenen Ziel ist – ein Wissen von der Art, wie es die Naturwissenschaft liefert. Damit wir dieses Wissen erlangen können, müssen wir die einschlägigen Kausalgesetze kennen. Es ist als solches gar kein spezifisch ethisches Wissen. Und es ist allein noch nicht ausreichend: Wir benötigen außerdem ein Wissen darum, ob die voraussichtlichen Folgen als in sich gut oder schlecht angesehen werden müssen. Somit beruht das Urteil darüber, was wir tun sollen, auf zweierlei Arten von Wissen: einesteils auf Wissen um Tatsachen und anderenteils auf dem spezifisch ethischen Wissen darum, welche Dinge gut oder schlecht an sich sind. Um beispielsweise herauszufinden, welches die richtige Behandlung für einen ganz bestimmten kranken Menschen ist, müssen wir einerseits wissen, welches das vermutlich beste Heilmittel für ihn ist; und müssen andererseits wissen, dass wir ihn heilen sollen. In diesem Beispiel ist es das naturwissenschaftliche Wissen, welches uns – verglichen mit dem ethischen Wissen – die größeren Schwierigkeiten bereitet; aber dem ist längst nicht immer so. Die Frage, welcher Typ von Atombombe die verheerendste Wirkung besitzt, mag nicht ganz einfach zu beantworten sein; aber noch schwieriger dürfte es werden, wenn wir wissen wollen, ob es richtig ist, Atombomben auch einzusetzen (und wenn ja, wann dies richtig wäre).

Das erklärt, wie es kommt, dass die Ethik als Wissenschaft uns bei der Frage, wie wir handeln sollen, nur eine begrenzte Hilfestellung leisten kann: Um diese Frage zu beantworten, bedarf es nicht nur ethischen Wissens, sondern auch empirischen Wissens über Tatsachen und Kausalgesetze; und letzteres stellt uns nicht die Ethik, sondern stellen uns die Naturwissenschaft zur Verfügung sowie der gesunde Menschenverstand, den wir alle im Hinblick auf Personen und körperlichen Dinge besitzen. Mehr noch, selbst das spezifisch ethische Element unseres Wissens lässt sich durch Argumente nicht abschließend beweisen, sondern setzt ein intuitives Begreifen und Bewerten der Situation voraus. Dazu ist der Ethiker nicht notwendig besser in der Lage als irgendein anderer Mensch. Das hat zur Folge, dass der Ethik für die Praxis nur eine beratende Funktion zukommt. Sie kann die Streitfragen nicht im Alleingang lösen, sondern kann nur Überlegungen und Argumente vortragen, die uns bei deren Lösung eine Hilfe sind. Aber auch so spielt sie eine wichtige Rolle. Bloß weil die Ethik auf sich alleine gestellt außer Stande ist, uns zu sagen, was wir tun sollen, dürfen wir ihr nicht schon jeden praktischen Wert absprechen. Ein Mensch, der sich mit Ethik beschäftigt hat, wird – einen guten Willen vorausgesetzt – eher alle relevanten Aspekte eines ethischen Problems bedenken, wird eher die richtigen Fragen stellen, eher elementare Fehlschlüsse vermeiden. Wäre die Ethik wirklich auf sich alleine gestellt in der Lage uns zu sagen, was wir tun sollen, so wäre sie nicht nur eine praktische Wissenschaft, sondern die einzige praktische Wissenschaft. Und das ist sie sicherlich nicht. Sie leistet bereits Bedeutsames, indem sie uns eine echte *Hilfe* dabei ist herauszufinden, was wir tun sollen. Dies ist übrigens etwas anderes als uns dazu zu motivieren, dass wir auch wirklich tun, wovon wir wissen, dass wir es tun sollen. Letzteres ist eher die Aufgabe des Redners oder Predigers als des Moralphilosophen.

Einige würden sagen, dass es in der Ethik als Wissenschaft zuerst darauf ankommt, eine Definition ihres Grundbegriffs – sagen wir, »gut« – zu gewinnen, und dass sich aus dieser Definition in einem zweiten Schritt verschiedene Aussagen ableiten lassen. So scheint Sokrates, der erste große Moralphilosoph Europas, der Ansicht gewesen zu sein, dass die erste und hauptsächliche Aufgabe der Ethik darin besteht,

Definitionen ethischer Begriffe aufzustellen; und dass wir nicht wirklich tugendhaft sein könnten, wenn wir nicht wissen, wie sich die Tugenden definieren. Diese Herangehensweise übersieht allerdings einen wichtigen Punkt. Denn es könnte durchaus der Fall sein – ja es sieht sogar sehr danach aus, als sei es der Fall –, dass sich der Grundbegriff oder die Grundbegriffe der Ethik gar nicht mehr weiter analysieren lassen, dass sie sich auf keine anderen Begriffe mehr zurückführen lassen. Das würde bedeuten, dass sich die ethischen Grundbegriffe im Sinne des wichtigsten Definitionsbegriffs überhaupt nicht definieren lassen. (Damit will ich nicht behaupten, dass es gar keinen Sinn von ›Definition‹ gibt, in dem sie definiert werden können.) Diese Ansicht gewinnt viel an Plausibilität, wenn wir uns einmal überlegen, was es hieße, wenn sie sich alle definieren ließen (und zwar nicht gegenseitig der eine durch den anderen). Dann wären die Begriffe der Ethik auf nicht-ethische Begriffe reduzierbar. Die Ethik würde zu einer bloßen Unterabteilung derjenigen Wissenschaft, zu der die fraglichen nicht-ethischen Begriffe gehörten. Machte man zum Beispiel »gut« zum grundlegenden ethischen Begriff und definierte man »gut« einfach als »was Menschen wünschen«, so würde aus der Ethik ein Zweig der Psychologie, weil es die Psychologie ist, die jene Zustände und Ereignisse des geistigen Lebens untersucht, die man als Wünsche bezeichnet. Ließe sich »gut« definieren als »was im Einklang mit dem Prozess natürlicher Evolution steht«, so würde aus der Ethik eine Teildisziplin der Biologie; ließe sich »gut« definieren als »was einer stabilen Gesellschaft dienlich ist«, so würde aus der Ethik eine Teildisziplin der Soziologie. Solche Theorien über die Ethik sind in der Tat vertreten worden und sollen später diskutiert werden (vgl. Kapitel 6). Aber obwohl die diesbezüglichen Auffassungen der Ethiker auseinandergehen, gibt es heute doch einen recht breiten Konsens darüber, dass diese Theorien es sich zu einfach machen und wir kein Recht haben, sie ohne weiteres vorauszusetzen. Dies wird auch durch den Umstand bestätigt, dass die Methoden, mittels derer wir zu ethischen Überzeugungen gelangen, sich grundlegend von den Methoden unterscheiden, mittels derer die Aussagen einer jeden der drei angeführten Wissenschaften gewonnen werden. Wieder andere würden in der Ethik damit beginnen, »gut« zu definieren als »was Gott will«. Doch obschon es wahr sein mag, dass Gott das Gute will, so folgt daraus nicht im Mindesten, dass »gut« nichts weiter bedeutet als »was Gott will«. Wäre es so, dann wäre die Ethik ein Teil der Theologie. Und auch dies leuchtet nicht ein; denn es scheint offensichtlich, dass eine Person moralische Urteile fällen kann – vernünftige moralische Urteile fällen kann –, ohne an Gott zu glauben (siehe wiederum Kapitel 6).

Man könnte meinen, dass wir in der Ethik gar keine Aussicht auf ein Vorankommen hätten, ohne zuerst die Definitionen der grundlegenden Begriffe zu kennen, die in ihr verwendet werden. Doch ist dies nicht der Fall. Denn selbst wenn wir keine Definitionen von ihnen geben können, haben wir irgendeine Vorstellung davon, was sie bedeuten – anderenfalls könnten wir sie nicht einmal auf nur annähernd verständliche Weise verwenden, so wie wir das in unserem alltäglichen ethischen Denken tun – und wann sie sinnvoll verwendet werden. Die Ethik setzt an bei unserem unvollkommenen Erfassen der Bedeutung und Verwendung von »gut«, »Pflicht« usw. in unserem alltäglichen Leben und entwickelt daraus etwas Besseres. Aber sie vermag dies nur, indem sie die moralischen Urteile betrachtet, die wir Tag für Tag treffen; indem sie untersucht, was das für moralische Urteile sind, und versucht, sie in jenes stimmige System einzufügen, welches wie gesagt das Ziel des Denkens ist. Zu behaupten, dass ein ethischer Grundbegriff nicht definiert werden kann, heißt nicht zu behaupten, dass wir seine Bedeutung nicht erfassen können. Es ist vielmehr möglich, dass wir niemals in der Lage sein werden, ihn zu definieren, und dennoch sehr wohl wissen oder erkennen können, was er bedeutet. Und dies auf eine zweifache Weise und in einem doppelten Sinne von Bedeutung. Wir können durch unmittelbare Erfahrung von der Eigenschaft beispielsweise des Gutseins wissen, ohne in der Lage zu sein, sie zu analysieren; und wir können wissen, auf welche Dinge wir diesen Begriff ohne Widerspruch anwenden können. In beiden Fällen ist unser Wissen außerdem steigerungsfähig, selbst wenn wir niemals eine genaue Definition von »gut« aufzustellen vermögen. Es lässt sich sogar leicht zeigen, dass es Begriffe geben muss, die in dem Sinne undefinierbar sind, dass sie nicht mittels anderer Begriffe analysiert, nicht auf andere Begriffe zurückgeführt werden können. Denn wenn wir A definieren, indem wir es mittels B und C analysieren, so müssen wir, wenn die Definition verständlich sein soll, wissen, was B und C sind; und obschon wir B und C wiederum mittels anderer Begriffe analysieren können, ist es doch nicht möglich, dieses Verfahren *ad infinitum* fortzusetzen. Bei der Analyse unserer Begriffe müssen wir früher oder später zu Begriffen gelangen, die schlechterdings unanalysierbar sind. Dann ist es aber kein Zeichen menschlichen Versagens, sondern eine unvermeidliche Folge der Logik unserer Begriffe, dass wir sie nicht definieren können. Damit ist nur gesagt, dass wir sie nicht auf andere Begriffe zurückführen können; es bedeutet nicht, dass wir von ihnen nichts näher wissen könnten. Gibt es also undefinierbare Begriffe, dann zählen so grundlegende wie »gut« oder »sollen« zu den wahrscheinlichsten Kandidaten hierfür. Es mag uns möglich sein, eine ganze Menge über sie herauszubringen, aber das heißt nicht, dass wir sie ohne Rest auf etwas anderes zurückführen können, auf etwas nicht spezifisch Ethisches.

Abschließend ein Wort zum Verhältnis von Ethik und Philosophie: Die Ethik wird üblicherweise als eine Disziplin der Philosophie eingeordnet, weil beide von sehr allgemeinen Themen handeln, die außerhalb der Reichweite der Naturwissenschaften liegen (ich wüsste nicht, wie sich die Philosophie in wenigen Worten angemessener definieren ließe). Dennoch glaube ich, dass es ein Fehler wäre zu meinen, ein Mensch könnte sich nicht mit Gewinn der Ethik zuwenden, ohne zugleich die anderen Teile der Philosophie zu studieren. Auf der anderen Seite erscheint es mir unwahrscheinlich, dass jemand, der sich wirklich für die Art von Problemen interessiert, mit denen es die Ethik zu tun hat, sich damit zufrieden geben wird, hier Halt zu machen, und nicht auch etwas über die Philosophie ganz allgemein zu erfahren wünscht sowie über die Probleme, die von der Metaphysik behandelt werden (der Untersuchung der allgemeinen Natur des Wirklichen, insoweit sie dem menschlichen Verstand zugänglich ist). Wenn er diesem Wunsch nachgibt, wird er merken, dass ihm seine Beschäftigung mit der Ethik hilft, sich mit derlei Problemen auseinanderzusetzen und umgekehrt. In der Tat ist die Ethik, wie ich glaube, für die meisten Menschen die beste Einführung in die Philosophie. Beides sind schwierige Unternehmungen, weil sie eine abstraktere Denkweise beinhalten, als wir sie aus anderen Materien (abgesehen einmal von der Mathematik) und aus dem täglichen Leben gewohnt sind. Da wir aber alle mit ethischen Problemen vertraut sind, werden wir vermutlich auf diesem Gebiet viel weniger Schwierigkeiten mit dem abstrakten Denken haben und tun darum gut daran, dort damit zu beginnen. Hinzu kommt, dass in den Augen der meisten Menschen die Mehrzahl der übrigen von der Philosophie diskutierten Probleme den Bezug zum alltäglichen Leben und zu den alltäglichen Fragen des Menschen vermissen lassen. Von der Ethik lässt sich das, wenn sie gut entwickelt wird, kaum behaupten.

Es wäre einem Leser ohne Vorkenntnisse gegenüber unfair zu verschweigen, dass die Ethik ein Gegenstand ist, bei dem die Meinungen der Sachverständigen sehr weit auseinander gehen; dies ist ein Phänomen, das auch in den übrigen Teildisziplinen der Philosophie anzutreffen ist. Das vorliegende Buch ist nicht dazu geeignet, meine eigenen ethischen Ansichten vollständig darzulegen. Es ist indes nicht zu vermeiden, dass diese auf meine folgenden Darstellungen abfärben – obwohl ich selbstverständlich versucht habe, auch solche Ansichten zu würdigen, die von den meinigen abweichen. Ich glaube sogar, dass ich kaum etwas gesagt habe, dem nicht zumindest ein beträchtlicher Teil der heutigen Philosophen zustimmen würde. Umgekehrt habe ich zweifellos auch vieles gesagt, dem ein beträchtlicher Teil von ihnen widerspräche. Man kann die Ethik (im philosophischen Sinne) nicht, wie dies bei vielen anderen Fächern möglich ist, von anerkannten Autoritäten lernen, bei denen man sich praktisch sicher sein kann, dass sie, und sei es nur im Großen und Ganzen, richtig liegen. Auch was ich selbst schreibe, sollte mir vom Leser so lange nicht abgenommen werden, bis er die Argumente mit seinem eigenen Verstand geprüft und für gut befunden hat. Ich brauche kaum zu erwähnen, dass mein Werk nicht wirklich sein Ziel erreicht hätte, wenn es seinem Leser nicht Anlass wäre, sich noch eingehender mit der Materie auseinanderzusetzen; aus diesem Grunde habe ich der Bibliographie am Ende einige Literaturhinweise beigefügt (vgl. V.).

Kapitel 2: Egoismus und Altruismus

Eine der ersten Fragen, die sich in der Ethik aufdrängen, lautet: Warum sollte ich um jemandes anderen willen ein Opfer bringen? Wenn man mir zeigt, dass die Folgen einer bestimmten Handlung *für mich selbst* schlecht wären, dann ist das ganz offensichtlich ein Grund für mich, diese Handlung nicht auszuführen. Längst nicht so offensichtlich ist dagegen, dass ich, wenn etwas in meinem eigenen Interesse liegt, es nicht tun soll, weil es *auf andere* schlechte Auswirkungen hätte. Gleichwohl kennt jedes ethische System Pflichten gegenüber einem selbst wie auch gegenüber anderen, und kein guter Mensch bleibt von der Aussicht, dass sein Vorhaben schlechte Auswirkungen auf andere Menschen hat, unbeeindruckt. Angesichts dessen könnte man versuchen so zu argumentieren: In Wirklichkeit liegt es im langfristigen Eigeninteresse des Handelnden – in diesem oder einem zukünftigen Leben –, wenn er seine Pflichten anderen Menschen gegenüber erfüllt. In diesem Sinne haben einige Philosophen die Ansicht vertreten, dass wir letztlich keiner anderen Pflicht unterliegen können als derjenigen, unser eigenes größtmögliches Glück anzustreben; unsere Pflichten anderen gegenüber seien nichts anderes als das wirksamste Mittel, selber dieses Glück zu erlangen. Viele dieser Philosophen sahen außerdem das fragliche Glück in der Lust. Diese Auffassung heißt »egoistischer Hedonismus«. »Hedonismus« ist abgeleitet von *hêdonê*, dem griechischen Wort für »Lust« und meint in der Ethik die Lehre, dass es neben der Lust keine anderen (intrinsischen) Güter gibt; »egoistisch« soll hervorheben, dass das letzte Ziel die *eigene* Lust des Handelnden selber ist. Um diese Theorie nicht falsch zu verstehen, müssen wir bedenken, dass der Begriff der Lust hier so konzipiert ist, dass er alle denkbaren Befriedigungen umfasst – nicht bloß die eher körperliche Lust einer guten Mahlzeit und anderer Vergnügungen, sondern auch die Freude selbstvergessener und vergeistigter Liebe; das Gefühl der Befriedigung beim Gerechten, wenn er selbstlos dem Gemeinwohl dient; das Entzücken des Mystikers in der Gemeinschaft mit Gott. Die hedonistische Theorie besagt auch nicht, dass wir immerzu unmittelbar auf unsere eigene Lust aus sein sollen. Sie erkennt an, dass es unserer eigenen Lust zum Besten gereicht, wenn wir in erster Linie nicht unsere eigene Lust, sondern andere Dinge anstreben, besonders das Glück anderer Menschen. Der Gedanke dabei ist jedoch immer, dass wir auf diese anderen Dinge letztlich nur aus einem Grund abzielen sollen: weil sie das beste Mittel zur Beförderung unserer eigenen Lust sind. Keineswegs seien wir dazu verpflichtet, diese Dinge um ihrer selbst willen anzustreben.

Die erste Eingebung der meisten unverbildeten Menschen ist es, den egoistischen Hedonismus als offensichtlich unmoralisch zu verwerfen. Doch selbst wenn sich dies als unser abschließendes Urteil erweisen sollte, müssen wir jene Theorie zuerst etwas sorgfältiger untersuchen. Und wir werden vielleicht überrascht sein herauszufinden, dass eine solche Theorie von einigen Leuten vertreten wurde, die für ihren hervorragenden Charakter bekannt waren und sich durch eine Haltung auszeichneten, die man normalerweise als selbstlose Hingabe an andere beschreiben würde. Das ist zwar kein Beweis dafür, dass die Theorie tatsächlich nicht den grundlegendsten Prinzipien einer jeden akzeptablen Ethik widersprechen würde – steht das Verhalten eines Menschen doch oft genug im Widerspruch zu seiner Theorie. Aber es verbietet uns, sie als bloße Boshaftigkeit oder Spitzfindigkeit abzutun. Wenn eine solche Theorie konsequent umgesetzt würde, so ist bei näherem Hinsehen das Verhalten, zu dem sie uns anhält, gar nicht so verschieden von dem Verhalten, wie wir es gewöhnlich moralisch gutheißen. Es lässt sich leicht zeigen, dass sich die offensichtlicheren Arten des Fehlverhaltens unter den meisten Umständen nicht auszahlen – sie machen einen, selbst von einem vollkommen eigennützigen Standpunkt aus betrachtet, nicht glücklicher. Die meisten bösartigen Handlungen sind außerdem äußerst unklug, obwohl es sehr schwierig sein mag, den Leuten, die sie ausführen, dies beizubringen, bevor es zu spät ist. Unser Glück hängt in weiten Teilen von unseren Beziehungen zu anderen Menschen ab, und wir entfremden uns von ihnen, wenn wir durch und durch skrupellos und selbstsüchtig sind. Das Glück hängt außerdem in einem hohen Maße davon ab, ob wir im Frieden mit uns selbst leben. Bösartiges Verhalten neigt aber stark dazu, diesen inneren Frieden zu zerstören. Es ist ein Irrtum, sich das Gute als einen begrenzten, nicht steigerbaren Vorrat vorzustellen, so als müsste ich unweigerlich weniger davon besitzen, wenn andere mehr haben. Das trifft nicht einmal auf den materiellen Wohlstand zu, weil der gemeinschaftliche Bestand durch Anstrengung und Geschicklichkeit stark vermehrt werden kann, so dass es mehr zu verteilen gibt, und weil Tauschgeschäfte gewöhnlich beiden Seiten zum Vorteil gereichen. Noch weniger trifft dies auf das Glück zu, welches nicht in erster Linie von materiellen Gütern abhängt (wiewohl ein Minimum davon notwendig ist). Wenn ich mehr Geld erwerbe, mag das bedeuten (muss es aber nicht), dass ein anderer ärmer wird; wenn ich dagegen mein Glück steigere, indem ich meine Beziehungen zu anderen Menschen befriedigender gestalte, indem ich lerne, mein eigenes Schicksal zu schätzen oder einfach zufriedener mit meinem Los zu sein, dann wird das keineswegs dazu führen, dass andere weniger glücklich, sondern im Gegenteil dazu, dass sie ebenfalls glücklicher sind. Eine der wichtigsten Quellen des Glücks besteht gerade in dem Bewusstsein, dass man sich im Leben nützlich macht und einen Beitrag zum Wohlergehen anderer leistet. Der Egoist braucht nicht zu leugnen, dass wir sogenannte selbstlose Wünsche haben, nämlich Wünsche, die darauf abzielen, dass es anderen gut geht. Er wird allerdings behaupten, dass wir selbst an Glück gewinnen, wenn wir diesen Wünschen nachgeben, und zwar in einem höheren Maße, als wenn wir den rein selbstbezogenen Wünschen nachgeben. Bentham, der bekannteste britische Anhänger der Theorie, die ich gerade anspreche, war zugleich ein großer Philanthrop. Als man ihn fragte, ob dies denn kein Widerspruch sei, antwortete er, dass die Menschen auf verschiedene Weise Lust erwerben; er sei ebenso veranlagt, dass die Philanthropie ihm Lust bereite, so wie anderen Menschen vielleicht das Trinken.

Ich meine jedoch, dass man es mit diesem Argument oft zu weit treibt. Es ist schlicht unmöglich zu zeigen, dass ein Mensch immer in dem Maße an Glück gewinnt, in dem er das besitzt, was allgemein als Güte angesehen wird. Die Gesellschaft kann die Menschen für ihr Fehlverhalten bestrafen, aber sie wird immer nur einen kleinen Teil der schlechten Handlungen zur Kenntnis nehmen. Oder man stelle sich vor, dass die Gesellschaft selbst verdorben ist und die Menschen im Gegenteil bestraft, wenn sie Gutes tun. Es ist alles andere als offensichtlich, dass ein guter Mensch im Deutschland der Nazizeit glücklicher war als ein schlechter. Ferner hat man in allen uns bekannten Kulturen geglaubt, dass der Mensch manchmal die Pflicht habe, seine Gesundheit und sein Leben aufs Spiel zu setzen, ja sogar zu opfern. Das wäre allerdings eine merkwürdige Methode, dem Handelnden sein größtmögliches Glück zu verschaffen. Es ist nicht legitim, dass der hedonistische Egoist entgegnet, dass dieser Mensch in einem zukünftigen Leben belohnt wird. Denn selbst wenn wir dies zugestehen, so müssen wir einräumen, dass wir nur aus dem Grund glauben, die Handlung würde belohnt, weil wir bereits glauben, dass sie richtig und bewundernswert ist; es liefe daher auf einen Zirkelschluss hinaus zu behaupten, die Belohnung mache die Handlung gut. Wenn unsere einzige Pflicht darin besteht, nach der größten Lust für uns zu streben, weshalb sollten wir dann dafür belohnt werden, dass wir in diesem Leben unsere Lust für andere opfern? Dem ersten Anschein nach sollten wir dann eher bestraft werden. Es ist oft gesagt worden, dass Gewissensbisse uns unglücklich machen würden, wenn wir uns nicht um des größeren

Gutes um anderer Willen aufopfern. Aber dieser Überlegung lässt sich ein ganz ähnliches Argument entgegenhalten. Warum nämlich sollten wir an Gewissensbissen leiden, wenn wir die Handlung nicht zuerst als schlecht erkannt haben? Und es mag im Falle einiger weniger Leute wahr sein, dass sie im Wissen darum, ihr eigenes Leben durch Vernachlässigung ihrer Pflicht gerettet zu haben, dermaßen unglücklich werden, dass keine andere Lust im Leben mehr dagegen ankommt; aber wir können unmöglich davon ausgehen, dass dies für alle Menschen gilt. Der Pflicht, anderen zu helfen, wird ein Mensch gewiss nicht dadurch enthoben, dass er es aufgrund seiner Veranlagung fertigbringt, kein Unbehagen angesichts der unterlassenen Hilfeleistung zu verspüren, indem er an behaglichere Dinge denkt. Die Empfindsamkeit der Menschen in diesem Punkt ist sehr verschieden. Wenn ein Egoist die Freude herausstellt, die es ihm bereitet, anderen zu dienen, so ist schwer zu sehen, was er auf einen Einwand entgegnen könnte wie: »Das mag ja alles für dich zutreffen. Aber die Vorlieben sind verschieden, und ich bin so veranlagt, dass ich die eigennützigen Freuden viel mehr genieße als die selbstlosen.«

Mir scheint sogar, dass, wenn der egoistische Hedonismus wahr wäre, einige der schlechtesten jemals begangenen Handlungen gerechtfertigt werden könnten. In Ibsens Schauspiel *Die Kronprätendenten* gibt es eine bekannte Szene, in der ein im Sterben liegender Bösewicht die Gelegenheit hat, sich an einem Feind zu rächen, indem er ein die Thronfolge betreffendes Missverständnis entstehen lässt – in dem Wissen, dass er dadurch einen unnötigen Bürgerkrieg verursachen würde, in dem Tausende zu Tode kämen. Die Situation in dem Stück wird durch die Furcht vor einer jenseitigen Bestrafung verkompliziert, doch haben wir bereits gesehen, dass dies nichts zur Sache tut, wenn die fragliche Handlung nicht unabhängig von der Bestrafung als schlecht ausgewiesen werden kann; und in jedem Fall könnten wir das Szenario verändern, indem wir annehmen, dass es sich bei dem der

Versuchung Ausgesetzten um einen Atheisten handelt. Wenn nun das einzige Kriterium für die Richtigkeit oder Falschheit einer Handlung in ihrer Eigenschaft bestünde, die eigene Lust zu vermehren, so müsste man, meine ich, sagen, dass der Racheakt richtig wäre, weil er die letzten Augenblicke im Leben des Handelnden glücklicher machen würde. Zugegeben, er wäre wahrscheinlich insgesamt gesehen ein glücklicherer Mensch gewesen, wenn er seine Rachsucht nicht in einem derart fürchterlichen Ausmaß kultiviert hätte, wie er es getan haben muss, damit eine solche Tat auch nur eine ernsthafte Versuchung für ihn darstellen kann; aber es ist nicht so, dass er dies jetzt noch ändern könnte. Wir können ihm nicht sagen: »Du sollst deine Rachsucht jetzt unter Kontrolle halten, damit du in der Zukunft größerer Lust fähig bist«; denn er würde antworten: »Ich habe keine Zukunft mehr«. Sich selbst um eines anderen Menschen willen unglücklich zu machen, sollte für den egoistischen Hedonisten eindeutig schlecht sein – in dem einzigen Sinne, in dem etwas für ihn überhaupt schlecht sein kann.

Aber selbst wenn dem egoistischen Hedonisten der Nachweis gelänge, dass seine Auffassung mit den gewöhnlichen Vorstellungen von Moral vereinbar sind, soweit dies die äußere Seite von Handlungen betrifft, hätte er damit noch nicht seine Position gerechtfertigt. In der Ethik ist es nämlich nicht nur der äußere Akt, der zählt, sondern auch das Motiv. Das Motiv, das er ins Spiel bringt, ist indes ein solches, das wir als wesentlich unmoralisch ansehen müssen. Angenommen ein Mensch räumt ein, dass er nur deshalb nicht stiehlt, weil er fürchtet, ins Gefängnis geworfen zu werden; oder dass er seine Kinder nur deshalb nicht misshandelt, weil man ihm einen Geldbetrag in Aussicht gestellt hat, falls er sie nicht misshandelt. Und angenommen, wir glauben ihm – sollten wir ihn da als moralisch lobenswert betrachten? Ganz und gar nicht: Wir sollten ihn vielmehr genauso oder fast genauso verurteilen, als wenn er sich des Diebstahls und der Grausamkeit tatsächlich schuldig gemacht hätte; denn wir können sein Motiv nur als vollkommen unangemessen bewerten. Und wenn dem so ist, wieso sollten wir sein Verhalten als in irgendeiner Weise moralischer ansehen, wenn er von falschen Handlungen allgemein nur deswegen absieht, weil er sich von der Aussicht auf Glück bestechen oder von der Furcht vor Unglück abschrecken lässt – ob das Glück oder Unglück nun in diesem oder in einem anderen Leben angesiedelt ist, und selbst wenn man es sich nicht so schlicht vorstellt und nicht mit seinem baldigen Eintreten rechnet? Bestenfalls könnten wir von einem solchen Menschen sagen, dass er Klugheit und Weitsicht an den Tag legt; nicht aber, dass er gut ist. Die Gelegenheiten, bei denen wir deutlich spüren, einer moralischen Pflicht zu unterliegen, sind gerade *nicht* die Gelegenheiten, bei denen wir um unser eigenes Glück besorgt sind. Vielmehr spüren wir dann eine Pflicht jemand anderem gegenüber, die sich uns ganz unabhängig davon, ob ihre Befolgung zu unserem Glück beiträgt oder nicht, aufzudrängen scheint. Wenn ein Mensch sein eigenes Glück ohne Not opfert und ohne andere dadurch zu verletzen, wird der Beobachter dies am ehesten »töricht« nennen; wenn er das Glück eines anderen opfert, um sein eigenes vermeintliches Glück zu befördern, nennt man dies normalerweise nicht »töricht«, sondern – im moralischen Sinne des Wortes – »schlecht«. Ich bestreite nicht, dass einige egoistische Hedonisten gute Menschen waren. Was ich dagegen behaupte, ist, dass sie eine falsche Theorie hinsichtlich der Motive besaßen, die ihr Verhalten bestimmt haben und bestimmen sollten.

Da ich diese Kritik vorgetragen habe, habe ich von einem Standpunkt aus argumentiert, den ich als ›Ethik des Common Sense‹ bezeichnet habe. Ich bin von dem ausgegangen, was wir in bestimmten ethischen Situationen unweigerlich glauben werden, wenn wir versuchen, uns vernünftig der Frage zu nähern, wie wir handeln sollen oder welchem Handeln wir zustimmen sollen. Wenn jemand dagegen einwendet, dass alle unsere ethischen Überzeugungen nur Illusionen sind, so muss ich zugestehen, dass ich ihn nicht zu widerlegen vermag. Ich kann ihn nur daran hindern, dass er mich widerlegt, indem ich mich mit seinen Argumenten auseinandersetze. In einer philosophischen Debatte mag man diese im Hinblick auf die Ethik vollkommen skeptische Position verteidigen; im alltäglichen Leben jedoch lässt sie sich nicht allen Ernstes aufrechterhalten: Meiner Erfahrung nach legen die Leute, die bezüglich der Wahrheit moralischer Urteile am skeptischsten sind, in der Regel wenigstens eine berechtigte moralische Empörung gegenüber moralischer Intoleranz an den Tag und bestehen mit Nachdruck darauf, dass wir die Wahrheit suchen und akzeptieren »sollen«. Und ich kann nur äußerst schwer glauben, dass selbst der eingefleischteste ethische Skeptiker nicht davon überzeugt wäre, dass mein Handeln falsch ist, wenn er mich beispielsweise dabei beobachten würde, wie ich ein kleines Kind aus purer Boshaftigkeit foltere. Ich werde in einem späteren Kapitel (7) auf den Skeptiker zurückkommen. In der Zwischenzeit müssen wir von der im ersten Kapitel formulierten Annahme ausgehen, dass die gewöhnlichen moralischen Urteile, die wir bei näherer Betrachtung unweigerlich fällen werden, der wichtigste Anhaltspunkt für das Richtige in der Ethik sind, sofern sie den Kohärenztest bestehen; angesichts miteinander rivalisierender Theorien müssen wir im Falle einer jeden von ihnen fragen, ob sie diese Urteile in einen stimmigen Zusammenhang bringen. Ich zögere nicht, die genannten Annahmen zu machen. Wenn wir sie nicht machen, werden wir überhaupt keine Ethik erhalten, weil wir dann keine ethischen *Daten* zu organisieren haben. Diese Zurückweisung des moralischen Skeptizismus in seiner Reinform ist selbstverständlich damit vereinbar, dass es zu Meinungsverschiedenheiten kommt, sobald wir Fragen beantworten wie die, was wir genau tun, wenn wir moralische Urteile fällen, oder die, ob ein bestimmtes moralisches Urteil wahr ist oder falsch.

Der radikale ethische Skeptizismus führt im Übrigen nicht zum egoistischen Hedonismus. Denn sogar der hedonistische Egoist macht ethische Annahmen positiver Art: Er geht zumindest davon aus, dass seine eigene Lust an sich selbst gut ist und sein Leid schlecht. Dass dem so ist, beweist er nicht und kann er nicht beweisen. Es muss daher etwas sein, das er ohne Beweis als wahr einsieht. Und es scheint auch eine Wahrheit zu sein, die offensichtlich genug ist. Indem er aber diese Voraussetzung macht, hat er bereits einige ethische Überzeugungen ohne Beweis akzeptiert, bloß weil er sie als wahr einsieht. Philosophen sprechen in diesem Fall gewöhnlich von einer »Intuition«. Wenn er aber nun *eine* solche Annahme akzeptiert, weil ihm ihre Wahrheit intuitiv einsichtig ist, sollte er dann nicht auch alle anderen Annahmen akzeptieren, die ihm nach reiflicher Überlegung als in demselben Maße intuitiv einsichtig erscheinen – jedenfalls solange ihnen keine schlagenden Argumente entgegenstehen? Und ist es nicht intuitiv mindestens ebenso offensichtlich, dass es falsch ist, Dinge zu tun, die anderen unnötiges Leid zufügen, wie es offensichtlich falsch ist, sich selbst ohne Not zu verletzen? Man könnte hier noch andere moralische Intuitionen anführen, die sich mit dem egoistischen Hedonismus nicht vereinbaren lassen; aber diese eine ist schon genug. Wenn es falsch ist, nur zum Spaß Dinge zu tun, die anderen Leid zufügen, und wir es als falsch einsehen, eben weil es ihnen Leid zufügt, dann ist der egoistische Hedonismus falsch. Das ist so, weil dem egoistischen Hedonismus zufolge der einzige Grund dafür, dass etwas falsch ist, darin liegt, dass es nicht der größten Lust des Handelnden zuträglich ist. Ja, selbst wenn es so wäre, dass es niemals meiner eigenen größten Lust zuträglich ist, andere zu verletzen, so muss doch klar sein, dass dies nicht der entscheidende Grund dafür sein kann, dass es falsch ist. So klar wie uns vor Augen steht, dass unsere eigene Lust gut ist, so klar steht uns auch vor Augen, dass eine Handlung, die einem anderen absichtlich und unnötigerweise Schmerzen zufügt, falsch ist – egal, ob mich das selber schmerzt oder nicht. Um der Konsistenz willen müssen wir entweder beide Intuitionen anerkennen oder beide verwerfen, jedenfalls solange es keine eindeutigen Argumente gibt, mit denen sich eine von ihnen als falsch erweisen lässt (und ich wüsste nicht, was das für Argumente sein sollten). Es lässt sich bezweifeln, dass es heute irgendeinen bedeutenden Philosophen gibt, der den egoistischen Hedonismus vertreten würde. Aber in der Vergangenheit haben sich viele dazu bekannt, und es handelt sich um eine Ansicht, der sehr viele Leute natürlicherweise zuneigen, wenn sie über die Ethik nachzudenken beginnen. Daher ist es wichtig, dass wir uns Klarheit über ihn verschaffen, bevor wir fortfahren.

Es bleibt die Frage, wie eine so offensichtlich falsche Ansicht überhaupt einen Einfluss auf das Denken von Moralphilosophen ausüben konnte. Dafür gibt es meiner Meinung nach im Wesentlichen zwei Gründe. Erstens ist der Umstand, dass eine Handlung mein eigenes Glück befördert, für sich betrachtet offenbar ein Grund dafür, sie auszuführen. Man kann darüber streiten, ob dieser Umstand uns zu der Handlung *verpflichtet* oder ob es lediglich ein Gebot der Klugheit ist, so zu handeln; in jedem Falle aber liefert er uns einen guten Grund, die Handlung auszuführen. Grundlos auf sein eigenes Glück zu verzichten oder sich ins Unglück zu stürzen, ist zumindest unvernünftig; und dass etwas vernünftig ist, ist jedenfalls ein Grund dafür, es zu tun. Nun hat die Vorstellung, dass sich die gesamte Ethik in einem einzigen Prinzip zusammenfassen lässt, so dass es nur eine Art von Eigenschaft gäbe, an dem sich die Richtigkeit oder Falschheit einer Handlung misst, auf viele Denker eine große Anziehungskraft ausgeübt. Hat man irgendein Prinzip gefunden, dem eindeutig gültige Gründe zum Handeln entnommen werden können, ist daher die Versuchung groß, alle unsere moralischen Urteile darauf zurückzuführen. Dieser Versuchung einer vorschnellen Vereinheitlichung sind die Denker immer wieder erlegen. Doch die Erkenntnis und das Leben sind so einfach nicht.

Zweitens gibt es eine plausible psychologische Auffassung, die den egoistischen Hedonismus nahezulegen schien. Diese gewöhnlich als ›hedonistische Psychologie‹ bezeichnete Auffassung lautet folgendermaßen: Es ist offensichtlich, dass ein Mensch sich nur das wünschen kann, was ihm gefällt. Selbst wenn wir den Fall des Märtyrers betrachten, der alle weltlichen Vorteile opfert, um so zu handeln, wie er es als seine Pflicht empfindet, kann man sagen, dass er sicherlich nicht so gehandelt hätte, wenn es ihm gleichgültig wäre, ob er seine Pflicht erfüllt oder nicht. Der Gedanke, seine Pflicht zu erfüllen, hat ihm gefallen, oder es hat ihm zumindest der Gedanke, seine Pflicht nicht zu erfüllen, missfallen. Daraus hat man geschlossen, dass sein wirklicher Wunsch sich auf die Lust richtete, die ihm das Erfüllen seiner Pflicht bereitete; und diese Überlegung hat man dann auf alle Wünsche des Menschen übertragen. Dieser Auffassung zufolge richtet sich der Wunsch einer liebevollen Mutter nicht auf das Glück ihrer Kinder, sondern eigentlich auf das Glück, das das Wissen um das Glück ihrer Kinder ihr selbst bereitet. Worum es dem Märtyrer eigentlich gehe, ist nicht das Tun seiner Pflicht oder die Verteidigung seines Glaubens, sondern die Unannehmlichkeit zu vermeiden, die er empfunden hätte, wenn er gegen sein Gewissen gehandelt hätte. Wenn das zuträfe, wäre das Ziel des guten und des schlechten Menschen dasselbe, das eigene Glück; nur dass die Ansicht des letzteren über das, was ihm Glück verschafft, kurzsichtig wäre. Und weil wir gar nicht in der Lage seien, irgendetwas anderes als unser eigenes Glück zu verfolgen, könnten wir auch nicht dazu verpflichtet sein. Die Frage sei nur, ob wir es auf kluge Weise anstreben oder ob wir den Fehler begehen, ein größeres Glück einem geringeren zu opfern.

Der Irrtum derer, die diese Ansicht popularisieren, wäre leichter zu verzeihen, wenn sie vor hundert Jahren gelebt hätten. Sie verkennen, dass sie von der modernen Psychologie – von der Philosophie ganz zu schweigen – völlig überholt wurde. Für moderne Psychologen und Philosophen steht fest, dass der Wunsch überall primär ist und die Lust zweitrangig; und dass der Wunsch nach Lust als solcher im Leben nur eine kleine Rolle spielt. Es ist wahr, dass ich etwas, das mir in keiner Weise angenehm erscheint, nicht wünschen kann (obwohl ich durchaus etwas wünschen kann, das in bestimmter Hinsicht schmerzvoll ist). Aber das beweist nicht, dass ich mir etwas nur deswegen wünsche, weil es mir Vergnügen bereiten wird. Im Gegenteil, in den meisten Fällen ist das Vergnügen eher das Ergebnis des Wunsches und nicht der Wunsch das Ergebnis des vorausgesehenen Vergnügens. Die Hedonisten behaupten, dass wir es vermeiden, das Böse zu tun, weil wir vor dem mit einem schlechten Gewissen verbundenen Schmerz zurückschrecken; aber würden wir diesen Schmerz spüren, wenn wir nicht eine Abneigung gegen das Tun des Bösen als solches hätten? Und wiewohl es durchaus zutrifft, dass sich eine Mutter fast immer unglücklich fühlt, wenn ihre Kinder unglücklich sind: Liegt der Grund dafür nicht darin, dass sie das Glück ihrer Kinder um seiner selbst willen will? Es ist bereits falsch, auch nur in jeder *selbstbezogenen* Handlung eine solche zu sehen, die durch den Wunsch nach eigener Lust motiviert ist. Unter dem Einfluss des Verlangens nach Macht ist weit mehr Böses getan worden, sind insgesamt gesehen viel schlimmere Charakterzüge entwickelt worden als unter dem Einfluss des Verlangens nach Lust. Wir brauchen nur an gewisse Militärs und Diktatoren zu denken, ganz zu schweigen von den vielen Tyrannen unter den Arbeitgebern, Ehemännern und Eltern im nicht-öffentlichen Leben. Nach Macht für sich zu streben, egal ob es anderen zugutekommt oder schadet, ist genauso selbstsüchtig wie ein entsprechendes Streben nach Lust. Die Macht der Tyrannen und Diktatoren hat ihnen zweifellos Lust bereitet; doch dazu kam es nur, weil sie die Macht um ihrer selbst willen erstrebten. Eine ganz und gar schlechte Handlung kann interessenlos in dem Sinne sein, dass sie nicht auf die eigene Lust abzielt, wie es bei der puren Grausamkeit *(disinterested cruelty)* der Fall zu sein scheint. Wenn A einen Hass gegen B empfindet und der Versuchung, B zu hassen, nicht widersteht, dann will er nicht seine eigene Lust, sondern den Schmerz von B. Und doch sind von allen menschlichen Handlungen vielleicht jene die schlimmsten, die diese Art von Interessenlosigkeit an den Tag legen.

Die Einstellung des egoistischen Hedonisten hat ihren legitimen Ort, weil es viele Handlungen gibt – zumindest in Situationen wie im Urlaub –, deren einziger oder wichtigster Zweck im Lustgewinn für einen selbst besteht. Aber diese Einstellung hat nichts spezifisch Moralisches an sich, und wenn sie sich nicht in engen Grenzen hält, trägt sie ihre eigene Bestrafung in sich, was die Unzulänglichkeit der hedonistischen Psychologie als allgemeine Theorie des menschlichen Handelns und Wünschens veranschaulicht. Es ist eine wohlbekannte Weisheit und häufige Erfahrung, dass die Lust, wenn wir ihr allzu sehr nachjagen, entflieht, weil wir unsere Aufmerksamkeit dann der Lust zuwenden und nicht den objektiven Quellen, die allein uns mit Lust versorgen können. Um Lust zu erhalten, muss sich unser Interesse auf anderes erstrecken als auf die bloße Lust um ihrer selbst willen. Auch um ein Spiel zu genießen, müssen wir einen künstlichen Wunsch, den Wunsch zu siegen, bilden und unsere Gedanken diesem Ziel zuwenden – und nicht der Lust, die das Streben nach ihm bedeutet. Und mag es auch legitim und vernünftig sein, wenn ich unter sonst gleichen Bedingungen den für mich selbst angenehmeren Weg einschlage statt den weniger angenehmen, so verfügt der egoistische Hedonist doch über kein gültiges Argument gegen die verbreitete Auffassung, dass es falsch ist, wenn ich die größere Lust eines anderen der geringeren Lust meiner selbst opfere.

Doch könnte der Egoist die Auseinandersetzung auf einer höheren Ebene wiederaufnehmen. Bis hierher haben wir uns nur mit demjenigen Typ von Egoismus beschäftigt, der nur ein einziges Gut anerkennt, die Lust. Angenommen, der Egoist nimmt vom Hedonismus Abstand und räumt ein, dass ein guter Charakter oder die Tugend gleichfalls Zwecke an sich sind. Dann könnte er folgendermaßen argumentieren: Ich soll immer nach meinem eigenen größten Gut streben; denn mein größtes Gut besteht darin, tugendhaft zu handeln, und es versteht sich von selbst, dass ich immer tugendhaft handeln soll. Selbst wenn ich jeden anderen persönlichen Vorteil hintanstelle, um meine Pflicht zu erfüllen, werde ich immer nur mein geringeres Gut meinem größeren Gut geopfert haben. Wenn behauptet wird, dass diese Art von Egoismus mit meiner Pflicht, anderen nicht nur um meines eigenen Gutes willen, sondern um ihrer selbst willen zu helfen, unvereinbar ist, so lautet die Antwort, dass ein Teil der Tugend eben darin besteht, dass wir interessenlos nach dem streben, was für andere gut ist. Es ist nicht bloß so, dass das Streben nach dem für andere Guten ein Mittel zu meinem eigenen Gut ist, sondern mein eigenes Gut besteht teilweise gerade darin, das ihrige anzustreben. Diese höhere Form von Egoismus, obschon unter zeitgenössischen Philosophen kaum anzutreffen, scheint in der einen oder anderen Weise die allgemein anerkannte Lehre der klassischen griechischen Philosophie gewesen zu sein – wenn man einmal von jenen hedonistischen Philosophen absieht, die den Egoismus in der bereits kritisierten, primitiveren Form vertraten. So gründen sowohl Platon als auch Aristoteles die Moral auf die Vorstellung, dass es uns zu unserem eigenen Gut gereicht, wenn wir recht handeln, wobei sie dieses Gut nicht mit der Lust gleichsetzen und die Lust nicht als konstitutiv für das Gute ansehen, sondern als dessen Folge.

Ein Schwachpunkt in der Position des Egoisten zeigt sich, wenn wir ihn fragen, ob es jemals die Pflicht eines Menschen sein kann, sein eigenes Leben für einen anderen hinzugeben. Selbst wenn wir voraussetzen, dass ein solches Verhalten höchst tugendhaft und daher sehr gut ist, so fragt sich doch, ob es auch ein so großes Gut ist, dass es all die Güter aufwiegt, deren sich der Mensch, der sein Leben aufopferte, im Falle seines Weiterlebens erfreut hätte. Die fünf Minuten oder eine Stunde tugendhaftes Handeln, in denen er sein Leben hingab, scheinen nicht das Gut aufwiegen zu können, das die vielen Jahre der Tugend bedeuten, die er noch hätte haben können, hätte er auf das fragliche Opfer verzichtet. Eine ähnliche Antwort ist möglich, wenn man den Akzent nicht auf die in der Hingabe offenbarte Güte, sondern auf das moralische Übel einer Verweigerung der Hingabe legt. Von einem Iren wird berichtet, er habe, als man ihn einen Feigling nannte, weil er in der Schlacht geflohen sei, geantwortet: »Ich bin lieber fünf Minuten lang ein Feigling als mein Leben lang eine Leiche.« Sie sind sicher gut beraten, sich die Sprache dieses Iren im Hinblick auf Logik und Präzision nicht zum Beispiel zu nehmen, wenn Sie Zugang zur Philosophie finden wollen; aber ich glaube, dass der Grundgedanke dieses Einwandes so beschaffen ist, dass der Egoist darauf keine befriedigende Antwort zu geben vermag. Und doch werden solche Opfer, die längst nicht nur in Kriegen vorkommen, in fast allen bekannten Systemen der Ethik gelobt und gelegentlich sogar angeordnet.

Ist es ferner nicht selbstgefällig und sogar in einem schlechten Sinne eigennützig, andere Menschen zum bloßen Mittel zu unserem eigenen Gut zu machen, selbst wenn dieses Gut in seinem höchsten und weitesten Sinne als Entwicklung unseres Charakters begriffen wird? Wäre ein Mensch nicht eine selbstgefällige Person, und kein Heiliger, wenn er bei allen seinen Handlungen immer nur an ihre Auswirkungen auf seinen eigenen Charakter dächte? Außerdem ist keineswegs klar, dass es den anderen immer zugutekäme, auf diese Weise behandelt zu werden. Um ein Beispiel zu nehmen, es ist allgemein bekannt, dass Macht und sozialer Aufstieg der Tendenz nach dem Charakter schaden. Und doch folgt daraus nicht, dass ein Mensch, der merkt, dass er den damit verbundenen Versuchungen ausgesetzt wäre, darin gerechtfertigt ist, ein wichtiges Amt mit hoher Vergütung auszuschlagen – obwohl er aus gutem Grund voraussieht, dass dessen Annahme seiner moralischen Integrität höchstwahrscheinlich abträglich wäre. Wie hätten wir wohl reagiert, wenn Churchill oder ein Mitglied seines Kabinetts diesen Einwand im Jahre 1940 gegen die Ausübung ihrer Ämter vorgebracht und damit das Wohl der Nation der Güte ihres eigenen Charakters untergeordnet hätten?

Ein bedeutender moderner Philosoph, G. E. Moore, hat versucht, den Egoismus als selbstwidersprüchlich zu erweisen. Er dachte dabei hauptsächlich an den egoistischen Hedonismus; aber dasselbe Argument ließe sich, wie er meinte, im Falle seiner Gültigkeit auf jede andere Theorie anwenden, der zufolge die einzige Pflicht eines Menschen darin besteht, sein eigenes Gut anzustreben, ob dieses Gut mit der Lust identifiziert oder in einem weiten Sinne begriffen wird. Moore argumentierte folgendermaßen: Der egoistische Hedonist ist auf die Behauptung festgelegt, dass seine eigene Lust das einzige Gut überhaupt ist. Wenn das aber so ist, würde dies ebenfalls auf Sie und mich zutreffen und auf einen jeden der Milliarden Menschen auf dieser Erde. Damit würde sich aber aus dieser Ansicht die vollständig absurde Schlussfolgerung ergeben, dass ein jedes von mehreren Milliarden Dingen das eine und einzige an sich gute Ding ist – eine an Selbstwidersprüchlichkeit kaum zu überbietende Konklusion. Derselbe Einwand würde im Falle seiner Gültigkeit jede andere Theorie des Guten treffen, sofern wir uns auf den egoistischen Standpunkt stellen. Es wäre genauso selbstwidersprüchlich zu sagen, dass die Tugend eines jeden Menschen das einzige Gut ist, wie zu sagen, dass das einzige Gut in eines jeden Menschen Lust besteht. Ich glaube allerdings, dass der Egoist – und sogar der egoistische Hedonist – über eine Antwort verfügt, durch die er dem Vorwurf eines Selbstwiderspruchs entkommt. Die gewöhnliche Ansicht des Egoisten lautet sicherlich nicht, dass das eigene Gut eines jeden Menschen das einzige Gut schlechthin ist, sondern dass es das einzige Gut ist, das anzustreben er die Pflicht hat. Das für andere Menschen Gute ist in seinen Augen genauso gut; es verpflichtet uns bloß nicht dazu, es um seiner selbst willen zu befördern. Die egoistische Position erscheint nur dann als selbstwidersprüchlich, wenn man die zusätzliche Annahme macht, dass wir dazu verpflichtet sind, das größte Gut zu verwirklichen, um wessen Gut auch immer es sich handelt; und diese Annahme ist zwar in hohem Maße plausibel, jedoch nicht unbedingt notwendig. Es mag so sein, dass wir dazu verpflichtet sind, einige gute Dinge zu verwirklichen, aber nicht andere. Der Egoist behauptet in diesem Sinne, dass die einzigen guten Dinge, deren Verwirklichung uns aufgetragen ist, die für uns selbst guten sind.

Es gibt also keinen wirklichen Selbstwiderspruch in der egoistischen Position. Dennoch lässt sich diese mit einem ähnlichen Argument als zumindest sehr unplausibel erweisen. Vorausgesetzt, der Umfang des Guten ist hier wir dort derselbe: Wie um alles in der Welt sollte dann die bloße Tatsache, dass es nicht für mich, sondern für jemand anderen gut ist, mich aller Verpflichtungen ihm gegenüber entheben? Es ist ja nicht so, als wäre das, was wir als Verpflichtung erfahren, ausschließlich mit dem *für uns selbst* Guten verbunden. Ganz im Gegenteil, es scheint ein wesentliches Merkmal des entwickelten moralischen Empfindens zu sein, dass es auf Unparteilichkeit zwischen einem selbst und anderen zielt, dass es uns verbietet, ein Gut als wichtiger anzusehen, nur weil es sich um unser eigenes Gut handelt. Deshalb ist es nur schwierig aufrechtzuerhalten, dass wir an erster Stelle dazu verpflichtet sind, das Gute bei uns selbst zu vergrößern, und nicht vielmehr unmittelbar dazu, es auch im Falle anderer Menschen zu befördern. Damit soll nicht gesagt sein, dass wir immer nur versuchen sollten, unmittelbar die Tugendhaftigkeit anderer Leute zu verbessern – eine Handlungsmaxime, die leicht kontraproduktiv werden kann, wenn sie nicht mit aller Vorsicht umgesetzt wird, obgleich es grob übertrieben wäre zu bestreiten, dass ein Mensch einem anderen sehr oft dabei behilflich sein kann, ein moralisch besserer Mensch zu werden.

In scharfem Kontrast selbst zu den höheren Formen des Egoismus und besonders zum egoistischen Hedonismus ist die in den christlichen Ländern gepredigte moralische Ansicht im allgemeinen gewesen, dass die grundlegende Tugend in der Selbstlosigkeit besteht, verstanden als die Bereitschaft, sich für andere Menschen aufzuopfern. Doch ebenso wenig wie der egoistische Hedonismus lässt sich diese Position bis zum Äußersten durchhalten. Eine Gesellschaft, in der jeder sein Leben damit verbringt, all sein Vergnügen für die anderen zu opfern, wäre sogar noch absurder als eine Gesellschaft, deren Mitglieder alle davon leben, dass sie füreinander die Wäsche waschen. Wer stünde in einer Gesellschaft von derart selbstlosen Leuten zur Verfügung, das Opfer anzunehmen, sich begünstigen zu lassen? Das eigene Glück ohne Grund aufzugeben, wäre aber allenfalls töricht. Wenn man dies bedenkt, liegt die Auffassung nahe, dass das Opfer seiner selbst nur dort erforderlich, ja nur dann gerechtfertigt ist, wo es notwendig erscheint, um für jemand anderen ein im Vergleich zu dem geopferten *größeres* Gut zu erwerben. Denn andernfalls – außer in dem seltenen Fall, in dem das geopferte und das gewonnene Gut genau gleich schwer wiegen – käme es insgesamt gesehen zu einem Bilanzverlust an Gutem, was nicht wünschenswert ist. Allerdings ist eine mathematisch exakte Messung des Glücks nicht durchführbar und der gute Mensch wird es nicht neiden, wenn er etwas mehr verliert, als der von ihm Begünstigte gewinnt. Er wird seine Opfer nicht allzu sorgsam berechnen, sonst wäre er knauserig und nicht großzügig. Da die meisten Leute außerdem eher zu einem Übermaß an Egoismus statt zu einem Übermaß an Altruismus neigen, ist es im Allgemeinen besser, im Zweifel lieber ein zu großes als ein zu geringes Opfer zu bringen. Auch ein Zuviel an Altruismus ist möglich, wenn auch nicht sehr verbreitet. Geht er auf wirkliche Güte zurück, ist er ein höchst entschuldbarer Irrtum und abgesehen von einem geringfügigen Verlust an Vergnügen nicht weiter schädlich. Aber seine Motive sind häufig von zweifelhafterer Art: ein Verlangen nach Macht, der Wunsch zu spüren, »was für ein guter Mensch ich doch bin«, ein mehr oder weniger fehlgeleitetes sexuelles Begehren. Psychologen haben bei vielen Menschen eine »masochistische« Tendenz beschrieben, die sie zu unnötigen und schädlichen Opfern zugunsten bestimmter Individuen veranlasst, was durchaus mit einem allgemeinen

Egoismus im Verhalten gegenüber anderen einhergehen kann. Des Weiteren müssen wir, was auch immer das Motiv des erbrachten Opfers sein mag, nicht allein den Verlust an Vergnügen auf Seiten des Wohltäters berücksichtigen – der leicht durch die direkte oder indirekte Befriedigung ausgeglichen werden kann, die ihm die Handlung vermittelt, sondern auch die Auswirkung auf den Charakter des Begünstigten. Es ist für einen Menschen schwerlich gut, immerfort Empfänger von unvernünftigen Opfern zu sein; die Wahrscheinlichkeit ist groß, dass ihn das anspruchsvoll und egoistisch werden lässt. Andererseits gibt es nichts, was größere Bewunderung verdient als das hingebungsvolle und freudige Opfer großer Güter oder das Aufsichnehmen von großen Entbehrungen, wo das wirklich nötig ist, um eine andere Person vor dem Unglück zu bewahren. Und wenn wir glauben, dass das Opfer in diesem oder einem anderen Leben durch ein größeres Glück für den Handelnden belohnt wird, so können wir den Wunsch nach Belohnung doch nicht zum Motiv machen, ohne den Wert der Handlung ernsthaft zu beschädigen.

Wir können daher einen selbstlosen Menschen nicht als einen solchen definieren, der sein eigenes Wohlergehen dem der anderen opfert, sondern nur als einen solchen, der dies innerhalb vernünftiger Grenzen tut. Wir sollen weder andere Menschen als ein bloßes Mittel zu unserem eigenen Glück gebrauchen noch uns selbst zu einem bloßen Mittel zum Glück der anderen machen. Der springende Punkt ist, dass die Interessen anderer genauso sehr berücksichtigt werden sollten wie die eigenen, so dass die Antithese zwischen mir selbst und den anderen in meinem eigenen ethischen Denken eine möglichst kleine Rolle spielt. Selbst dem besten Menschen ist es unmöglich, das Unglück der anderen ebenso sehr zu empfinden wie das eigene (außer im Falle einiger weniger Personen, die er besonders liebt), und wenn es ihm doch möglich wäre, würde ihn das Elend in der Welt derart überwältigen, dass er mental vollständig zusammenbräche. Hingegen ist es durchaus möglich, ihr Unglück als ebenso wichtig anzusehen wie das eigene. Das Prinzip, nach dem *wir die anderen so behandeln sollen, wie wir selbst wünschen, dass man uns behandelt*, lässt sich zwar nicht beim Wort nehmen, weil die Menschen verschiedene Dinge wünschen und weil es nicht immer richtig ist, Wünsche zu erfüllen – so könnte es sein, dass ich mir wünsche, nicht bestraft zu werden, obwohl ich es verdient hätte und es richtig wäre, mich zu bestrafen. Aber es bringt nach Art eines Epigramms die Unparteilichkeit uns selbst und anderen gegenüber zum Ausdruck, um die wir uns in der Ethik bemühen sollen, obschon wir uns manchmal eher damit befassen müssen, was Menschen wünschen *sollten*, als damit, was sie tatsächlich wünschen. All dies mag eine andere, bis heute weit verbreitete ethische Theorie nahelegen, nämlich die Ansicht, dass es unsere Pflicht ist, das größte Glück nicht nur unserer selbst, sondern aller Menschen insgesamt zu befördern. Dieser Theorie will ich mich im folgenden Kapitel zuwenden.

Kapitel 3:
Das größte Glück der größten Zahl: die utilitaristische Ethik

Wenn Lust oder Glück das Einzige ist, was in sich gut ist – und es ist sicher das Einzige, hinsichtlich dessen intrinsischer Güte so etwas wie ein allgemeiner Konsens herrscht –, so scheint es unvernünftig zu behaupten, dass das Gutsein der Lust davon abhängt, *wer* sich des Glücks erfreut. Und es scheint vernünftig zu behaupten, dass unsere Pflicht darin besteht, so viel Gutes wie möglich hervorzubringen, und dass es falsch ist, irgendeine Gelegenheit dazu auszulassen. Aufgrund dieser Annahmen gelangen wir zu einer Art von Hedonismus, der sich von dessen egoistischer Form klar unterscheidet und der dem viel näher kommt, was wir für gewöhnlich über moralische Fragen denken. Die Theorie, die ich meine, ist zumeist unter dem Namen *Utilitarismus* bekannt. Man nennt sie manchmal auch *universalistischen Hedonismus* – »universalistisch«, weil sie das Gut eines jeden in Rechnung stellt, und »Hedonismus«, weil sie davon ausgeht, dass die Lust das einzige Gut ist. Sie besagt, dass unsere einzige Pflicht darin besteht, so viel Lust wie möglich hervorzubringen. Dabei wird die Verminderung von Schmerz ebenso hoch veranschlagt wie die Steigerung der Lust; die Lust eines jeden Menschen zählt nicht mehr und nicht weniger als die irgendeines anderen. (Der universalistische Hedonismus unterscheidet ebenso wenig wie der egoistische Hedonismus zwischen Glück und Lust; das Glück wird einfach als eine dauerhafte Lust angesehen.) Der Utilitarismus stimmt also mit dem egoistischen Hedonismus überein, was die Natur des Guten angeht, nicht aber hinsichtlich der letzten Prinzipien des moralischen Handelns. Beide Theorien halten die Lust für das einzige Gut, doch während der egoistische Hedonismus davon ausgeht, dass es nicht unsere Pflicht ist, das

Glück anderer zu befördern, es sei denn als ein Mittel zu unserem eigenen Glück, behauptet der Utilitarismus, dass wir einer unmittelbaren Pflicht unterliegen, das Glück als solches zu erstreben, egal um wessen Glück es sich dabei handelt. Diese Theorie wird heute von sehr wenigen Philosophen vertreten, doch spielte sie im neunzehnten – und in einer weniger ausgearbeiteten Form im achtzehnten – Jahrhundert eine äußerst wichtige Rolle. Außerdem kommt sie zweifellos dem recht nahe, was für eine große Anzahl von heutigen Menschen die moralische Arbeitstheorie bildet, insofern man ihnen überhaupt eine ethische Theorie zuschreiben kann. In England waren ihre beiden wichtigsten Vertreter John Stuart Mill und Henry Sidgwick.[1]

Es ist nun ganz offensichtlich, dass das von unseren Handlungen bewirkte Ausmaß an Glück oder Schmerz ein wesentliches Kriterium ist, um zu entscheiden, welche Handlungen wir ausführen sollen. Es gibt eine große Anzahl von Handlungen, die aus keinem anderen Grund falsch sind als dem, dass sie die Eigenschaft haben, bei anderen Leuten Schmerz oder Unglück hervorzurufen. Wenn sich zeigen lässt, dass eine Handlung zu Leid führen würde, ist das im Normalfall ein völlig ausreichender Grund dafür, dass wir sie unterlassen sollen. Der Utilitarist kommt ferner gut mit den relativ seltenen Fällen zurecht, wo es richtig ist, Schmerzen zuzufügen. Er hält nämlich dafür, dass das Zufügen der Schmerzen notwendig ist, um einem größeren Schmerz in der Zukunft vorzubeugen, oder als Mittel zu einer Glückssteigerung, die diesen Preis wert ist. Wir müssen uns vergegenwärtigen, dass wie schon beim egoistischen Hedonismus unter dem Titel der »Lust« auch hier alle möglichen Freuden und Befriedigungen vereint sind, nicht nur die verhältnismäßig »niederen«, die man in der Alltagssprache zumeist mit diesem Wort bezeichnet. Wir müssen auch anerkennen, dass

1 John Stuart Mill, *Utilitarianism*, London 1863; Henry Sidgwick, *Die Methoden der Ethik*, London 1874.

der Utilitarist nicht auf die Annahme festgelegt ist, dass wir das, was wir tun sollen, in der Praxis jedes Mal durch ein unmittelbares Lustkalkül bestimmen sollen. Vielmehr verweist er für gewöhnlich darauf, dass es gewisse Verhaltensregeln gibt – wie das Verbot zu stehlen oder das Lügenverbot –, deren Verletzung erfahrungsgemäß Unglück nach sich zieht. Deshalb sei es nicht nötig, dass wir jedes Mal von neuem eine Glücksbilanz erstellen, bevor wir entscheiden, eines dieser Gesetze zu befolgen. Ihr letzter Geltungsgrund liege im allgemeinen Glück, aber wir bräuchten nicht jedes Mal zu diesem letzten Grund zurückgehen – ebenso wenig wie wir, wenn wir ein anerkanntes mathematisches Gesetz anwenden, jedes Mal zu den Axiomen zurückgehen müssen, auf die es sich gründet. Auch ist es nicht möglich, den Utilitarismus als egoistisch abzutun, denn er verlangt von uns gerade, dass wir das Glück oder Unglück eines jeden anderen Menschen als ebenso wichtig ansehen wie das eigene. Der Utilitarismus hat schließlich den Vorzug, eine relativ einfache Theorie zu sein, noch dazu mit einem engen Bezug auf empirisch überprüfbare Tatsachen. Als eine Ethik, die nur ein einziges Gut anerkennt, ist sie offenbar leichter anzuwenden als eine solche, die von der Existenz verschiedener Güter ausgeht, die miteinander in Konflikt geraten können; und Lust und Schmerz sind Zustände, deren Auftreten wir mittels empirischer Verfahren ohne Weiteres nachweisen können. Doch all dies vermag den Utilitarismus nicht als wahr zu erweisen.

Verglichen mit einem Ethiker des *Common Sense* wäre ein konsequenter Utilitarist in mancher Hinsicht strenger und in mancher Hinsicht weniger streng. Normalerweise gehen wir davon aus, dass wir einigen Menschen viel mehr verpflichtet sind als anderen. Wir halten es zwar in gewisser Weise für unsere Pflicht, einem jeden zu helfen, der sich in Not befindet; doch empfinden wir eine viel stärkere Pflicht, das Glück unserer eigenen Familie zu befördern – wie sich an den allgemeinen Reaktionen zeigt, wenn zur Wohltätigkeit aufgerufen wird. Es steht außer Frage, dass das Geld, mit dem jemand seinem Kind eine Universitätsausbildung ermöglicht, das Leben vieler Menschen retten könnte, die sonst Hungers sterben. Und doch würden die meisten Leute Eltern eher tadeln als loben, wenn sie ihrem Kind aus diesem Grunde eine Universitätsausbildung verwehren. Während es überdies eine allgemein anerkannte Pflicht ist, etwas zu wohltätigen Zwecken beizusteuern, hat es nur eine kleine Minderheit der Menschen als ihre Pflicht empfunden, deswegen ihren eigenen Wohlstand und Luxus sehr weitgehend einzuschränken (und noch weniger den der von ihnen abhängigen Menschen). Nun aber kann kaum ein Zweifel bestehen, dass – selbst wenn wir mögliche schlechte Nebenwirkungen mit berücksichtigen – das Geld, das wir irgendeiner auch nur einigermaßen gut strukturierten wohltätigen Organisation geben, in den meisten Fällen sehr viel Gutes bewirkt, indem es das Leid der Notleidenden vermindert. Wenn wir dasselbe Geld dazu verwenden, einem Menschen, dem es schon ziemlich gut geht, noch mehr Lust zu verschaffen, indem wir ihm zu einem angenehmeren Haus, schöneren Möbel oder noch ausgedehnteren Urlaubsreisen verhelfen, werden wir viel weniger Gutes bewirken. Mit solchen Überlegungen ist der Utilitarist allerdings noch nicht widerlegt. Er könnte antworten, dass alle, von den Ärmsten abgesehen, viel mehr Geld für wohltätige Zwecke aufbringen sollten, als sie dies im Durchschnitt tun. In Anbetracht des sehr kleinen Anteils am Volkseinkommen, der für diese Belange ausgegeben wird, und des riesigen Ausmaßes an Leid in der Welt, das nach Abhilfe schreit, scheint er mir in diesem Punkt offensichtlich Recht zu haben. Aber selbst wenn wir dies zugestehen, scheint mir doch genauso offensichtlich, dass ein Mensch nicht richtig handeln würde, sondern falsch, wenn er seine Familie gegen deren Willen aller Annehmlichkeiten beraubt und auf ein reines Subsistenzniveau reduziert, um mit dem eingesparten Geld, indem er es wohltätigen Organisationen spendet, viele andere Familien vor noch größerem Schmerz oder Unglück zu bewahren. Oder nehmen wir an, dass er das Geld stattdessen von einem Menschen stiehlt, der viel wohlhabender ist als er selbst. Er könnte argumentieren, dass das Opfer des Diebstahls durch seinen Verlust nur wenig an Glück einbüßt, während die Menschen, unter denen er das gestohlene Geld verteilt, aus großer Not gerettet würden. Ja, selbst wenn er das Geld für sich behielte, könnte er vorbringen, dass es aufgrund seines geringeren Wohlstands bei ihm zu einem Plus an Glück führen würde, das die Verringerung des Glücks bei dem Bestohlenen mehr als aufwiegt. (Man beachte, dass ich hier von dem Diebstahl eines nur vergleichsweise armen Menschen rede, nicht von dem eines Hungernden oder gar von einem, dessen Familie hungert. Ich würde nicht behaupten, dass es für solche Leute falsch ist zu stehlen, wenn sie in einer Gesellschaft leben, in der keine anderen Mittel wie etwa Sozialhilfe zur Verfügung stehen, um sie aus ihrer verzweifelten Lage zu befreien.) Diese Überlegungen offenbaren einen scharfen Konflikt zwischen dem Utilitarismus und der Moral – selbst einer aufgeklärten – des *Common Sense*. Dem Utilitarismus zufolge sind wir dazu verpflichtet, das Glück aller zu befördern, ohne Unterschiede zu machen; der Alltagsmoral zufolge haben wir besonderen Menschen gegenüber viel weitreichendere Pflichten als gegenüber anderen. Dem Utilitarismus zufolge ist immer richtig, was ein Höchstmaß an Glück bewirkt; der Alltagsmoral zufolge ist es falsch, Glück herbeizuführen, indem man stiehlt oder lügt.

Der Utilitarist wird entgegnen, dass der Konflikt kein wirklicher, sondern nur ein scheinbarer ist. Er wird behaupten, dass wir, wenn wir langfristig denken, einsehen werden, dass die Anerkenntnis besonderer Pflichten in Wirklichkeit ein größeres Glück für alle bewirkt. Die Familiengemeinschaft ist eine wichtige Quelle für das Glück; eine Familiengemeinschaft, wie wir sie kennen, wäre aber unmöglich, wenn wir nicht davon ausgingen, dass wir von unseren Familienangehörigen viel stärker in die Pflicht genommen werden als von vollkommen fremden Menschen. Und wenn wir uns den Grundsatz zu eigen machen, dass die Armen ein moralisches

Recht hätten, die Reichen zu bestehlen, würde das zu Tumulten führen, die viel schlimmer wären als das gegenwärtige System. Mir scheint indes, dass das utilitaristische Argument hier darin besteht zu behaupten, dass eine ganze Klasse von Handlungen oder ein ganzes System anerkannter Pflichten – am Maßstab des Glücks gemessen – gute Ergebnisse hervorbringt, nicht aber, dass dies auch für jede einzelne dieser Handlungen gilt. Wir mögen zugeben, dass es schlecht wäre, wenn die Ärmeren ganz allgemein und unterschiedslos von den Reicheren zu stehlen versuchten; aber folgt daraus notwendig, dass ein solches Verhalten in jedem einzelnen Fall falsch ist? Ein armer Mensch, der willens ist, einen reicheren zu betrügen, könnte sagen: »Es wäre schlecht, wenn jeder so handelte wie ich, aber warum sollte ich es nicht tun, da meine Handlung doch gewiss nicht dazu führen wird, dass jeder so handelt wie ich?« Die einzige befriedigende Antwort darauf ist zu sagen, dass es *unfair* ist, aus den Regeln des gesellschaftlichen Zusammenlebens Nutzen zu ziehen und sich gleichzeitig zu weigern, ihnen zu gehorchen. Verweisen wir aber auf die Fairness, haben wir bereits den Standpunkt einer Ethik verlassen, für die allein das Glück maßgeblich ist. Es lässt sich daher bezweifeln, ob wir unsere Verpflichtungen in angemessener Weise erklären können, ohne den Utilitarismus aufzugeben und anzuerkennen, dass es andere Verpflichtungen gibt, die wir auch dann nicht missachten sollten, wenn wir durch ihre Missachtung ein größeres Glück bewirken können, und dass es schlecht ist, Glück durch unfaire Mittel zu erlangen, ob für uns oder für andere. Zwar lässt sich aus utilitaristischen Gründen schwer aufrechterhalten, dass es *unter keinen Umständen* richtig sein kann zu lügen usw. – auch zum Beispiel nicht, um ein Leben zu retten. Aber es scheint mir ziemlich klar zu sein, dass die konsequente Anwendung utilitiaristischer Prinzipien zu weitaus mehr Lügen, Betrug und unfairen Handlungen führen würde, als irgendein guter Mensch hinnehmen könnte. Damit will ich nicht sagen, dass Utilitaristen tendenziell mehr lügen und betrügen als andere Menschen, sondern nur, dass sie es täten, würden sie sich in der Praxis konsequent an ihre Theorie halten.

Wir können hinzufügen, dass der Utilitarismus weit davon entfernt ist, eine so einfach anzuwendende Theorie zu sein, wie seine Befürworter dies beansprucht haben. Wie sollen wir völlig verschiedene Arten von Lust gegeneinander abwägen und beispielsweise entscheiden, eine um wie viel größere Lust der Besuch einer *Hamlet*-Aufführung einem bestimmten Menschen bereitet als der Genuss eines guten *Dinners*? Und es wird noch komplizierter, wenn wir von verschiedenen Handelnden ausgehen, von denen wir ja nicht erwarten können, dass sie alle bei den gleichen Annehmlichkeiten die gleiche Lust empfinden. Solche Berechnungen sind aber notwendig, wenn wir das utilitaristische Kriterium konsequent auf alle praktischen Fragen anwenden sollen. Ähnliche Schwierigkeiten werden zweifellos auch bei allen anderen ethischen Theorien auftreten, die die Handlungsfolgen in Betracht ziehen, woran wie gesehen kein Weg vorbeiführt. Doch zeigt dieses Problem zumindest dies, dass der Utilitarismus weniger Grund hat, auf seine Einfachheit stolz zu sein, als man auf den ersten Blick meinen könnte. Den relativen Lustgehalt verschiedener Annehmlichkeiten zu ermessen, ist ungefähr so schwierig, wie von einem nicht-hedonistischen Standpunkt aus ihre Güte einzuschätzen.

Es ist allerdings sehr schwer, den Utilitarismus schlüssig zu widerlegen, indem man die Arten von Handlungen betrachtet, zu denen er logischerweise führen würde. Denn es werden bei jeder einzelnen vom Utilitarismus vorgeschriebenen und von mir als anstößig erachteten Handlung die Folgen sehr kompliziert und ungewiss sein, und dem Utilitaristen bleibt immer ein Schlupfloch. Angenommen, ich behaupte, der Utilitarismus sei eine unhaltbare Theorie, weil er bei konsequenter Anwendung von mir verlangen würde, etwas Falsches zu tun. Der Utilitarist wird behaupten, dass ich mich in der Einschätzung ihrer Auswirkungen auf das allgemeine Glück täusche und dass die für den *Common Sense* richtige

Handlung auf lange Sicht in Wirklichkeit diejenige ist, die zu einem Höchstmaß an Glück führt. Und wenn dies in einigen Fällen sehr unplausibel erscheinen mag (und, wie ich glaube, auch ist), könnte er sagen, dass die Alltagsmoral an dieser Stelle verbessert werden muss, weil die Handlung, die wir gewöhnlich für die in diesem Fall richtige halten, in Wirklichkeit eben nicht die richtige ist. In der Tat sind wir nicht in jedem einzelnen Fall an den *Common Sense* gebunden und können ihn nicht überall akzeptieren. Die utilitaristische Auffassung ließe sich nur durch eine sehr beträchtliche Menge solcher Beispiele erschüttern. Wie ich schon andeutete, glaube ich, dass sie sich tatsächlich durch entsprechende Beispiele erschüttern lässt, nämlich durch Fälle von Lüge und Betrug, die das allgemeine Glück befördern, die ein guter Mensch aber nur als »schmutzige Tricks« empfinden kann. Das hieße, den Utilitarismus anzugreifen, indem man seine Antwort auf die Frage »Was sollen wir tun?« kritisiert. Doch ist es einfacher, den Utilitarismus anzugreifen, indem man sich seine Antwort auf die Frage »Was ist (an sich) gut?« vor Augen führt.

Die Antwort des Utilitarismus auf diese letztere Frage ist sehr einfach. Danach ist das einzige an sich Gute die Lust. Jedoch gibt es alle möglichen Arten von Lust, und es ist sehr schwer, sie alle als gleichwertig anzusehen. Um ein Beispiel von G.E. Moore aufzugreifen:[1] Ein gebildeter Mensch, der sich mit ästhetischem Feinsinn ein Drama von Shakespeare ansieht, mag rein quantitativ betrachtet nicht mehr Lust empfinden als ein Betrunkener, der seinen Spaß daran hat, Biergläser zu zerschmettern. Es ist aber offensichtlich, dass die Lust des Theaterbesuchers wertvoller ist als die des Hooligans. Wenn dem so ist, muss es neben der Lust noch andere Faktoren geben, von denen der Wert eines Erlebnisses abhängt, da ja *ex hypothesi* die Lust im ersten Fall nicht größer als im zweiten, sondern nur qualitativ höherwertig ist. Tatsächlich hat Mill (im zweiten Kapitel von *Utilitarianism*) ver-

1 Vgl. George Edward Moore, *Ethics*, London 1912, S. 147.

sucht, den Utilitarismus mit der Auffassung zu versöhnen, dass eine geringere Lust einer größeren vernünftigerweise vorgezogen werden kann, wenn die erstere von höherer Qualität ist. Aber die Philosophen sind sich im Allgemeinen – und, wie mir scheint, zu Recht – einig, dass seine Lösung nicht konsistent ist. Zu behaupten: *Die Lust ist das einzige Gut* und zugleich einzuräumen, dass einer geringeren Lust der Vorzug vor einer größeren gebühren kann, ist ungefähr so wie zu behaupten: *Geld ist das Einzige, was zählt*, und sogleich hinzuzufügen, dass ein durch öffentliche Arbeit erworbener Geldbetrag besser ist als derselbe Betrag, wenn er durch private Geschäftstätigkeit verdient wird. Wenn Lust das einzige Gut ist, so kann die Devise nur lauten: Je mehr Lust, desto besser.

Betrachten wir die folgenden Beispiele, um zu entscheiden, ob eine Lust im Vergleich zu einer anderen höherwertig sein kann. Angenommen, Ihnen werden fünfzig weitere Lebensjahre angeboten, von denen jedes einzelne ebenso lustvoll ist wie das lustvollste Jahr, das Sie jemals erlebt haben. Allerdings käme diese Lust nur durch Essen, Trinken, Sonnenbaden und primitive Gesellschaftsspiele zustande. Versuchen Sie sich ein solches Leben vorzustellen: aller höheren Verstandestätigkeit, aller ästhetischen Erfahrung, aller Nächstenliebe beraubt. Angenommen weiter, Ihnen werden alternativ neunundvierzig weitere Lebensjahre angeboten, von denen jedes einzelne wiederum ebenso lustvoll wäre wie das lustvollste Jahr, das Sie jemals erlebt haben. Nur dass in diesem zweiten Fall die Lust sich nicht nur aus den genannten Quellen speisen würde, sondern darüber hinaus aus der Tätigkeit des Verstandes, der Liebe und einer kultivierten Fähigkeit, Kunst und Literatur zu schätzen. Angenommen schließlich, die Auswirkung der beiden Lebensalternativen auf das allgemeine Glück wäre jeweils dieselbe – die Vorteile für andere Menschen, die normalerweise aus dem zweiten Leben entsprängen, würden durch irgendeine schlechte Wirkung neutralisiert, die eintritt, wenn Sie das zweite und nicht das erste Leben wählen. Kann dann irgendein Zweifel bestehen, dass es besser wäre, das zweite und nicht das erste zu wählen? Und doch wäre es, wenn der Utilitarismus wahr sein sollte, eindeutig besser, das erste zu wählen, weil Sie auf diese Weise ein zusätzliches Jahr an Lust erhielten. Der Utilitarist könnte entgegnen, dass das erste Leben Sie bald langweilen und lustlos machen würde. Doch was, wenn man eine Droge erfände oder ein Verfahren der Konditionierung zur Verhinderung der Langeweile, so dass man die in Aussicht gestellte Lust wirklich bekäme? Es ist nicht unvorstellbar, dass eine Droge mit diesen Eigenschaften tatsächlich erfunden wird. Aldous Huxleys Roman *Brave New World* ist in meinen Augen eine gute Widerlegung des Hedonismus, weil er uns eine imaginäre Gesellschaft zeigt, deren Zustand nach hedonistischen Maßstäben höchst zufriedenstellend, nach ethischen Maßstäben aber abstoßend ist.

Oder nehmen wir an, es gäbe zwei Gemeinwesen, in denen das Ausmaß an erlebter Lust und erlittenem Schmerz dasselbe wäre. In dem einen Gemeinwesen sind die Bürger egoistisch, ungerecht und nur solcher Freuden fähig, die nicht auf höherer Verstandestätigkeit, ästhetischem Empfinden, Güte oder Liebe beruhen. In dem anderen dagegen entspringen die Freuden der Bürger gerade aus den Quellen, die ich eben für das erste Gemeinwesen ausgeschlossen habe. Es ist doch ganz offensichtlich, dass der Zustand des zweiten Gemeinwesens ein viel besserer ist als der des ersten. Wäre der Utilitarismus wahr, müsste man aber sagen, dass der Zustand des ersten genauso gut wie der des zweiten ist. Gegen dieses Beispiel könnte man sich auf zweierlei Weise zur Wehr setzen. Man könnte erstens einwenden, dass die Eigenschaften der Mitglieder des zweiten Gemeinwesens als solche notwendig zu einem größeren Glück führen werden als die der Mitglieder des ersten Gemeinwesens. Aber wir können darauf reagieren, indem wir annehmen, dass sich das zweite Gemeinwesen in einer viel weniger vorteilhaften Lage befindet, was Reichtum, Gesundheit und äußere Umstände angeht. Solche Faktoren könnten den Vorteil, den die Bürger des zweiten

Gemeinwesens durch ihren überlegenen Charakter im Hinblick auf das Glück besitzen, durchaus wieder zunichtemachen. Man könnte zweitens einwenden, dass wir das Glück nicht so genau zu messen vermögen, wie es dieses Beispiel vorauszusetzen scheint. Hierauf können wir reagieren, indem wir das »dasselbe« durch »ungefähr dasselbe« ersetzen oder durch »soweit wir wissen« einschränken. Sind wir gar nicht in der Lage, Erlebnisse im Hinblick auf die mit ihnen verbundene Lust zu vergleichen, dann lässt sich der Utilitarismus nicht anwenden; und sind wir dazu in der Lage, dann ist es durchaus sinnvoll zu sagen, dass zwei Leben oder zwei Gemeinwesen »soweit wir wissen, dasselbe Ausmaß an Glück besitzen«. Damit meinen wir, dass wir keinen Grund haben, das eine für glücklicher zu halten als das andere. Mehr ist für meine Beispiele nicht nötig, und diese negative Bedingung ist mit Sicherheit erfüllbar.

Stellen wir uns drittens einen Menschen vor, der Vergnügen daran findet, seinen Feind zu peinigen. Das ist schmerzhaft für sein Opfer und könnte in der Zukunft noch andere schädliche Folgen für das allgemeine Wohlergehen haben. Aber wir fragen jetzt nicht, ob dieser Sachverhalt dem allgemeinen Gut zuträglich ist, sondern fragen nach seinem Wert oder Unwert an sich. Betrachten wir nur den Geisteszustand desjenigen Menschen, der das Leid zufügt. Er hat seinen Spaß, aber können wir auch sagen, dass sein Geisteszustand an sich gut ist? Natürlich nicht: Er ist im Gegenteil sehr schlecht, und er ist umso schlechter, je größer das Vergnügen des Folterers ist. Ja, sein Geisteszustand wäre selbst dann sehr schlecht, wenn er nicht wirklich Schmerzen verursacht, sondern nur glauben würde, dass er Schmerzen verursacht – so wie ein Medizinmann, der glaubt, er könne seinem Feind Leid zufügen, indem er seine Voodoo-Puppe über glühenden Kohlen schmoren lässt, obwohl das vermeintliche Opfer gar keine Schmerzen verspürt. Wenn der Utilitarismus wahr wäre, müsste man von seinem Geisteszustand aber sagen, dass er, da er lustvoll ist, an sich gut ist – so beklagenswert seine Folgen auch sein mögen. Noch weniger vermag der Utilitarismus nachzuvollziehen, dass sein Geisteszustand mit wachsendem Vergnügen nicht besser, sondern schlechter wird.

Betrachten wir noch weitere Beispiele, aus denen die Versäumnisse der utilitaristischen Theorie ersichtlich werden. Angenommen, zwei Schiffbrüchige klammern sich an ein Floß, das nur einen von ihnen über Wasser halten kann. Nennen wir sie A und B. Nehmen wir weiter an, A sei eine Person, deren Leben für die Gesellschaft und für andere von weitaus geringerem Wert ist als das Leben von B. Unter diesen Umständen wäre es eine sehr verdienstvolle Handlung von A, wenn er seinen Platz für B räumt. Andererseits würden wir es für ganz und gar nicht verdienstvoll von B halten, wenn er A vom Floß stößt. Das Resultat dieser beiden Handlungen wäre gleichwohl fast genau dasselbe: Im einen wie im anderen Fall wird das Leben von A geopfert und das von B bewahrt. Der einzige wichtige Unterschied in den Auswirkungen scheint zu sein, dass im zweiten Fall die Person B, sofern es sich bei ihr um einen im Grunde genommen guten Menschen handelt, an Gewissensbissen leiden wird; oder, wenn sie nicht an Gewissensbissen leidet, infolge ihrer Handlung einen wahrscheinlich noch schlechteren Charakter entwickeln wird. Aber dieser Umstand kann nicht als Grund für die unterschiedliche Einschätzung der beiden Handlungen angeführt werden; denn nur wenn man bereits voraussetzt, dass die zweite Handlung falsch ist, besteht überhaupt ein Grund, sie zu bereuen. Der Utilitarist könnte natürlich entgegenhalten, dass wir die zweite Handlung nur irrtümlich für falsch halten, wenn B tatsächlich gewiss sein kann, dass sein Leben wirklich wichtiger ist als das von A; und dass wir sie nur aus dem Grund für falsch halten, weil es ein gefährliches allgemeines Prinzip wäre, einen Menschen darüber urteilen zu lassen, ob sein Leben nützlicher als das eines anderen Menschen ist oder nicht. Aber das Äußerste, was der Utilitarist mit einem Anflug an Plausibilität behaupten könnte, ist, dass die Handlung von B entschuldbar oder nicht tadelnswert war, nicht aber, dass es sich bei ihr um eine eindeutig bewundernswerte Tat handelte. Und doch würden wir alle einräumen, dass das Selbstopfer von A – eine Handlung mit praktisch denselben Folgen – nicht nur entschuldbar, sondern eindeutig bewundernswert war. Der Utilitarismus vermag diesen Unterschied nicht zu erklären. Dieser lässt sich nicht nachvollziehen, wenn man nur die Auswirkungen auf das Glück betrachtet. Vielmehr muss es im Wesen der einen Handlung etwas an sich Gutes geben. Die Erklärung kann nicht in einem lustvollen Gefühl liegen – für A war das Ertrinken wahrscheinlich kein Vergnügen –, sondern nur in etwas anderem als der Lust.

Schließlich kann man auf die Unvereinbarkeit des Utilitarismus mit den Erfordernissen der Gerechtigkeit verweisen. Das utilitaristische Prinzip besagt nur, dass wir so viel Glück wie möglich herbeiführen sollen. Wie sich das Glück verteilt, spielt dabei keine unmittelbare Rolle. Die Gerechtigkeit aber verlangt, dass wir von zwei Verteilungen ein und derselben Menge an Glück die fairere der weniger fairen vorziehen – und dies selbst dann, wenn wir durch die fairere Verteilung etwas weniger Glück bewirken als durch die andere. Um ein drastisches Beispiel zu nehmen: Angenommen, wir können das kollektive Glück einer Gruppe von zehn Menschen ein wenig anheben, indem wir einem von ihnen eines jeden Glückes berauben. Wäre es dann richtig, dies zu tun? Darüber ließe sich vielleicht streiten, wenn der Glücksgewinn bei den übrigen neun sehr groß, nicht aber, wenn er sehr klein wäre. Wenn der Zuwachs an Glück bei den neun durch die Qualen des einen erkauft wäre, scheint die damit einhergehende Ungerechtigkeit ihr Glück zu vergiften und selbst dann um seinen Wert zu bringen, wenn sie hartherzig genug wären, sich an ihm zu erfreuen. Nach utilitaristischer Auffassung ist jede Verteilung des Guten, wie unfair sie auch sein mag, jeder anderen vorzuziehen, sofern sie auch nur ein Minimum an zusätzlichem Glück bedeutet. Wie wäre es ferner, wenn man durch die Bestrafung eines Unschuldigen insgesamt gesehen weniger Leid bewirkt als durch die Bestrafung des Schuldigen, während die abschreckende Wirkung in beiden Fällen dieselbe wäre: Soll man dann wirklich den Unschuldigen bestrafen? Angesichts solcher Schwierigkeiten ist es kein Wunder, dass sich heute nur noch sehr wenige Philosophen dem Utilitarismus verbunden fühlen.

Wie wäre der Utilitarismus zu modifizieren, damit er die genannten Beispiele in den Griff bekommt? Als Erstes müssen wir anerkennen, dass es nicht nur auf die Quantität, sondern auch auf die Qualität einer Lust ankommt, so dass die geringere Lust einer höheren Art der größeren Lust einer niedrigeren Art richtigerweise vorgezogen werden kann. Was aber macht eine Lust verglichen mit einer anderen zu einer höheren? Der Unterschied liegt nicht in dem angenehmen Gefühl als solchem. Er liegt vielmehr in der damit verbundenen Geistestätigkeit oder in deren Gegenstand. Einige Vergnügen werden im Vergleich zu anderen als höher eingestuft, weil sie mit dem Denken verbunden sind, mit ästhetischen Erfahrungen, Liebe und moralischem Handeln – Tätigkeiten, die wir als höher erachten als das Essen und Trinken. Wir glauben, dass diese Tätigkeiten einen inneren Wert haben, der zu dem inneren Wert der puren Befriedigung, die sie einem verschaffen, hinzukommt. Oder, wenn wir Tätigkeiten und Vergnügen nach ihrem Gegenstand anordnen, so erweist sich, dass wir besonders jene schätzen, die mit dem Streben nach dem Wahren, Schönen und Guten zusammenhängen. Mein Beispiel von den Schiffbrüchigen zeigt, dass gewisse moralisch gute Handlungen wie die Hingabe seines Lebens für andere einen intrinsischen Wert haben, der nicht auf irgendein von ihnen bewirktes angenehmes Gefühl zurückgeht. Mein Beispiel von dem Menschen, der seinen Feind peinigt, zeigt, dass Boshaftigkeit – und nicht nur Schmerz – in sich schlecht ist. Die meisten Menschen, die über diese Fragen nachgedacht haben, haben der Trias aus Wahrheit, Schönheit und Güte (oder vielmehr ihrer Suche und ihrem Erlangen), ebenso einen letzten Wert zugeschrieben wie der zwischenmenschlichen Liebe und – sofern sie religiös waren – der Betrachtung Gottes und Gemeinschaft mit ihm.

Dass von zwei Verteilungen ein und derselben Menge an Glück die fairere der weniger fairen vorgezogen werden sollte, zeigt schließlich, dass nicht nur die verteilte Glücksmenge, sondern auch die Art und Weise ihrer Verteilung intrinsisch gut (oder schlecht) sein kann. Man kann bei all diesen Dingen zwar nicht *beweisen*, dass sie an sich gut sind, doch lässt sich dies im Falle der Lust genauso wenig beweisen. Der Utilitarist muss wie gesagt behaupten, dass er auch ohne Beweis wissen kann, dass die Lust etwas an sich Gutes ist. Ich frage: Können wir nicht auf dieselbe Weise einsehen, dass diese anderen Dinge ebenfalls von dieser Art sind? Die Lust ist das Gute im Hinblick auf nur eine Seite unserer Natur, die fühlende Seite. Doch sind wir nicht nur fühlende, wir sind auch denkende und handelnde Wesen. Warum sollte dann aber das im Hinblick auf unsere fühlende Seite Gute das einzige sein, das seinen Zweck in sich selbst hat, dessen Güte also nicht nur darin besteht, Mittel zu etwas anderem zu sein?

Der Utilitarist hat durchaus Recht, wenn er glaubt, dass alles Gute auch angenehm ist. Noch ein schmerzhafter Akt der Selbstaufopferung, den jemand aus Liebe auf sich nimmt oder weil er richtig ist, vermittelt dem Handelnden ein gewisses Maß an Befriedigung, auch wenn das mit dem Opfer seiner selbst verbundene Leid dieses Gefühl schnell aufwiegen kann. Worin sich der Utilitarist hingegen irrt, ist zu glauben, dass alles Gute nur deshalb gut ist, weil es angenehm ist. Obschon alle guten Dinge eine angenehme Seite haben, steht ihr Gutsein doch nicht im Verhältnis zu ihrem Angenehmsein, und es kommt häufiger vor, dass etwas angenehm ist, weil es gut ist, als dass etwas gut ist, weil angenehm.

Trotzdem lässt sich ein sehr großer Teil der ethischen Fragen, mit denen wir konfrontiert sind, durch Anwendung des utilitaristischen Kriteriums zufriedenstellend beantworten. Das hat zwei Gründe: Erstens gibt es viele Handlungen, bei denen es einfach auf nichts anderes ankommt als auf die

Lust und das Leid, weil andere Werte in diesen Fällen keine Rolle spielen. Die Tugendhaftigkeit eines kranken Menschen mag wichtiger sein als seine Schmerzfreiheit; weil aber seine Tugendhaftigkeit durch seine Gesundheit nicht beeinträchtigt würde, kann ihm der Arzt zur Schmerzfreiheit verhelfen, ohne sich um seine Tugendhaftigkeit zu kümmern. Eine große Anzahl falscher Handlungen halten wir einfach deshalb für falsch, weil sie Schmerzen verursachen, und wahrscheinlich halten wir die große Mehrzahl der von uns für richtig gehaltenen Handlungen deshalb für richtig und führen sie deshalb aus, weil sie Lust erzeugen oder Schmerzen lindern. Zweitens ist offensichtlich, dass Handlungen, welche die anderen Werte wie Wissen, Liebe, Schönheit, Tugend oder Gerechtigkeit befördern, in der Regel ebenfalls das Glück steigern werden. Das utilitaristische Kriterium ist also keineswegs vollkommen absurd, und das erklärt, wie sich selbst intelligente Menschen täuschen konnten und es in der Ethik als das einzige Kriterium haben gelten lassen.

Es ist kein Zufall, dass der Utilitarismus besonders auf dem Gebiet politischer und weitreichender sozialer Reformen einflussreich gewesen ist. Bei diesen Dingen kommt das utilitaristische Kriterium in meinen Augen der Wahrheit viel näher als auf dem Gebiet der Individualethik. Denn hier geht es mehr um das Beseitigen von Ursachen für Unglück als um die direkte Förderung des Glücks. Die höheren Formen der Moral, große Kunst, Wissenschaft oder Nächstenliebe lassen sich nicht per Gesetz herbeiführen. Es ist besser, man versucht dies erst gar nicht. Aber ihren körperlichen Zustand verbessern und viele Ursachen vermeidbaren Leids beseitigen, kann man auf diese Weise durchaus. Es ist kein Argument für den Utilitarismus, dass wir im Falle der allgemeinen Anerkennung und konsequenten Durchführung seines Programms überall auf der Welt vor Krieg und Armut sicher wären. Denn dasselbe gilt auch von jeder anderen (einigermaßen plausiblen) ethischen Theorie; und es gibt viele solcher Theorien. Dennoch würde ich mir in der Politik eher mehr utilitaristisches Denken wünschen als weniger. Ich möchte diesen Punkt besonders hervorheben. Wie auch immer das letzte Urteil über den Utilitarismus lauten mag, so muss doch zumindest dies klar sein, dass wir kein Recht haben, das Unglück von Menschen deutlich zu vergrößern oder ihr Glück deutlich zu verringern, wenn dieser schwerwiegende Nachteil nicht durch einen signifikanten Gewinn bei anderen Gütern aufgewogen wird oder wenn er sich nur auf eine Weise vermeiden ließe, die aus anderen Gründen unmoralisch wäre – Bedingungen, die nur äußerst selten erfüllt sein dürften. Ich werde solche Fragen in diesem Buch, das nicht von Politik handelt, nicht weiter verfolgen. Doch würde meiner Überzeugung nach eine eingehende Studie sowohl des Kommunismus als auch des Faschismus, Nazismus oder *Laissez-faire*-Individualismus zeigen, dass all diese Systeme enorme Opfer an menschlichem Glück gefordert haben; und dass diese Opfer nicht erforderlich waren, um irgendein von einem vernünftigen Menschen erkennbares Gut zu befördern oder unmoralisches Handeln zu vermeiden. Wir müssen diese Systeme daher selbst dann ablehnen, wenn wir von dem großen Schaden absehen, den sie neben dem Glück auch den übrigen Gütern zufügen.

Kapitel 4:
Die Pflicht um der Pflicht willen: die kantische Ethik

Nachdem wir Theorien betrachtet haben, welche die Ethik auf das Glück gründen, ist es angebracht, dass wir uns dem anderen Extrem zuwenden und uns die Theorie des großen deutschen Philosophen Immanuel Kant (1724–1803) vornehmen. Seine Ethik ist in weiten Teilen eine Reaktion gegen den Hedonismus, insbesondere in seiner egoistischen Variante. Ihr Grundgedanke lautet, dass es nicht auf das Glück oder Unglück ankommt, welches eine Handlung hervorbringt, noch auf irgendwelche anderen ihrer Folgen, sondern auf das Wesen der Handlung selbst. Im Mittelpunkt seiner Ethik steht der Begriff des *guten Willens*. Damit ist nicht etwa eine gütige Haltung gemeint, sondern das Erfüllen seiner Pflicht nur um der Pflicht willen; oder, wie er es ausdrückt, »aus Achtung vor dem moralischen Gesetz«. Er beginnt seine Ethik mit der Feststellung, dass ein so verstandener guter Wille das einzige ist, was wir als uneingeschränkt gut ansehen können. Immer wieder besteht er auf dem höchsten und unvergleichlichen Wert eines solchen Willens, den dieser auch dann noch behält, wenn wir keines der äußeren Ergebnisse, auf die er sich richtet, verwirklichen können. Ein selbstvergessener und desinteressierter Willensakt hat etwas Großartiges an sich, auch wenn ihm ohne jede Schuld des Wollenden die Umsetzung verwehrt bleibt. Kant spricht genau genommen dem Glück nicht jeglichen Wert ab, hält aber dafür, dass das Glück (welches er wie die Utilitaristen mit der Lust gleichsetzt) ein lediglich bedingtes Gut ist. Damit meint er, dass es für den Fall, dass wir einen guten Willen haben, gut ist, wenn wir auch glücklich sind, ansonsten jedoch nicht. Das bedeutet nicht, dass das Glück nur als Mittel gut ist; denn falls eine Person einen guten Willen hat, ist es besser, wenn sie darüber hinaus auch glücklich ist, selbst von allen künftigen Folgen ihres Glücks abgesehen. Es bedeutet aber, dass das Glück im Unterschied zum guten Willen nicht unter allen, sondern nur unter bestimmten Umständen gut ist, nämlich in Anbetracht eines guten Willens. Kant behauptet niemals, dass es neben dem guten Willen und dem Glück noch irgendetwas anderes an sich Gutes gibt. Eigenartigerweise scheint er die Erkenntnis, die Liebe und alle übrigen geistigen Auszeichnungen als bloße Mittel eingeordnet und geschätzt zu haben. Noch trifft er eine wertende Unterscheidung hinsichtlich der Arten von Lust, wie Mill es tat, sondern setzt alle Lust und alles Verlangen auf derselben Ebene an; er hält diese für weder gut noch schlecht, sondern für moralisch indifferent. Sein wichtigster Beitrag zur Ethik war es, den Gedanken von der Pflicht um der Pflicht willen zu entwickeln, den frühere Ethiker für gewöhnlich vernachlässigt hatten. Über die übrigen Dinge, die man im Allgemeinen für wertvoll hält, hat er wenig zu sagen.

Bei der Herleitung seines Begriffes eines Handelns aus Pflicht hebt Kant eine sehr wichtige Unterscheidung hervor, nämlich die zwischen hypothetischen und kategorischen Imperativen. Ein hypothetischer Imperativ befiehlt uns, auf eine bestimmte Weise zu handeln, weil dies wahrscheinlich ein bestimmtes Ergebnis hervorbringt; die Notwendigkeit einer solchen Handlung hängt daher davon ab, dass wir uns das fragliche Ergebnis herbeiwünschen. Ein kategorischer Imperativ hingegen befiehlt uns eine Handlung ohne Wenn und Aber. »Nimm diese oder jene Straße, wenn du nach London kommen willst!« (was Sie vielleicht gar nicht wollen), ist ein Beispiel für einen hypothetischen Imperativ; »Du sollst nicht lügen!« ein Beispiel für einen kategorischen Imperativ. Allein die kategorischen Imperative, behauptet Kant, sind Gegenstand der Moral. Der Gehorsam ihnen gegenüber ist eine Pflicht, wohingegen es bestenfalls ein Gebot der Klugheit ist, einem hypothetischen Imperativ zu gehorchen. Doch worin besteht das Motiv, kategorischen Imperativen zu gehorchen? Der Wunsch nach irgendeinem zukünftigen Resultat der Handlung, ob im Hinblick auf uns selbst oder auf andere, kann es nicht sein, sonst würde es sich ja um hypothetische Imperative handeln. Das Motiv, kategorischen Imperativen zu gehorchen, kann nur sein, das Rechte um seiner selbst willen zu tun: der Respekt vor dem moralischen Gesetz, der sich nach Kant von einem Wunsch wesentlich unterscheidet, wiewohl er ähnlich wie ein Wunsch zum Handlungsmotiv werden kann. Kant trifft ferner eine scharfe Unterscheidung zwischen Handlungen, die nach außen hin mit dem moralischen Gesetz in Einklang stehen, in Wirklichkeit aber durch Eigeninteresse motiviert sind, und Handlungen, die aus Pflichtbewusstsein heraus getan werden. Äußerlich betrachtet mag sich eine Handlung der ersten Art von einer Handlung der zweiten Art nicht unterscheiden, doch verleiht ihr das keinerlei inneren Wert. Wir können nicht einen Händler für seine Ehrlichkeit loben, wenn er nur aus Geschäftstüchtigkeit ehrlich ist.

Die meisten Leser Kants sehen eine Schwierigkeit darin, dass es oft den Anschein hat, als würden gerade die edelsten und selbstvergessensten Handlungen aus Liebe und nicht aus Pflichtgefühl getan. Und es erscheint nicht richtig, solchen Handlungen jeden inneren Wert abzusprechen. In der Tat sollten wir einen Vater, der seinen Kindern gegenüber aus Liebe seine Pflicht erfüllt – ohne daran zu denken, dass es seine Pflicht ist –, besser beurteilen als einen Vater, der seine Kinder nicht liebt und ihnen nichts Gutes wünscht, seine Pflicht ihnen gegenüber jedoch erfüllt, nur weil es seine Pflicht ist. In der Forschung ist umstritten, wie sehr Kant von dieser Kritik wirklich getroffen wird. Aber so wie ich geneigt bin, ihn im Ganzen zu interpretieren, hat er sich nicht auf die Ansicht festgelegt, dass die Handlung einer Person moralisch wertlos würde, wenn sie von irgendeinem Wunsch *und* vom Respekt vor dem moralischen Gesetz zugleich motiviert ist – derart, dass jedes einzelne dieser Motive ausgereicht hätte, die Handlung hervorzubringen. Nur wenn der Wunsch ihr *einziges* Motiv wäre, hätte sie keinen moralischen Wert. Wenn diese Deutung zutrifft, hätte sie jedenfalls einen vernünftigen Grund für sich. Kant könnte vorbringen, dass jeder auch noch so erhabene Wunsch zu einer falschen Handlung führen mag; und dass wir folglich, wenn wir uns allein von ihm leiten lassen, falsch zu handeln riskieren und keinerlei Verdienst beanspruchen können, selbst wenn wir Glück haben und unser Wunsch zu einer richtigen Handlung führt. Es ist offensichtlich, dass die Liebe zu einem Menschen oder einer Gruppe von Menschen uns dazu führen kann, ihre Interessen in moralisch verwerflicher Weise auf Kosten anderer zu befördern. Wir können Kant widersprechen und über den Respekt vor dem moralischen Gesetz hinaus bestimmten Formen der Liebe und bestimmten Wünschen einen inneren Wert zuerkennen; was wir jedenfalls nicht können, ist ihnen – oder den durch sie allein motivierten Handlungen – jene besondere Art von Wert zuzuerkennen, auf die uns Kant so nachdrücklich aufmerksam gemacht hat. Andererseits müssen wir anerkennen, dass das höchste moralische Motiv, das Kant als Respekt vor einem abstrakten Gesetz empfand, von anderen als ein Drang empfunden wird, das höchste Gut für die Menschheit zu erstreben, und von wieder anderen als Liebe zu Gott. Wir dürfen nicht jemanden als unmoralisch verurteilen, nur weil er es nicht genauso erlebt und beschreibt, wie Kant es tut.

Betrachten wir nun die Anwendung von Kants Theorie auf die zentralen Fragen der Ethik: welche Handlungen richtig sind und warum. Kants Prinzipien schließen es aus, diese Frage einfach mit einem Verweis auf die Handlungsfolgen zu beantworten. Denn die Folgen als entscheidend anzusehen würde bedeuten, die Richtigkeit oder Falschheit einer Handlung darauf zurückzuführen, was sie an Gut oder Übel nach sich zieht. Die einzigen von Kant anerkannten Güter sind jedoch, so sahen wir, ein guter Wille und das Glück. Für den guten Willen kommt es auf die Handlung selbst an und auf ihre Motive, nicht auf die Handlungsfolgen. Und das Glück zum höchsten Maßstab für die Richtigkeit einer Handlung nehmen, ist eine Position, die Kant als »Eudämonismus« bezeichnete (von *eudaimonia*, dem griechischen Wort für »Glück«) und die er scharf ablehnte. Dass manche Handlungen richtig, andere dagegen falsch sind, konnte er daher nicht im Rückgriff auf die Handlungsfolgen erklären.

Kant hatte noch einen anderen Grund für diese Einschätzung. Eine der grundlegendsten Unterscheidungen in der Philosophie ist diejenige zwischen empirischem Wissen, das auf Beobachtungen gründet, und apriorischem Wissen, das auf dem reinen Denken und seinen Schlussfolgerungen beruht, wie wir das zum Beispiel von der Mathematik kennen. Nun war Kant davon überzeugt, dass ethisches Wissen apriorisch und nicht empirisch ist. Durch Beobachtung können wir nur erfahren, was Tatsache ist, und Kant führte ins Feld, dass sich das, was sein soll, nicht aus dem, was Tatsache ist, ableiten lässt. Kant glaubte ferner, dass ethische Prinzipien eine Notwendigkeit besitzen, die in der rein empirischen Welt der Erfahrung keinen Ort haben kann. Daraus schloss er, dass die allgemeinen Prinzipien der Ethik wie jene der Mathematik *a priori* durch reines Denken erkannt werden und nicht im Ausgang von der Erfahrung durch Verallgemeinerungen – obwohl diese Prinzipien natürlich auf empirische Tatsachen angewendet werden müssen, wie das ja auch mit den Prinzipien der Mathematik geschieht. So behauptete Kant beispielsweise, wir könnten *a priori* erkennen, dass wir nicht lügen sollen, obschon wir ganz offensichtlich empirisches Wissen benötigen, um entscheiden zu können, was eine wahre Aussage ist und wie wir sie am besten formulieren, damit uns andere Menschen verstehen.

Wie gelangt man aber zu den Prinzipien der Ethik? Apriorische Aussagen werden in anderen Wissensgebieten in der Regel als wahr gesichert, indem man nachweist, dass es zu einem Widerspruch führen würde, sie zu verneinen. Diese Methode versuchte Kant auch in der Ethik anzuwenden. So begründete er etwa das Lügenverbot wie folgt: Es ist falsch zu lügen. Denn angenommen ein jeder löge jedes Mal, wenn es ihm gerade passt: Dann würde man seinen Lügen nicht glauben; sein Lügen würde zwecklos und würde sich selbst dementieren. Kant sah darin den Beweis, dass es logisch unmöglich ist, das Lügen zur allgemeinen Verhaltensregel zu erheben. Aber er glaubte nicht von allen falschen ethischen Prinzipien zeigen zu können, dass ihre allgemeine Anwendung unmöglich wäre, sondern lediglich, dass es unserer Natur widerspräche, sie allgemein anwenden zu wollen. Wenn er beispielsweise der Frage nachgeht, warum wir anderen Menschen in Not beistehen sollen, räumt er ein, dass die Gesellschaft auch dann weiter bestehen könnte, wenn das gegenteilige Prinzip, anderen nicht zu helfen, verallgemeinert würde. Doch könnten wir nicht ohne Widerspruch wollen, dass es verallgemeinert wird, weil es viele mögliche Umstände gibt, unter denen wir sehr wohl wünschen würden, dass man uns selber beisteht. Das klingt danach, als würde Kant schließlich doch ein egoistisches Handlungsmotiv anerkennen. Aber ich glaube, das ist nicht wirklich so: Worauf Kant hinaus will, ist nicht der Gedanke: »Ich stehe anderen bei, damit sie mir auch beistehen, wenn ich es nötig habe«, sondern der andere Gedanke: »Ich stehe anderen bei, weil es nicht stimmig ist« – wir könnten auch sagen »nicht fair« –, »dass ich die Hilfsbereitschaft anderer in Anspruch nehme, wenn ich darauf angewiesen bin, und mich zugleich weigere, anderen gegenüber hilfsbereit zu sein, wenn sie darauf angewiesen sind.« Ersteres ist eine reine Klugheitsregel, letzteres dagegen zweifellos ein moralischer Grundsatz. Kants wichtigste Regel lautet: »Handle nur nach derjenigen Maxime, durch die du zugleich wollen kannst, dass sie ein allgemeines Gesetz werde.« Wenn wir unser Handeln an einem Grundsatz ausrichten, von dem wir nicht wünschen könnten, dass er allgemeine Anwendung findet, dann handeln wir nach Kant unmoralisch.

Kant trifft hier eindeutig etwas sehr Wichtiges, obschon seine Anwendung dieses Prinzips im Detail schwieriger zu verteidigen sein dürfte. Betrachten wir, welche offensichtlichen ethischen Wahrheiten wir von Kant lernen können. Es ist zunächst bezeichnend, dass der Mensch, der Falsches tut und um die Falschheit seines Tuns weiß, sich für gewöhnlich nicht wünscht, dass ein jeder so handelt wie er. Der Dieb ist der letzte, der von anderen bestohlen zu werden wünscht. Was der schlechte Mensch im Allgemeinen wünscht, ist nicht, dass die von ihm missachtete Regel ihre Geltung verliert, sondern dass zu seinen Gunsten eine Ausnahme gemacht wird. Nach Kant ist dieses willkürliche Sich-Ausnehmen von der Regel im eigenen Interesse im Kern unmoralisch. Zweitens scheint die Anwendung eines Kriteriums wie des kantischen in einigen Fällen eher mit unserem gewöhnlichen ethischen Denken übereinzustimmen als ein direkter Utilitarismus. Es gibt Fälle, in denen der von einer Handlung angerichtete Schaden bedeutungslos ist, wir sie aber dennoch verurteilen, weil sie zu einer bestimmten Klasse von Handlungen gehört. Angenommen, ich würde versuchen, mich der Besteuerung zu entziehen, indem ich dafürhalte, dass ich keiner Steuerpflicht unterliege, weil der Verlust der fraglichen Summe für das Funktionieren des Staates ganz unerheblich ist, während er für mich selbst einen beträchtlichen Unterschied bedeutet. Dann wäre die normale Antwort darauf die Frage: Was geschähe, wenn sich ein jeder so verhielte? Dabei darf allerdings Folgendes nicht übersehen werden: Während es ein verbreiteter Test der Richtigkeit oder Falschheit einer Handlung ist zu fragen, was geschehen würde, wenn alle so handelten, hat derjenige, der so fragt, in der Regel doch die guten oder schlechten Folgen vor Augen, die sich ergeben würden, wenn sich alle so verhielten. Kant dagegen beanspruchte, den verpflichtenden Charakter seiner Gesetze nicht auf den Schaden zu gründen, den ihre allgemeine Missachtung nach sich zöge, sondern auf die Annahme, dass in ihrer allgemeinen Missachtung eine Art von Widerspruch liegt, weil der universelle Bruch eines Gesetzes es sinnlos erscheinen ließe, es zu brechen. Drittens ist es wahr, dass die Boshaftigkeit etwas Unstimmiges an sich hat, insofern sie ein Ziel verfolgt, dessen Erreichen seinem inneren Wesen nach sich selbst aufhebt. Denn wer sich ihrer schuldig macht, will seine Wünsche befriedigen; wirkliche Zufriedenheit lässt sich jedoch nicht durch das Böse, sondern nur durch das Gute erreichen. Das war, was die Ethik betrifft, die vielleicht zentrale Einsicht sowohl Platos als auch Hegels.

Schließlich müssen wir eingestehen, dass alle unsere Antworten auf die Frage, was richtig ist, einen universellen Sinn haben. Ist eine Handlung richtig für mich, dann muss sie unter denselben Bedingungen für einen jeden richtig sein. So gesehen beanspruchen alle moralischen Entscheidungen, verallgemeinerbar zu sein. Allerdings müssen wir in einigen Fällen unter die zu berücksichtigenden Bedingungen nicht nur die äußeren Umstände, sondern auch die psychologischen Eigenheiten des Handelnden rechnen. Wenn es für Kant richtig war, eine Karriere als Philosoph einzuschlagen, folgt daraus nicht, dass dies für alle richtig wäre; ein Mensch kann nicht entscheiden, ob das für ihn richtig ist oder nicht, ohne seine eigene psychologische Verfassung zu bedenken. Man mag einwenden, dass dies das Prinzip der Verallgemeinerung als bedeutungslos erscheinen lässt, da die Umstände für zwei verschiedene Handelnde niemals identisch sein können, schon deshalb nicht, weil es zwei verschiedene Menschen sind. Ja, sie können selbst für ein und denselben Handelnden bei zwei verschiedenen Gelegenheiten niemals genau dieselben sein. Der Einwand übersieht, dass immer nur ein kleiner Teil der Umstände moralisch bedeutsam ist; in diesen Umständen können zwei Handlungen durchaus übereinkommen. Von all den vielfältigen Umständen in meiner Lebensgeschichte und meiner psychologischen Konstitution, die mich von einem anderen Menschen unterscheiden, sind nur relativ wenige für die Frage relevant, ob jemand von uns Philosoph werden soll, und wahrscheinlich überhaupt keine für die Pflicht, unsere normalen Schulden zurückzuzahlen. Genauso gut könnte man einwenden, dass das Prinzip von der »Einheitlichkeit der Natur«, der Grundsatz also, nach dem unter gleichen Bedingungen das gleiche Ereignis zu erwarten ist, keine Bedeutung für die Physik hätte, weil bei zwei verschiedenen Gelegenheiten die Bedingungen eben nie ganz gleich sind. Worauf es bei der Verallgemeinerbarkeit ankommt, ist, dass ich niemals gerechtfertigt bin, eine Entschuldigung meines eigenen Handelns vorzubringen, die ich bei jemand anderem nicht gelten lassen würde. Wenn ich behaupte, dass eine Handlung für Person A verpflichtend ist, nicht aber für Person B, dann muss ich in der Lage sein, einen Unterschied zwischen den Umständen oder der Verfassung von A und B zu benennen, der den Unterschied hinsichtlich ihres Sollens erklärt. So besteht auch der Sinn des Prinzips von der Einheitlichkeit der Natur in dem Grundsatz, dass, wenn sich unterschiedliche Dinge ereignen, dieser Unterschied von dem Naturwissenschaftler durch einen Unterschied in den Ausgangsbedingungen erklärt werden muss.

Kant vertrat nicht nur die Auffassung, dass ein und dieselbe Handlung, unter denselben physikalischen und psychologischen Umständen ausgeführt, für jeden beliebigen Handelnden immer richtig bzw. immer falsch ist; sondern auch, dass es bestimmte Klassen von Handlungen gibt, die unter allen Umständen falsch sind. So hat er behauptet, dass es niemals richtig ist zu lügen, und sei es zu dem Zweck, menschliches Leben vor einem Mörder zu beschützen. Diese Schlussfolgerung ist sehr schwer zu akzeptieren. Wenn wir sie nicht akzeptieren, müssen wir einräumen, dass die Ethik keine rein *apriorische* Wissenschaft im Sinne Kants ist; denn dann gehen wir davon aus, dass wir eine allgemeine Regel aufgrund ihrer empirischen Konsequenzen gelegentlich außer Kraft setzen können.

In diesem Zusammenhang heißt es manchmal, Kant hätte in seiner Ethik den Handlungsfolgen keine Beachtung geschenkt. Dieser Vorwurf ist unfair. Träfe er zu, würde das seine Ethik allerdings als vollkommen absurd erscheinen lassen, und sie wäre es nicht wert, dass wir uns mit ihr beschäftigen. In Wahrheit verhält es sich so, dass Kant die Folgen heranzieht, wenn es sich darum handelt, ein moralisches Gesetz *anzuwenden*, nicht jedoch um seine Gültigkeit oder eine

Ausnahme davon zu *begründen*. Nehmen wir das Gesetz, dass wir nicht lügen dürfen: Um es anzuwenden, sind wir offenbar darauf angewiesen, die Handlungsfolgen mit heranzuziehen, jedenfalls bis zu einem gewissen Punkt. Wir müssen die wahrscheinlichen Wirkungen unserer Wörter auf den Sprachempfänger berücksichtigen. Aber wir dürfen, so glaubt Kant, das allgemeine Lügenverbot nicht durch das Argument rechtfertigen, dass Lügen zumeist mehr Schaden anrichtet als Gutes bewirkt. Das, würde er sagen, ist zwar wahr, aber nicht der Grund dafür, dass Lügen falsch ist. Noch weniger dürfen wir ihm zufolge in einer konkreten Handlungssituation für uns ein Recht zu lügen in Anspruch nehmen, weil die Lüge in diesem besonderen Fall mehr Gutes bewirkt als Schaden anrichtet. Nur in diesem Sinne hat Kant bestritten, dass wir bei der Frage, was wir tun sollen, die Handlungsfolgen berücksichtigen sollen. Bei dem moralischen Gesetz, das uns verpflichtet anderen zu helfen, ist es noch offensichtlicher, dass wir bei seiner Anwendung die Folgen möglicher Handlungen bedenken müssen. Aber selbst hier scheint Kant zu behaupten, dass die letzte Rechtfertigung dieses Gesetzes nicht in den guten Folgen seiner Beachtung liegt. Sie liegt vielmehr in dem Umstand, dass wir in gewisser Weise unstimmig handeln würden, wenn wir das Gesetz missachten – wenn wir von einer Regel, von der wir nicht anders können als zu wünschen, dass sie allgemein beachtet wird, eine willkürliche Ausnahme zu unseren Gunsten machen.

Es gibt ferner einen Sinn, in dem Kants Behauptung, dass die Folgen nicht von Bedeutung sind, ganz offensichtlich zutrifft: Wenn er nämlich darauf besteht, dass die tatsächlichen Folgen einer Handlung, insofern sie sich von den beabsichtigten oder jedenfalls von den vorhersehbaren Folgen unterscheiden, den moralischen Wert einer Handlung und des Handelnden nicht beeinflussen. In vielen Romanen stellt sich gerade die hinterhältigste Tat des Schurken als das unbeabsichtigte Mittel heraus, das zum Triumph des Helden und seiner Hochzeit mit der Heldin führt. Aber wenn so etwas wirklich geschieht, können die wohltätigen Folgen der Handlung dem Schurken nicht im Mindesten zugute geschrieben werden, da er ja das Gegenteil zu bewirken beabsichtigte. Genauso wenig wird man einem Menschen mit guter Absicht die Schuld für irgendwelche unvorhersehbaren Folgen seiner Handlung geben können, so bedauernswert diese Folgen auch sein mögen.

Andererseits haben bei der Beantwortung der Frage, wie wir handeln sollen, nur sehr wenige Ethiker seit Kant den Handlungsfolgen eine so geringe Bedeutung beigemessen wie dieser. Kant entwarf die Ethik als eine Menge von *apriorischen* Gesetzen, die alle strikte Allgemeingültigkeit beanspruchen. Doch lässt sich dies nur schwer aufrechterhalten. Das Problem, um das es hier geht, ist besonders – obgleich nicht ausschließlich – bei kriegerischen Auseinandersetzungen von großer praktischer Bedeutung. In allen Kriegen wurden einige – im Zweiten Weltkrieg beinahe alle – allgemein anerkannte moralische Handlungsregeln verletzt und man hat dies als notwendiges Mittel zur Abwendung noch größerer Übel gerechtfertigt. Somit scheint jeder, der kategorisch bestreitet, dass Folgen den Verstoß gegen ein allgemeines moralisches Gesetz rechtfertigen können, den Militärdienst aus Gewissensgründen ablehnen zu müssen (Kant selbst hat diese Auffassung nicht vertreten, wie ich meine inkonsistenterweise). Aber auch von Kriegen abgesehen ist es wahrscheinlich, dass es zu Situationen kommt, in denen ein vermeintlich universelles Gesetz einem anderen solchen Gesetz entgegensteht; und dann können nicht beide zugleich universelle Geltung besitzen, egal wie man sich entscheiden soll. So kommt es zum Beispiel zu einem Konflikt zwischen dem Verbot zu lügen und dem Gebot, Leben zu retten, wenn mich ein Mörder nach dem Aufenthaltsort seines beabsichtigten Opfers fragt oder ein akut von Herzversagen bedrohter Schwerkranker nach dem Befinden seines Sohnes, von dem ich weiß, dass er gestorben ist, während der Fragende glaubt, dass er sich guter Gesundheit erfreut. In diesen Fällen müssen wir bei mindestens einem der Gesetze eine Ausnahme einräumen; denn da es notwendig ist, dass ich entweder lüge oder nicht lüge, muss es entweder richtig sein zu lügen oder richtig, ein Leben zu opfern, das ich (mit einer Lüge) hätte retten können. Wir entkommen der Schwierigkeit nicht dadurch, dass wir uns in solchen Fällen das Schweigen auferlegen; denn es gibt Umstände, unter denen die Verweigerung einer Antwort darauf hinausläuft, den Fragenden die Wahrheit wissen zu lassen. Kants Methode im Umgang mit solchen Fällen bestand offenbar darin, dem negativen Gebot stets den Vorrang vor dem positiven zu geben, doch erscheint dies als willkürlich. Und in Situationen, wo zwei Gebote oder Verbote miteinander in Konflikt stehen, ist schwer zu erkennen, wie wir eine vernünftige Entscheidung zwischen ihnen fällen könnten, außer indem wir uns fragen, welche guten und schlechten Folgen die jeweilige Handlung hätte. So wichtig es auch ist, die Wahrheit zu sagen, und so schlecht es auch sein mag zu lügen, so gibt es doch sicherlich Situationen, wo ein noch viel größeres Übel allein durch eine Lüge abgewendet werden kann: Wäre es dann falsch zu lügen? Wäre es nicht gerechtfertigt, dass ein Diplomat lügt – ja, dass er sich über die meisten allgemeinen Gesetze hinwegsetzt –, wenn er sich praktisch sicher sein könnte, dass dies und dies allein den Dritten Weltkrieg verhindert? Manche Leute würden diese Frage verneinen, doch könnten sie ihre Auffassung nicht auf argumentative Weise verteidigen, sondern nur – worauf sich Kant nicht einlässt – im Verweis auf ihre Evidenz. Nun mag es zwar evident sein, dass eine Lüge immer etwas Schlechtes ist; gewiss aber ist nicht evident, dass sie immer falsch ist. Ein kleineres Übel herbeizuführen, um ein viel größeres abzuwenden, kann durchaus richtig sein. Und wenn dieses kleinere Übel eine Lüge ist, dann ist die Lüge schlecht, aber nicht falsch. Ohne mich auf den absoluten Pazifismus festlegen zu wollen, muss ich jedoch hinzufügen, dass ich denen gegenüber große Sympathie empfinde, die es für falsch halten, ein gutes Ziel mit schlechten Mitteln herbeiführen zu wollen, weil das schlechte Mittel das Resultat der Handlung beflecken und vergiften und es zu einem Dammbruch kommen würde, wenn wir uns auf diese Strategie einlassen. (Fast alle großen politischen Verbrecher haben ihre Taten als Mittel zu einem größeren Gut gerechtfertigt. Andererseits beweist auch der krasseste Missbrauch einer bestimmten Art der Rechtfertigung nicht, dass sie niemals anwendbar wäre – wenn es auch äußerst schwierig ist anzugeben, wie weit ihre Anwendbarkeit reicht.) Aber ich kann nicht erkennen, wie dieses Argument so weit getrieben werden könnte, dass es jede Täuschung oder sogar jede Ungerechtigkeit ausschließen würde, wenn es etwa darum geht, Leben zu retten. Jedenfalls handelt es sich um ein Argument, das an die Folgen appelliert, weshalb man gegen Kant einräumen muss, dass es schwierig zu vermeiden ist, den Handlungsfolgen eine entscheidende Rolle zuzuerkennen, wenn zwei moralische Gesetze einander entgegenstehen.

Kant führt neben dem Prinzip, dass wir so handeln sollen, als ob die Maxime unseres Handelns ein allgemeines Gesetz wäre, noch zwei weitere oberste Grundsätze ein. Er behauptet sogar – aus schwer verständlichen Gründen, mit denen man sich als Leser einer Einführung in die Ethik nicht auseinandersetzen muss –, dass diese drei Prinzipien nur verschiedene Formulierungen ein und derselben Wahrheit sind. Ich glaube nicht, dass sich diese Auffassung verteidigen lässt. Sie sind jedenfalls allem Anschein nach verschieden. Der zweite Grundsatz lautet: »Handle so, dass du die Menschheit sowohl in deiner Person als auch in der Person eines jeden anderen jederzeit zugleich als Zweck, niemals bloß als Mittel brauchest.« (Beachten Sie das Wort »bloß«: Wir behandeln einen Menschen als Mittel, wann immer wir ihn für einen Dienst bezahlen, den er uns erweist. Das ist natürlich nicht falsch – solange wir ihn dabei eben auch als einen Zweck in sich selbst behandeln.) Diese Worte Kants haben eine Wirkung entfaltet wie nur wenige von Philosophen geäußerte Sätze. Sie sind zum Motto der ganzen liberalen und demokratischen

Bewegung des jüngeren Zeitalters geworden. Sie schließen die Sklaverei ebenso aus wie die Ausbeutung, den Mangel an Respekt vor der Würde und Person des Anderen, die Instrumentalisierung des Individuums zu einem bloßen Werkzeug des Staates und andere Rechtsverletzungen. Sie formulieren den bedeutendsten moralischen Gedanken der Moderne und, so könnte man hinzufügen, den bedeutendsten moralischen (im Unterschied zu ›religiösen‹) Gedanken des Christentums. Aber ohne ihren Wert herabsetzen zu wollen, müssen wir uns darüber im Klaren sein, dass sie uns nur dann als ein Wegweiser zu bestimmten von uns auszuführenden Handlungen dienen können, wenn wir irgendeine Vorstellung von den Zwecken des Menschen haben. Wie schon das erste, so scheint auch das zweite Prinzip Kants einer Ergänzung im Sinne eines Verweises auf die positiven Güter zu bedürfen, die durch seine Annahme verwirklicht werden sollen.

Das dritte Prinzip schließlich wird bestimmt als »die Idee vom Willen eines jeden vernünftigen Wesens als allgemein gesetzgebender Willen«. Aber das fügt dem ersten Gesetz nicht viel hinzu außer der Feststellung, dass wir an die Gesetze der Moral gebunden sind, weil wir uns als an sie gebunden erkennen. Es gibt uns keine weitere Hilfestellung, wenn es darum geht herauszufinden, was wir in bestimmten Fällen tun sollen.

Die Überlegungen in diesem Kapitel haben gezeigt, dass die Ethik Kants, sofern man in ihr ein Mittel sieht, Handlungen als richtig oder falsch zu bestimmen, durch eine mehr utilitaristische Perspektive ergänzt, wenn nicht sogar ersetzt werden muss – nicht deswegen, weil das Glück das einzige Gut wäre, sondern weil sich die Richtigkeit oder Falschheit einer Handlung daran bemisst, was sie Gutes oder Schlechtes bewirkt. Wir können dem hedonistischen Utilitaristen in der Frage, was gut ist, widersprechen – und ihm doch beistimmen, dass das herbeigeführte (oder wahrscheinlich herbeigeführte) Gute oder Schlechte das einzige ist, was eine Handlung richtig oder falsch macht. Wir haben gesehen, wie Kants

Prinzipien einer utilitaristischen Erweiterung bedürfen: das erste, um uns im Falle eines Konflikts zwischen zwei moralischen Vorschriften in die Lage zu versetzen zu entscheiden, welcher von ihnen wir den Vorrang geben sollen; das zweite, um uns jene konkrete Vorstellung von Zwecken zu geben, ohne die das Prinzip, nach dem wir die Menschheit als einen Zweck in sich selbst behandeln sollen, gar keine praktische Anwendung finden kann. Kant hatte möglicherweise Recht, dass das Wesen der Moral und höchste Gut des Menschen in der Natur des Willens liegt. Und doch irrte er, als er behauptete, dass das für die Bewertung von Handlungen als richtig oder falsch benötigte Kriterium niemals in ihren voraussehbaren Folgen liegen kann. Er erkannte nicht die Stärke einer solchen Position, weil er den Hedonismus in der einen oder anderen Form immer als die einzige Alternative zu seiner eigenen Auffassung ansah. Er übersah die Möglichkeit einer ethischen Theorie, welche die Richtigkeit oder Falschheit einer Handlung aus ihren guten oder schlechten Folgen ableitet – ohne sich deshalb die hedonistische Sichtweise auf das Gute und Schlechte zu eigen zu machen. Es bleibt zu untersuchen, ob sich ein solcher Utilitarismus tatsächlich verteidigen lässt; darum soll es im folgenden Kapitel gehen. Wir müssen Kant jedenfalls für seine Beschreibung des spezifisch moralischen Elements in unserer Natur dankbar sein. Sie stellt eine Leistung dar, die im Großen und Ganzen unabhängig von seiner Theorie der Kriterien für moralische Richtigkeit Bestand haben dürfte – wie sie auch unabhängig von der allgemeinen Philosophie, die er mit ihr verbindet, einzuleuchten vermag.

Kapitel 5: Güterethik oder Pflichtenethik?

Die bisherigen Überlegungen könnten eine Theorie nahelegen, derzufolge das Kriterium für richtig und falsch (nicht jedoch jenes für Lob und Tadel; siehe dazu die Diskussion in Kapitel 8) allein in den Gütern oder Übeln liegt, welche die Handlung zu bewirken neigt; die aber darauf verzichtet, das Gute mit der Lust und das Übel mit dem Schmerz gleichzusetzen. Eine solche Position hat man *idealen Utilitarismus* genannt, im Unterschied zu einem *hedonistischen Utilitarismus*, der darüber hinaus das Gute mit der Lust und das Übel mit dem Schmerz identifiziert. Zu ihren führenden Vertretern zählten Hastings Rashdall (1858–1924) und George Edward Moore (1873–1958).[1] Hinsichtlich des Kriteriums für richtig und falsch ist dies zweifellos die bislang plausibelste Auffassung. Gegenüber Kant hat sie den Vorteil, dass sie das Augenmerk auf die Folgen einer Handlung richtet, und gegenüber dem klassischen Utilitarismus zeichnet sie sich dadurch aus, dass sie neben der Lust auch andere Güter anerkennt, wozu wir den von Kant hervorgehobenen moralischen Charakter zählen können; außerdem menschliche Liebe, intellektuelle und ästhetische Erfahrung, die er nicht ausdrücklich hervorhob und die er (jedenfalls in der Phase, da er seine ethischen Hauptschriften verfasste) nur als wertvoll betrachtet zu haben scheint, insofern sie die Lust befördern. Alle diese Dinge kann der ideale Utilitarist als in sich gut ansehen. Er hält zugleich an dem Prinzip fest, dass die Richtigkeit einer Handlung durch ihre Neigung bestimmt ist, Gutes zu bewirken. (Zum Verhältnis zwischen *richtig* und *sollen* und zur Unterscheidung zwischen *richtig* und *dem Richtigen* siehe

[1] Vgl. Hastings Rashdall, *The Theory of Good and Evil*, Oxford 1907, Bd. 1, Kap. 7; George Edward Moore, *Principia Ethica*, Cambridge 1903; ders., *Ethics*, London 1912.

oben, Kapitel 1). Und in der Tat könnte man fragen, welch besseren oder welch anderen letzten Grund, etwas zu tun, es geben könnte außer dem, dass es Gutes entstehen lässt und Schlechtes mindert oder verhindert. Ist es nicht der Sinn unseres Daseins, eine bessere Welt zu hinterlassen, als wir vorgefunden haben, und eine so viel bessere wie uns möglich? Liegt darin nicht das einzig mögliche vernünftige Fundament der Ethik? Bei Handlungen, die allgemein als richtig anerkannt sind, fällt es uns normalerweise leicht, das von ihnen hervorgebrachte Gute und im Falle schlechter Handlungen das Schlechte zu identifizieren.

Der jetzt diskutierten Auffassung zufolge bestimmen wir in einer gegebenen Situation die richtige Handlung letztlich so: Wir schätzen ab, wie viel an Gutem jede mögliche Handlung, die uns einfällt, bewirken würde; dieses Gute verrechnen wir dann jeweils mit dem Übel, das durch die Handlung herbeigeführt würde; und schließlich entscheiden wir uns für die Handlung mit der besten Bilanz. Ich sage »letztlich«, denn es ist nicht unstimmig und völlig vernünftig, wenn ein Vertreter dieser Ansicht einschränkt, dass wir uns in der Praxis oftmals an allgemeinen Regeln orientieren können, ohne in jedem einzelnen Fall unmittelbar an die Handlungsfolgen zu appellieren. Sofern diese allgemeinen Regeln ihrerseits durch ihre Nützlichkeit gerechtfertigt sind – wenn also ihre Beachtung in den meisten Fällen zu einem Höchstmaß an Gutem führt –, ist es gewöhnlich sicherer, so wird er sagen, wenn wir uns auf sie verlassen, als jeweils selbst ein Folgenkalkül anzustellen. Er braucht nicht zu behaupten, dass ein guter Mensch, der es unterlässt, eine Lüge auszusprechen, sich jedes Mal zuvor Gedanken über jede einzelne ihrer Folgen gemacht haben muss. In den meisten Fällen reicht es offenbar aus, sich auf die Regel zu verlassen, dass Lügen gewöhnlich schlechte Folgen haben. Diese Verallgemeinerung ist sicherlich empirisch gerechtfertigt. Es wird dann immer noch genügend Spielraum für das unmittelbare Abwägen der Folgen geben, wo keine allgemeine Regel zur Verfügung steht oder wo zwei Regeln einander widerstreiten. Wir haben gesehen, dass solche Konflikte vorkommen, und es ist zugegebenermaßen schwer zu sehen, wie anders als durch ein Folgenkalkül sie sich beilegen lassen sollten. Auch ist nicht abzusehen, dass für die Frage, was wir tun sollen, irgendetwas anderes an den Folgen relevant sein sollte als ihr Gut- oder Schlechtsein.

Nun entstehen jedoch zwei ernsthafte Komplikationen (die gleichermaßen den hedonistischen Utilitarismus betreffen): Unsere Vorhersagen der Handlungsfolgen können – erstens – immer nur mehr oder weniger wahrscheinlich sein und nicht gewiss. Daher genügt es nicht, das vorhergesehene Gute und Schlechte zu beziffern; wir müssen auch die Wahrscheinlichkeit in Rechnung stellen, mit der wir es vernünftigerweise erwarten können. Es mag viel besser sein, tausend Pfund als hundert Pfund zu erhalten; aber wer klug ist, wird für eine winzige Chance, tausend Pfund zu gewinnen, keine hundert Pfund einsetzen. Und es gibt viele Fälle, in denen eine Handlung äußerst unglückliche Folgen hat, wir dem Handelnden aber keine Vorwürfe machen können, weil er keinen Grund hatte, diese Folgen als irgendwie wahrscheinlich vorherzusehen. Es ist nicht meine Schuld, wenn ich einen gesunden Menschen gebeten habe, mich zu besuchen, und er sich auf dem Weg zu mir ein Bein bricht. Sollen wir also sagen, dass es unsere Pflicht ist, die objektiv beste Handlung auszuführen – jene nämlich, die tatsächlich die besten Folgen hat? Oder müssen wir sagen, dass wir diejenige Handlung ausführen sollen, die uns zum Zeitpunkt des Handelns aufgrund ihrer wahrscheinlichen Folgen als die beste erscheint? Im letzteren Sinne kann es richtig gewesen sein, dass ich den Menschen gebeten habe, mich zu besuchen; aber nicht im ersteren Sinne. Als ich eingangs dieses Kapitels die hier diskutierte Theorie vorstellte, habe ich den vagen Ausdruck »zu bewirken neigt« verwendet, um beide Alternativen abzudecken. Die Antwort lautet, dass wir sowohl das eine als auch das andere sagen können. Nur sollten wir uns bewusst sein, dass

»sollen« einen doppelten Sinn aufweist, und deutlich machen, welchen von ihnen wir zugrunde legen. »Sollen« wird faktisch allerdings sehr selten im ersten Sinne gebraucht.[1] Aber wie auch immer, es ist wichtig festzuhalten, dass wir einen Menschen nicht dafür *tadeln* können, dass er nicht tut, was er im ersten Sinne von »sollen« tun soll; sondern nur dafür, dass er sein Sollen im zweiten Sinne des Wortes nicht erfüllt. Desaströse Folgen, die unmöglich vorhergesehen werden konnten, lassen eine Handlung als unglücklich erscheinen, machen sie aber niemals tadelnswert. Ja, selbst wenn jemand sein Sollen im zweiten Sinne des Wortes nicht erfüllt, wenn er sich also nicht für die Handlung mit den voraussichtlich besten Folgen entscheidet, so kann man ihm keine moralischen Vorwürfe machen, wenn dem eine aufrichtige Fehleinschätzung der Tatsachen zugrunde liegt – obwohl man ihm dann in intellektueller Hinsicht Vorwürfe machen kann.

Der Begriff der moralischen Schuld wird in einem späteren Kapitel diskutiert werden. Hier genügt es, die beiden folgenden Fragen zu unterscheiden: (a) Ist eine bestimmte Handlung richtig? (b) Ist eine falsche Handlung tadelnswert? Es ist die erste Frage, mit der wir uns hier beschäftigen, nicht die zweite. Wir können die Richtigkeit von jemandes Verhalten in Zweifel ziehen, ohne seinen guten Glauben oder seine gute Absicht in Frage zu stellen. Aber eine gute Absicht allein genügt nicht, wir müssen auch versuchen herauszufinden, welche Handlung wirklich richtig ist. Und diese Frage ist es, auf die die idealen Utilitaristen eine Antwort geben wollen. Wenn mit »richtig« die objektiv wünschenswerteste Handlung gemeint ist, dann hebt ihre Antwort auf das tatsächlich bewirkte Gute und Schlechte ab; ist die voraussichtlich wünschenswerteste Handlung gemeint, so auf die guten und schlechten Folgen, die der Handelnde angesichts der ihm zur Verfügung stehenden Informationen vernünftigerweise vorhersehen kann.

1 Außer von Philosophen: siehe etwa G. E. Moore, *Ethics*, S. 118–121.

Die zweite Komplikation für den idealen Utilitarismus besteht darin, dass sein Kriterium für »richtig« und »falsch« ganz unanwendbar erscheinen könnte, weil es uns unmöglich ist, alle Folgen einer Handlung vorherzusehen. Denn die Wirkungen einer Handlung in den nächsten fünf Minuten werden andere Wirkungen in den darauf folgenden fünf Minuten hervorbringen, und so weiter in alle Ewigkeit oder bis zum Ende der Zeit. Was dies betrifft, so ist, meine ich, die Unterscheidung zwischen den beiden Sinnen von »sollen« sehr hilfreich. Versteht man unter der richtigen Handlung oder der Handlung, die ich tun soll, die objektiv wünschenswerteste Handlung, so vermag ich nicht zu erkennen, wie wir in Anbetracht der Begrenztheit unseres Vermögens, Folgen vorherzusehen, diese Handlung identifizieren könnten. Versteht man darunter aber die voraussichtlich wünschenswerteste Handlung, dann muss dies unser Vermögen nicht übersteigen. Die entfernteren Folgen unseres Handelns können wir nicht voraussehen; und dies bedeutet, dass sie bei der Entscheidung, welches die *voraussichtlich* wünschenswerteste Handlung ist, anders als bei der Bestimmung der *objektiv* wünschenswertesten Handlung keine Rolle spielen können. Wenn wir nicht wissen, wie diese Folgen wahrscheinlich beschaffen sind und keinen Grund haben anzunehmen, dass sie eher gut als schlecht sind oder umgekehrt, dann müssen wir sie bei der Entscheidung, welches die voraussichtlich wünschenswerteste Handlung ist, außer Acht lassen. Allenfalls kann man in der Existenz weiterer, unbekannter Folgen einen zusätzlichen Grund sehen, eine Handlung mit voraussichtlich guten Folgen auszuführen und eine mit voraussichtlich schlechten Folgen zu unterlassen. Denn man könnte vorbringen, dass eine gute Handlung mit guten vorhersehbaren Folgen vermutlich eher gute als schlechte unvorhersehbare Folgen nach sich ziehen wird. Denn das Gute neigt im Großen und Ganzen sicherlich dazu, wiederum Gutes hervorzubringen, und Schlechtes wiederum Schlechtes.

Nach utilitaristischer Auffassung wird unsere Beurteilung einer Handlung als richtig oder falsch einesteils von unserer Einschätzung ihrer tatsächlichen Folgen, andernteils von unserer Einschätzung des Wertes dieser Folgen abhängen. Wir sind vielleicht versucht anzunehmen, dass wir zu einer Entscheidung gelangen, indem wir die wahrscheinlichen Folgen auf ihre einzelnen Bestandteile hin analysieren, daraufhin den Wert eines jeden dieser Teile taxieren und schließlich diese Werte addieren, um so den Gesamtwert zu bestimmen. Doch lassen sich gegen ein solches Verfahren Einwände erheben. Erstens erscheint die mathematische Analogie anfechtbar. Und zweitens kann es durchaus vorkommen, dass zwei in sich gute Dinge miteinander kombiniert nicht gut sind; oder dass sie zusammen genommen besser oder schlechter sind, als man aufgrund ihres jeweiligen Wertes annehmen würde. Sich an einem Witz zu erfreuen, ist gut, und den tragischen Höhepunkt eines großen Dramas mitzufühlen, ist ebenfalls gut; aber die Kombination beider Erlebnisse zur selben Zeit wäre viel weniger gut, weil ästhetisch unpassend. Lust ist gut und es ist gut, die Wahrheit zu erkennen; aber das Wissen um das Leiden eines anderen Menschen zusammen mit einem durch dieses Wissen hervorgerufenen Lustgefühl ist nicht gut, sondern schlecht. Andererseits haben ein gutes Gedicht oder ein Gemälde (oder vielmehr ihr Erlebnis) als Ganzes einen viel höheren Wert, als wir erwarten würden, wenn wir bloß die einzelnen Zeilen oder Gestalten oder gar die einzelnen Wörter und mikroskopische Farbflecken (oder vielmehr ihre Wahrnehmungen) nacheinander betrachten. Das Problem ist, dass der Wert von etwas nicht allein von den einzelnen Elementen, aus denen es sich zusammensetzt, abhängt, sondern auch von deren Beziehungen zueinander; und deshalb können wir uns nicht darauf verlassen, dass wir, bloß indem wir den Wert der Teile zusammenzählen und ohne zu berücksichtigen, in welchen Beziehungen sie zueinander stehen, eine angemessene Vorstellung von seinem Wert als Ganzem erhalten. Wir verbessern eine Situation nicht unbedingt, indem wir wahllos in sich gute Dinge hinzufügen, sondern dadurch, dass wir sie am rechten Ort im rechten Moment hinzufügen.

Der Weg zur Bewertung der Folgen einer Handlung führt somit nicht über irgendein quasi-mathematisches Kalkül. Alles, was wir tun können, ist, dass wir die relevanten Vor- und Nachteile aller uns zur Auswahl stehenden Handlungsalternativen bedenken und zusehen, welchen Gesamteindruck dies auf unseren Geist hinterlässt – wobei wir auch den Grad der Wahrscheinlichkeit berücksichtigen, mit dem die erwünschten Ergebnisse eintreten, sowie das Risiko unbeabsichtigter Übel. Das hört sich sehr kompliziert an, doch müssen wir offensichtlich etwas Derartiges tun, wenn wir moralische Entscheidungen treffen, ohne uns dabei nach eindeutigen Regeln richten zu können. Denn wir müssen immer die Folgen in Betracht ziehen, selbst wenn die Behauptung des Utilitaristen nicht zutrifft, dass es bei der Bestimmung der richtigen Handlung auf die guten und schlechten Folgen *allein* ankommt. Es gibt keine allgemeinen Regeln, mit deren Hilfe wir, ohne die Folgen zu betrachten, entscheiden können, ob wir eine bestimmte Arbeitsstelle annehmen sollen, wie wir unser überschüssiges Einkommen ausgeben sollen oder wie Menschen am besten erzogen werden. Andererseits ist es auch nicht so, als müssten wir bei der Bestimmung der richtigen Handlung einen langen formallogischen Prozess durchlaufen, bei dem alle relevanten Faktoren als Prämissen fungieren – eine solche Erklärung ist viel zu kompliziert, um dem tatsächlichen moralischen Denken selbst von Philosophen gerecht zu werden. Vielmehr sollten wir alle wichtigen, für die Entscheidung relevanten Aspekte in Betracht ziehen und zusehen, in welchen Geisteszustand wir durch diesen ganzen Denkvorgang versetzt werden – welchen Eindruck alle diese Überlegungen zusammen genommen auf uns machen. Die Hauptquelle für fehlerhafte moralische Urteile hinsichtlich bestimmter Handlungen liegt darin, dass wir es versäumen, einigen ihrer Wirkungen ausreichende Beachtung zu schenken, besonders den relativ weit entfernten, obschon eindeutig vorhersehbaren, und denen, die weniger unserem Geschmack und Verlangen entsprechen als die übrigen.

Worin besteht das Gut, auf dessen Hervorbringung wir abzielen sollten? Diese Frage ist irreführend, insofern sie nahelegt, dass es zuletzt nur eine einzige Art von in sich guten Dingen gibt; dass all die verschiedenen Güter einer einzigen Kategorie angehören. Wir können nicht annehmen, dass sich dies notwendig so verhält. Es ist möglich, dass es eine Anzahl von verschiedenen Arten des Guten gibt, die außer ihrem Gutsein nichts gemein haben. Der einzige weithin anerkannte und kompromisslose Versuch, all die verschiedenen Güter auf ein einziges Gut zu reduzieren, ist der Hedonismus, demzufolge die Lust das einzige Gut ist. Diese Auffassung haben wir bereits als unangemessen zurückgewiesen. Fast alle Moralphilosophen machen die Einschränkung, dass etwas Gutes einen Bezug zu bewussten Wesen haben muss, aber das lässt immer noch Raum für eine große Vielfalt verschiedener Güter. Am Geist hat man üblicherweise drei Aspekte unterschieden: das Fühlen, das Erkennen und das Wollen und Handeln. Das Glück oder die Lust hat man als das spezifische Gut des Fühlens angesehen; die Wahrheit oder vielmehr ihr Erreichen als das des Erkennens und moralische Tugend als das des Wollens und Handelns. Es ist nicht klar, wo wir in dieser Klassifizierung den ästhetischen Wert (Schönheit), Liebe und religiöse Werte ansiedeln sollen. Vielleicht können wir sagen, dass diese Werte sich auf alle drei Seiten unseres Wesens zugleich beziehen und nicht nur auf eine Seite allein.

Unsere frühere Diskussion des hedonistischen Utilitarismus ist zu dem Ergebnis gekommen, dass wir bestimmte Zustände der Güterverteilung als in sich »fairer« und darum besser betrachten müssen als andere. Daraus ergibt sich ein Einwand gegen den idealen Utilitarismus: Wenn bei derselben zu verteilenden Menge an Gütern eine fairere Verteilung besser als eine unfairere ist, dann kann die Menge der bewirkten Güter oder der verhinderten Übel nicht das einzige Kriterium für ihre Richtigkeit sein. Im Gegensatz zu dem hedonistischen Utilitaristen kann der ideale Utilitarist darauf allerdings reagieren, indem er die Fairness einer Verteilung selbst unter die intrinsischen Güter rechnet. In diesem Falle müssten wir zu den verteilten Gütern noch das Gut einer fairen Verteilung hinzufügen und ihnen das Übel einer unfairen Verteilung entgegensetzen. Dies wäre ein weiteres Beispiel des eben erwähnten Prinzips, dass der Wert eines Ganzen nicht nur vom Wert seiner Teile abhängt, sondern auch von deren Verhältnis zueinander.

Wenn wir sagen wollten, dass es nur ein einziges Gut gibt, so scheint mir der vielversprechendste Kandidat dafür die *Harmonie* zu sein. Wenn wir uns auf der Gefühlsebene zu uns selbst und zu unserer Umwelt harmonisch verhalten, besitzen wir Glück; wenn wir uns auf der Verstandesebene zur Wirklichkeit harmonisch verhalten, Wahrheit und Weisheit. Ist unser Verhältnis zu anderen Menschen ein harmonisches, so besitzen wir soziale Tugenden und Liebe; ist unser Verhältnis zu Gott ein harmonisches, so haben wir religiösen Frieden. Und auch das ästhetische Erleben wird sehr häufig als der Genuß einer Art von Harmonie angesehen. Aber der Monopolanspruch der Harmonie im Reich der Güter verträgt sich schlecht damit, dass eines der Dinge, die wir als im höchsten Maße gut anerkennen, der heroische Kampf gegen Widrigkeiten ist; sowie damit, dass ein schlechterer Mensch nicht selten ein harmonischeres Verhältnis zu sich selbst und zur Gesellschaft unterhält als ein besserer. All dies legt nahe, es als zumindest zweifelhaft zu betrachten, dass wir irgendeine einfache Liste von in sich guten Dingen erstellen können. Selbst wenn die verschiedenen Güter derselben Gattung angehören, sind sie doch von verschiedener Art und müssen jedes für sich betrachtet werden.

Man kann fragen, wie wir überhaupt solch verschiedene Arten von Gütern gegeneinander abwägen können. Sie scheinen nicht über ein gemeinsames Maß zu verfügen. Doch welche ethische Position wir auch einnehmen – wir müssen, um zu einer Entscheidung über das richtige Handeln zu gelangen, *in jedem Fall* Güter von sehr verschiedener Art gegeneinander abwägen. Dieses Problem stellt sich nicht nur dem idealen Utilitarismus, sondern einer jeden Theorie, die Handlungsfolgen mit heranzieht; und selbst wenn wir nicht zugeben, dass die Richtigkeit einer Handlung ganz und gar von ihren Folgen abhängt, so können wir die Folgen doch schwerlich ganz außer Acht lassen. Natürlich sind wir nicht in der Lage, eine Menge guter Folgen als beispielsweise 2,47 mal so gut wie eine andere Menge zu bestimmen. Doch das bedeutet nicht, dass wir auch nicht in der Lage wären, die eine *ungefähr* gegen die andere abzuwägen. Nachdem wir uns einen Überblick zweier Mengen guter oder schlechter Folgen verschafft haben, können wir erkennen, dass der Vorteil bei der einen Seite liegt, und uns dementsprechend entscheiden.

Eine Reihe der gegen den hedonistischen Utilitarismus erhobenen Einwände werden auch gegen die hier diskutierte Auffassung geltend gemacht; doch fällt es dem idealen Utilitaristen leichter, sie zu beantworten, weil er neben der Lust noch andere Werte einführen und die schlechte Wirkung bestimmter Handlungen auf den Charakter als solche mit heranziehen kann. So vermag er etwa zu sagen, dass Lügen, auch wenn es mehr Lust als Leid nach sich zieht, schlecht für den Charakter des Lügners ist; und dass dieses gravierende Übel den Lustgewinn häufig auch dort aufwiegt, wo wir, würden wir nur die Lustbilanz betrachten, die Lüge womöglich für richtig hielten. Hingegen braucht er nicht – und wird er nicht – behaupten, dass es *niemals* richtig ist zu lügen. Aber es scheint auch gar nicht möglich, so etwas zu behaupten: Kann eine Lüge nicht gerechtfertigt sein, um einen Schwerkranken vor dem Tod zu bewahren oder einen Krieg zu verhindern? Jedenfalls wird der ideale Utilitarist nicht so oft die Richtigkeit des Lügens einräumen müssen wie sein (konsistenter) hedonistischer Kollege.

Und doch wird der ideale Utilitarismus oft als moralisch unbefriedigend empfunden. Ein Grund dafür ist, dass er zu dem Prinzip, nach dem »der Zweck die Mittel heiligt«, zu führen scheint – ein Grundsatz, der allgemein als unmoralisch zurückgewiesen wird. Wenn der Zweck das größtmögliche Gut ist und sich dieser Zweck nur durch große moralische Übel wie Täuschung, Ungerechtigkeit, Verletzung individueller Rechte oder sogar Mord erreichen lässt, so wird der Utilitarist sagen müssen, dass dies alles moralisch gerechtfertigt ist, wenn das gute Ergebnis die schlechten Mittel aufwiegt. Das aber scheint ein durchaus unmoralischer Handlungsgrundsatz zu sein und noch dazu ein sehr gefährlicher, wie jüngst seine Anwendung in der Politik gezeigt hat. Allerdings ist ganz und gar nicht klar, dass die Leute, die fälschlicherweise nach diesem Prinzip handelten, sich wirklich vom größten Gut leiten ließen, selbst wenn sie dies geglaubt haben sollten. Für einen Kommunisten mag es offensichtlich sein, dass die Beförderung des Kommunismus ein Gut ist; für mich ist dies alles andere als offensichtlich. Noch weniger offensichtlich ist für mich, dass sie als Gut groß genug ist, um all die schlechten Mittel rechtfertigen zu können, zu denen man um ihretwillen gegriffen hat; oder dass diese schlechten Mittel es auch nur wahrscheinlich machen, dieses vermeintliche Gut auf lange Sicht zu verbreiten und zu befestigen. Wie wir es bei den Nazis beobachten konnten, dienen schlechte Mittel eine Zeit lang ihrem Zweck, um dann auf diejenigen, die zu ihnen greifen, zurückzuschlagen wie ein Bumerang. Und ganz allgemein kann man sich nur schwerlich sicher sein, dass die scheinbar nötigen schlechten Mittel ihrem Zweck auch wirklich dienen oder dass sie ihm dienen, ohne schlechte Folgen nach sich zu ziehen, die ihren Nutzen überwiegen. Man kann hier auf die Ungewissheit unserer Vorhersagen verweisen. Wir vermögen immer nur einen Bruchteil der Folgen vorherzusehen, und es besteht Grund zu der Annahme, dass der Einsatz schlechter Mittel oftmals unvorhersehbare Folgen hat, die ebenfalls schlecht sind. Dafür gibt es empirische Belege genug, wenn wir die Annahme nicht schon mit der plausiblen apriorischen Überlegung rechtfertigen, dass aus Schlechtem wiederum

Schlechtes und nicht etwa Gutes folgt. Lügen werden nicht selten aufgedeckt und »schmutzige Tricks« fallen oft genug unerwarteterweise auf ihre Urheber zurück. Von besonderer Bedeutung ist dieses Argument in der Politik, wo die Wirkungen unseres Handelns besonders ungewiss sind. Jeder Leser könnte zweifellos eine ganze Reihe von Politikern auf der Welt aufzählen, die seiner Meinung nach besser tot als lebendig wären; doch haben politische Morde selten die von den Tätern vorhergesehenen oder herbeigewünschten Wirkungen gehabt. Wenn es wirklich feststeht, dass die schlechten Mittel zur Herbeiführung eines sie aufwiegenden Ergebnisses notwendig sind, so muss der ideale Utilitarist sie gutheißen, ja befürworten. Aber das wird auch nicht annähernd so oft vorkommen, wie man auf den ersten Blick glauben mag. Und gewiss wird, von dem kompromisslosen Pazifisten abgesehen, niemand einen Stein auf den idealen Utilitaristen werfen können, wenn er eine solche Handlung befürwortet: Die meisten Menschen, und nicht nur Kommunisten und Nazis, waren bereit – ob zu Recht oder zu Unrecht –, die entsetzlich schlechten Mittel der modernen Kriegsführung gutzuheißen, wenn ihnen das dadurch abgewendete Übel nur groß genug zu sein schien.

Es ist ferner paradox, wenn es heißt, dass ein Mensch in keiner größeren Pflicht gegenüber jemandem steht, dem er ein Versprechen gegeben hat, oder gegenüber seinen eigenen Eltern, Kindern oder seinem Ehepartner, als im Hinblick auf einen vollkommen Fremden, weil es ja seine Pflicht sei, *für einen jeden* so viel Gutes wie möglich zu bewirken. Genauso paradox ist es zu sagen, dass jemand, der einen vermeidbaren Schaden angerichtet hat, keiner stärkeren Pflicht unterliegt, ihn wiedergutzumachen, als jeder andere nicht an dem Schaden Beteiligte. Und es ist überdies paradox, wenn behauptet wird, dass es eine ebenso große Pflichtverletzung ist, wenn ich wissend etwas tue, das für mich selbst unnötiges Leid mit sich bringt, wie wenn ich etwas tue, das das gleiche Leid für eine andere Person mit sich bringt, auch wenn das Ausmaß an Leid in beiden Fällen dasselbe ist. Der Utilitarist kann darauf reagieren, indem er die anscheinend größeren Pflichten indirekt begründet. Er kann sagen, dass es aus verschiedenen, ziemlich offensichtlichen Gründen dem Guten insgesamt förderlich ist, wenn Menschen ihren nahen Verwandten oder anderen, denen sie Versprechen gegeben haben, gegenüber besonders in die Pflicht genommen werden. Er kann sagen, dass es sozial nützlich ist, wenn Menschen einer Pflicht unterliegen, einen nachlässigerweise oder absichtlich von ihnen angerichteten Schaden wiedergutzumachen, weil sie dann eher zögern werden, ihn anzurichten. Und er kann sagen, dass wir vor eigenen Schmerzen viel eher zurückschrecken als vor den Schmerzen anderer und dass wir daher den Akzent nicht auf die Pflicht, uns nicht unnötigerweise selbst zu verletzen, legen sollten, sondern vielmehr auf jene, andere nicht zu verletzen. Aber diese Erklärungen entsprechen nicht unserem normalen moralischen Denken; denn sie lassen jene größeren Pflichten nicht als direkte, sondern als indirekte erscheinen. Für utilitaristische Begriffe hat ein Mensch an und für sich keine größeren Pflichten gegenüber seinem Ehepartner oder seinen Kindern als im Hinblick auf irgendeinen Fremden; nur dass er aufs Ganze gesehen mehr Gutes zu bewirken vermag, wenn er größere Anstrengungen unternimmt, ihren Wünschen zu dienen, als den Wünschen von Fremden. Seine besonderen Pflichten gegenüber der Familie erscheinen nur als von seinen unterschiedslosen Pflichten allen Menschen gegenüber abgeleitet. Es wäre jedoch abstoßend, wenn jemand zu seinen guten Eltern oder irgendwelchen anderen Wohltätern, die ihm unter großem Einsatz immens geholfen haben, sagen würde: »Ich habe Euch gegenüber keine andere Pflicht als im Hinblick auf die übrigen Menschen; bloß verlangt meine allgemeine Pflicht der Menschheit gegenüber, dass ich besondere Anstrengungen unternehme, zu Eurem Vorteil zu handeln.«

»Der wesentliche Mangel der Theorie des ›idealen Utilitarismus‹ besteht darin, den höchst personalen Charakter der

Pflicht zu verkennen oder ihm wenigstens nicht gerecht zu werden. Wenn es die einzige Pflicht ist, ein Höchstmaß an Gutem herbeizuführen, so würde die Frage, wem das Gut zuteilwird – ob mir selber oder einem Wohltäter oder einer Person, der ich dieses Gut versprochen habe, oder irgendeinem Mitmenschen, mit dem mich nichts Besonderes verbindet – für meine Pflicht, dieses Gut herbeizuführen, keinen Unterschied machen. Tatsächlich sind wir uns aber alle sicher, dass sie einen gewaltigen Unterschied macht«.[1]

Wir fühlen, dass die Menschen in der Ethik nicht als bloße Behältnisse anzusehen sind, in die so viel an Gutem wie möglich geschüttet werden soll, sondern als in besonderen individuellen Verhältnissen zu dem Handelnden stehend. Diese Überlegungen führten zusammen mit einer Reihe logischer, die Ableitung von Pflichten aus dem Guten betreffenden Schwierigkeiten zu einer Revolte gegen den idealen Utilitarismus. Im Werk des Oxforder Philosophen David Ross (1877–1971) fand diese ihren ausgefeiltesten und konsistentesten Ausdruck. Die von ihm entwickelte Theorie ist wesentlich ein Kompromiss; doch macht sie dies nicht notwendig schlechter. Es scheint vielmehr höchst wahrscheinlich, dass die wahrste Theorie in der Ethik eine solche sein wird, die nicht auf einem einzigen Prinzip beruht und folglich Gefahr läuft, einseitig zu sein, sondern die Stärken unterschiedlicher Ansichten auf die eine oder andere Weise vereint. So versucht die neue Theorie, die ausschließliche Konzentration auf die Handlungsfolgen im Utilitarismus zu modifizieren, ohne diesen jedoch die führende Stellung unter den Kriterien zur Beurteilung einer Handlung als richtig oder falsch streitig zu machen. Sie verteidigt ferner apriorische Gesetze in der Ethik, die sich nicht von dem hervorgebrachten Guten ableiten lassen, ohne zu behaupten, dass sie unter allen Umständen gelten, so wie Kant dies glaubte. Um die Theorie zu verstehen, müssen wir zunächst einen neuen *Terminus*

[1] William D. Ross, *The Right and the Good*, Oxford 1930, S. 22.

technicus einführen, den Begriff der *Prima-facie*-Pflicht. Ross verwendet diesen Ausdruck, um eine Pflicht zu bezeichnen, die nur so lange gilt, wie sie nicht durch eine höhere Pflicht aufgehoben wird. Nicht gemeint ist – ein aufgrund der Wortwahl naheliegendes Missverständnis – eine nur scheinbare Pflicht, sondern eine wirkliche, obschon nicht absolute. So heißt es, wir hätten eine *Prima-facie*-Pflicht, Versprechen zu halten, weil die Tatsache, dass wir ein Versprechen gegeben haben, ein starker moralischer Grund ist, es einzuhalten; ein Grund allerdings, der unter außergewöhnlichen Umständen durch eine noch dringendere Pflicht (etwa jene, Leben zu retten) übertroffen werden kann. Ross erwähnt die folgenden *Prima-facie*-Pflichten:[1]

(1) Die Pflicht, Versprechen zu halten. Ein Sonderfall hierzu ist die Pflicht, nicht zu lügen, denn wir verpflichten uns durch ein stillschweigendes Abkommen dazu, die Wahrheit zu sagen, wenn wir in Situationen, in denen es um das Übermitteln von Informationen geht, Sprache benutzen.
(2) Die Pflicht, geschehenes Unrecht wiedergutzumachen.
(3) Die Pflicht, Wohltaten zurückzugeben. Unter diese Pflicht zur Dankbarkeit fällt die besondere Pflicht unseren Eltern gegenüber. (Ross sagt nichts zum Ort der Pflicht, die die Eltern ihren Kindern gegenüber haben.)
(4) Die Pflicht, Strafen und Belohnungen gemäß den Verdiensten zu erteilen.
(5) Die Pflicht, andern Gutes zu tun.
(6) Die Pflicht, uns selbst im Hinblick auf Tugend und Verstand zu bessern.
(7) Die Pflicht, anderen keinen Schaden zuzufügen.

1 Vgl. William D. Ross, *The Right and the Good*, Oxford 1930, S. 21. Ross gibt ihre Anzahl mit sechs – und nicht mit sieben – an, weil er die von mir unter (1) und (2) aufgeführten als (1a) und (1b) anordnet. Mir erschien es dagegen vorteilhafter, in allen Fällen unterschiedliche Hauptnummern zu verwenden.

Davon lassen sich die letzten drei Pflichten offenbar utilitaristisch begründen (sieht man einmal davon ab, dass Ross gegen die Utilitaristen darauf bestand, dass wir keine Pflicht zur Beförderung *unseres eigenen* Glücks haben und dass die Pflicht, anderen keinen Schaden zuzufügen, in seinen Augen von strengerer Art ist als die Pflicht, anderen Gutes zu tun, so dass wir nicht berechtigt sind, A Schaden zuzufügen, um B etwas Gutes zu tun, das den Schaden von A nur gerade eben ausgleicht). Ross ist der Meinung, dass auch die vierte Pflicht einfach durch einen Verweis auf das bewirkte Gute gerechtfertigt werden kann, weil ein Zustand, in dem Belohnungen und Strafen gerecht erteilt werden, besser sei als einer, in dem das nicht der Fall ist. Aber von den ersten drei Pflichten glaubt er nicht, dass sie sich utilitaristisch herleiten lassen. Es scheint nicht besser zu sein, dass eine reichere Person, der ich hundert Pfund schulde oder der ich einen Schaden von hundert Pfund beigebracht habe, das Geld bekommt, als dass ich es behalte. Wenn sie das Geld auf der Straße fände, würden wir das deutlich spüren. Und doch habe ich eine *Prima-facie*-Pflicht, es ihr zu zahlen. Folglich ist es, so Ross, nicht die Wirkung, sondern die bloße Tatsache, dass ich ein Versprechen gegeben habe, die mich dazu verpflichtet, es zu halten, solange die Person, der ich das Versprechen gegeben habe, es mir nicht erlässt. Und ähnlich behauptet er, dass es eher meine Pflicht sein kann, denen einen geringen Nutzen zukommen zu lassen, die mir gegenüber wohltätig waren oder die ich geschädigt habe, als einen großen Nutzen denen, die nicht in solchen Beziehungen zu mir standen.

Wenn ich einer *Prima-facie*-Pflicht unterliege, etwas Bestimmtes zu tun, und wenn dem keine andere *Prima-facie*-Pflicht entgegensteht, einschließlich der auf dem Bewirken von guten und Vermeiden von schlechten Folgen beruhenden, dann soll ich es immer tun. Aber es kommt häufig vor, dass zwei *Prima-facie*-Pflichten einander widerstreiten. Was dies betrifft, so vertritt Ross die Meinung, dass keine allgemeinen Regeln aufgestellt werden können, die eine Entscheidung zwischen ihnen ermöglichen. Wir müssen jeden einzelnen Fall nach der jeweiligen Sachlage beurteilen; dabei wird unsere Entscheidung oft von großer Ungewissheit gekennzeichnet sein. Aber wir müssen unser Bestes tun, und eine Entscheidung kann – wiewohl ungewiss und durch schlussfolgerndes Denken unableitbar – nichtsdestotrotz mehr oder weniger vernünftig sein. So hält er dafür, dass wir keiner Pflicht unterliegen, ein Versprechen auch dann zu halten, wenn dies katastrophale Folgen hätte. Aber wie alle Philosophen ist er außerstande, Regeln zu benennen, die festlegen, wie schlecht die Folgen genau sein müssen, um die *Prima-facie*-Pflicht, ein Versprechen zu halten, außer Kraft zu setzen. Und ähnlich verhält es sich mit allen übrigen *Prima-facie*-Pflichten – nur dass viele von ihnen vermutlich etwas weniger streng und bindend sind als die, ein Versprechen zu halten, so dass bereits ein geringeres Übel ausreicht, um ihre Verletzung zu rechtfertigen. Ross trifft also eine scharfe Unterscheidung zwischen absoluten Pflichten und *Prima-facie*-Pflichten. Die ersteren sind insofern von den letzteren abhängig, als wir keine absolute Pflicht haben können, etwas zu tun, ohne zunächst eine entsprechende *Prima-facie*-Pflicht zu haben. Eine umgekehrte Abhängigkeit besteht jedoch nicht, da *Prima-facie*-Pflichten einander oft widerstreiten. Dem Utilitarismus werden große Zugeständnisse gemacht, indem viele *Prima-facie*-Pflichten unmittelbar auf die guten und schlechten Folgen zurückgeführt werden, die ihre Erfüllung mit sich bringt oder vermeidet. Und selbst jene Pflichten, die unabhängig von diesen guten oder schlechten Folgen bestehen, können zugunsten der anderen aufgehoben werden, wenn ihre Erfüllung ausreichend schlechte Folgen hätte. Indes wird der utilitaristische Grundsatz, dass wir unser Handeln immer am größtmöglichen Gut ausrichten sollen, zurückgewiesen: Das Gute oder Schlechte, das man bewirkt, ist nur eine Überlegung unter anderen und nicht in jedem Falle die ausschlaggebende.

Bevor Ross seine Theorie vorlegte, war der Utilitarismus in einer günstigen Lage: Es gab keine Alternative, die sowohl klar als auch einleuchtend war. Die einzigen klaren Alternativen zum Utilitarismus in der einen oder anderen Form schienen die beiden folgenden zu sein:

(1) ein extremer Intuitionismus, der besagt, dass wir in jedem einzelnen Fall das Richtige einfach erblicken, ohne uns dabei auf Handlungsfolgen oder allgemeine Handlungsregeln zu beziehen;
(2) die Ansicht, dass wir eine Reihe von moralischen Gesetzen erkennen, die ohne Ansehung der Handlungsfolgen allgemein und unbedingt gelten.

Die meisten Philosophen wären sich zweifellos einig, dass dem idealen Utilitarismus der Vorzug vor einer jeden dieser beiden Positionen gebührt. Aber es ist nicht ebenso eindeutig, dass er auch der subtileren Theorie von Ross vorzuziehen wäre. Selbst wenn sich diese Theorie letztendlich als unhaltbar erweisen sollte, muss anerkannt werden, dass sie in einer Hinsicht überaus bedeutsam ist: Sie kommt einer Beschreibung unseres tatsächlichen moralischen Denkens auf der Ebene des *Common Sense* näher als ihre Rivalinnen. Welche philosophischen Bedenken auch bestehen mögen, so ist es jedenfalls äußerst wünschenswert, über eine solche Beschreibung zu verfügen. Es steht fest, dass wir auf der Ebene des *Common Sense* keine konsequenten Utilitaristen sind, sondern uns von der Annahme verschiedener Pflichten leiten lassen, die wir nicht sämtlich auf Erwägungen der Nützlichkeit gründen, selbst wenn dies ihre letzte Rechtfertigung sein sollte.

Und doch haben viele das Gefühl, dass die Theorie von Ross nicht eigentlich eine Erklärung oder Rechtfertigung leistet, wie sie das Geschäft des Philosophen sein sollte und wie sie der Utilitarismus zur Verfügung stellt. Die meisten Philosophen empfinden es als unbefriedigend, eine Theorie als die finale Erklärung der Moral zu akzeptieren, die uns bloß mit einem Haufen unverbundener und unabgeleiteter *Prima-facie*-Pflichten konfrontiert, welche nicht weiter begründet, sondern einfach als offensichtlich verpflichtend anerkannt werden. Dagegen führt der Utilitarist bei allen unseren Pflichten einen vernünftigen Grund an, der erklärt, warum es sich jeweils um eine Pflicht handelt. Allerdings darf der Unterschied zwischen den beiden Positionen nicht übertrieben werden. So wie Ross die Frage nach dem Grund der Pflicht, Versprechen zu halten, nur mit dem Hinweis auf ihre Evidenz beantworten kann, so muss auch der Utilitarist, wenn man ihn fragt, warum eine Art von Gegenstand in sich gut ist und eine andere schlecht (und woher er dies weiß), die Evidenz bemühen. Und so wie Ross im Konfliktfall verschiedene *Prima-facie*-Pflichten gegeneinander abwägen muss, ohne über irgendwelche logischen – im Gegensatz zu intuitiven – Mittel zu verfügen, um zwischen ihnen zu entscheiden, so muss auch der Utilitarist verschiedene Güter gegeneinander abwägen.

Andererseits nimmt sich die Behauptung, dass bestimmte Dinge in sich gut sind, eher wie eine letzte evidente Wahrheit aus als die Behauptung, dass wir bestimmte Handlungen ausführen sollen. Die zweite Aussage scheint die Frage »Warum?« zu provozieren, die erste dagegen nicht. Wir brauchen nicht zu fragen, warum Glück und Tugend gut sind, sondern wir sehen einfach, dass es sich so verhält. Wenn wir ferner sagen, dass eine Handlung gute Folgen hat, so bedeutet dies, dass wir einen Grund haben, sie auszuführen; so viel scheint mir und den meisten Philosophen (einschließlich Ross selbst) offensichtlich. Also liefert die utilitaristische Theorie einen ausreichenden Grund dafür, einige Dinge zu tun und andere nicht. Außerdem ist es sehr schwer zu glauben, dass es jemals unsere Pflicht sein kann, absichtlich weniger Gutes hervorzubringen, als wir könnten – wie es der Auffassung von Ross zufolge bei vielen Gelegenheiten der Fall wäre, nämlich jedes Mal, wenn eine der nicht utilitaristisch begründeten *Prima-facie*-Pflichten die utilitaristisch begründeten aufhebt.

So verfügt ein idealer Utilitarist auch über Antworten auf die Argumente von Ross, die nicht zum Arsenal des hedonistischen Utilitaristen gehören. Denn wo sein Gegner behauptet, dass wir eine *Prima-facie*-Pflicht haben, dies oder jenes zu tun – Versprechen zu halten beispielsweise –, kann der ideale Utilitarist immer entgegnen, dass es intrinsisch gut ist, sich dieser Pflicht gemäß zu verhalten, oder dass zumindest die Weigerung, die *Prima-facie*-Pflicht zu erfüllen, in sich schlecht ist. Das würde zwar eine beträchtliche Umgestaltung seiner Position, so wie sie zumeist verstanden wird, bedeuten; denn es beinhaltet das Zugeständnis, dass die Richtigkeit oder Falschheit einer Handlung nicht in jedem Falle allein von ihren Folgen abhängt. Aber mit dem grundlegenden utilitaristischen Prinzip, dass die Richtigkeit einer Handlung von der Bilanz des bewirkten Guten und Schlechten abhängt, wäre dies keineswegs unvereinbar. Denn wenn irgendetwas anderes als die Lust an und für sich gut ist, oder irgendetwas anderes als das Leid an und für sich schlecht, dann ist es nur vernünftig anzunehmen, dass bestimmte moralisch bedeutsame Handlungen diese Eigenschaften aufweisen. Und wenn dem so ist, dann müssen wir, bevor wir entscheiden können, ob eine Handlung nach utilitaristischen Maßstäben richtig ist, ihren moralischen Wert oder Unwert als Handlung ebenso bedenken wie den ihrer Folgen. Die idealen Utilitaristen haben sich zu dieser Frage nicht eindeutig geäußert, doch ist mir keiner bekannt, der diese Möglichkeit verwerfen würde. Mehr noch, es ist schwer zu sehen, wie sie bestreiten könnten, dass tugendhafte Handlungen in der erwähnten Weise gut sind, wenn sie zugleich behaupten, dass die Tugend etwas in sich Gutes ist (wie sie es fast immer zu tun pflegen). Die Tugend kann ja nur in tugendhaften Handlungen verwirklicht werden, sonst bliebe sie nur eine leere Potentialität und besäße als solche nur einen hypothetischen und keinen wirklichen Wert. Es ist demnach nicht unstimmig, wenn ein idealer Utilitarist anerkennt, dass es intrinsisch gute und schlechte Handlungen gibt. Sein Utilitarismus ist dann nur sehr schwer zu widerlegen. Aber man kann sich fragen, ob es wirklich einen großen Unterschied bedeutet zu sagen, dass es in sich gut ist, ein Versprechen zu halten, oder zu sagen, dass wir eine *Prima-facie*-Pflicht haben, es zu halten. Dieser Unterschied wird noch fraglicher, wenn wir uns der plausiblen Ansicht anschließen, dass »gut« in diesem Zusammenhang definiert werden muss als ›das, wofür man sich entscheiden oder was man befördern soll‹. Dann nämlich ist es dasselbe zu sagen, dass etwas in sich gut ist, und zu sagen, dass man sich um seiner selbst willen dafür entscheiden oder es befördern soll; und zu sagen, dass etwas in sich schlecht ist, wäre dasselbe wie zu sagen, dass man es als solches vermeiden soll. Und dies wiederum ist dasselbe wie zu sagen, dass wir eine *Prima-facie*-Pflicht haben, uns dafür zu entscheiden respektive es zu vermeiden. Andererseits scheint mir das Testkriterium für *Prima-facie*-Pflichten jedenfalls teilweise darin bestehen zu müssen, dass sie sich in ein vernünftiges System der Ethik einfügen lassen – und nicht bloß in ihrer Evidenz als separat betrachtete Handlungsprinzipien.

Die rivalisierenden Ansichten scheinen damit einander sehr nahe zu kommen. Selbst wenn die erwähnte Definition von »gut« falsch sein sollte: Bedeutet es wirklich einen so großen Unterschied, ob wir den Ausdruck »in sich gut« oder den Ausdruck »*Prima-facie*-Pflicht« verwenden? Dem scheint nicht so zu sein. Allerdings sind mit dieser Auseinandersetzung zwei Fragen verbunden, die mir in der Ethik von großem Gewicht zu sein scheinen:

(a) Zwischen dem Verteidiger von *Prima-facie*-Pflichten und einem Utilitaristen, der beispielsweise zugesteht, dass es in sich gut ist, Versprechen zu halten, und in sich schlecht, sie nicht zu halten, mag keine große Differenz bestehen. Dagegen ist die Differenz zwischen ihm und einer anderen Art von Utilitaristen, der die Richtigkeit und Falschheit von Handlungen einfach aus ihren (über die Handlung selbst hinausgehenden) Wirkungen abzuleiten versucht, beträchtlich. Ihr Dissens könnte sogar große Auswirkungen in der Praxis haben, weil die beiden in der

Frage, ob schlechte Mittel zu guten Zwecken eingesetzt werden dürfen, zu ganz unterschiedlichen Auffassungen gelangen dürften. Unter sonst gleichen Umständen wird der Utilitarist des zweiten Typs offenbar viel eher dazu neigen, den Einsatz solcher Mittel als legitim anzusehen.

(b) Es besteht ein bedeutender Unterschied zwischen dem, was oft die »griechische« Sichtweise in der Ethik genannt wird – die Auffassung, dass das richtige Leben vor allem darin besteht, konkrete wertvolle Ziele (»das Gute«) zu verfolgen; und dem, was man die »hebräische« Sichtweise genannt hat – die Auffassung, dass es in erster Linie im Gehorsam gegenüber dem moralischen Gesetz besteht (in einem »Sollen« oder einer »Pflicht«). Meine Sympathien gelten eher der erstgenannten Sichtweise, gleichgültig, ob sich »gut« mit Hilfe des Begriffs »sollen« formal analysieren lässt oder nicht; denn der bindende Charakter jedenfalls der meisten Gesetze scheint von den Zielen abzuhängen, denen sie dienen. Doch gibt es in der Ethik zweifellos einen Ort für den einen wie für den anderen dieser Begriffe. Wir kommen hier sicherlich ebenso wenig ohne den Begriff der Pflicht wie ohne den Begriff des Guten aus, selbst wenn ersterer dem letzteren nachgeordnet sein sollte.

Kapitel 6: Zur Definierbarkeit von ›Gut‹ und ›Sollen‹[1]

Wir haben bislang erörtert, welche Arten von Dingen gut sind und wie wir entscheiden sollen, was unsere Pflicht ist. Es bleibt zu betrachten, was die Wörter »gut« und »sollen« (bzw. »Pflicht«) bedeuten. Diese Frage hat die Moralphilosophen sehr beschäftigt. Offenbar könnten wir ethische Fragen überhaupt nicht diskutieren und die vielen moralischen Urteile des täglichen Lebens nicht treffen, wenn wir nicht schon irgendein Verständnis von der Bedeutung von Ausdrücken wie »gut«, »schlecht«, »Pflicht« usw. hätten. Aber genauso klar ist doch, dass wir diese Ausdrücke, bevor wir eigens über sie nachdenken, nicht mit dem Grad an Genauigkeit verstehen, auf den der Philosoph abzielt. Dementsprechend hat man viel Mühe darauf verwandt, sie zu definieren. Dass die Definitionsfrage nicht bloß verbaler Natur ist, sondern immense Bedeutung für unser gesamtes Ethikverständnis hat, werden die anschließenden Überlegungen offenbaren.

Das Definitionsproblem wird durch die Tatsache verkompliziert, dass die fraglichen Ausdrücke oft in mehreren verschiedenen Sinnen gebraucht werden. Das gilt im Besonderen für die wichtigsten moralischen Ausdrücke »gut« und »sollen«. Ich kann dem hier unmöglich im Einzelnen nachgehen. Wie ich jedoch schon im ersten Kapitel dargelegt habe, bezeichnet »gut« in einem grundlegenden Sinne des Wortes etwas intrinsisch Gutes – etwas, das als Zweck an sich gut ist, im Gegensatz besonders zu etwas, das nur als ein Mittel gut ist, nämlich als ein Werkzeug, um andere Dinge herbeizuführen, die in jenem grundlegenderen Sinne gut sind. Um diesen Sinn

1 Ich danke den Verlagen Macmillan und Routledge & Kegan Paul für die Erlaubnis, in diesem und dem folgenden Kapitel auf mein Buch *The Definition of Good* (New York/London 1947) zurückzugreifen.

dreht sich die Kontroverse. In seinem bedeutenden, 1903 erschienenen Werk *Principia Ethica* (1903) hat der Cambridger Philosoph G.E. Moore die Auffassung vertreten, dass die richtige Antwort auf die Frage nach der Definierbarkeit von »gut« lautet, dass »gut« in diesem Sinne überhaupt keine Definition besitzt. Das mag auf den ersten Blick als eine sehr unbefriedigende Auskunft erscheinen. Aber wenn wir bedenken, was genau Moore unter »Definition« versteht, werden wir, meine ich, einsehen, dass einige Ausdrücke undefinierbar sein *müssen*, wenn sich überhaupt irgendetwas definieren lassen soll. Denn er verwendet »definierbar« als bedeutungsgleich mit »analysierbar«, und es ist – wie ich bereits im ersten Kapitel bemerkte – klar, dass wir mit dem Analysieren nicht *ad infinitum* fortfahren können. Wenn wir fragen, was A ist, und wir die Auskunft erhalten, dass es BCD ist, so hilft uns das nur weiter, wenn wir wissen, was B, C und D sind. Wenn man uns daraufhin sagt, dass B aus FGH besteht, C aus I usw., so stellt sich dieselbe Frage erneut. Wir können eine beliebige Definition nur erfassen, wenn wir bestimmte undefinierte Ausdrücke verstehen, aus denen sich die Definition zusammensetzt. Aber wie ist das möglich? Wir können sie nicht deshalb verstehen, weil wir ihre Definition kennen, denn sie haben keine Definitionen. Wir müssen sie also aus unmittelbarer Erfahrung verstehen. Wir machen Erfahrungen einer bestimmten Art und wissen daraufhin, wie diese Dinge beschaffen sind – was uns nicht möglich wäre, wenn wir ihre Erfahrung nicht gemacht hätten. Nehmen wir ein Beispiel: Wir kennen verschiedene Farben aus unmittelbarer Erfahrung; nur so wissen wir, was beispielsweise mit »rot« gemeint ist. Einem Farbenblinden können wir keine Definition einer Farbe vorlegen, die ihn wissen lässt, wie sie beschaffen ist; aber wer nicht farbenblind ist, dem ist das zweifellos bekannt. Das Fehlen einer Definition hindert uns keineswegs daran, über ein solches Wissen zu verfügen. Und ganz ähnlich ließe sich behaupten, dass wir aufgrund der Erfahrung beim Erfassen guter Dinge eine ausreichende Kenntnis des Guten besitzen. Gutheit ist selbstverständlich ein ganz anderes Merkmal als eine Farbe; aber beide könnten durchaus darin übereinkommen, unmittelbar erfasst zu werden und undefinierbar zu sein. Wir erkennen einige Dinge (zumindest einige Erfahrungen) unmittelbar als gut, und diese Schau beinhaltet zugleich ein Schauen des Guten selbst – so wie wir, wenn wir eine rote Rose sehen, auch sehen, was die Röte ist. Das würde das Gute nicht daran hindern, in einem anderen Sinne definierbar zu sein. Wenn wir zum Beispiel irgendein Merkmal entdecken könnten, welches das Gute immer begleiten würde und niemals unabhängig von seiner Gegenwart aufträte, so könnten wir »gut« mittels dieses Merkmals definieren, wie ein Physiker eine Farbe mittels der Lichtwellen definiert, die ihre Wahrnehmung begleiten oder verursachen. Eine solche Definition würde allerdings nicht angeben, worin die Eigenschaft, gut zu sein, als solche besteht, ebenso wenig wie die Definition einer Farbe mittels Wellenlängen durch den Physiker einem Farbenblinden anzugeben vermag, was die Farben als solche ausmacht.

Die Unterscheidung zwischen den beiden Sinnen von »Definition« lässt sich folgendermaßen veranschaulichen: Angenommen, ein Neurophysiologe in der Zukunft würde auf eine Veränderung des Gehirns stoßen, die jede gute Erfahrung und Handlung begleitet und die niemals unabhängig von einer guten Erfahrung oder Handlung auftritt; und angenommen (was plausibel erscheint), die einzigen intrinsisch guten Dinge wären Erfahrungen und Handlungen oder in Begriffen von Erfahrungen und Handlungen analysierbar. Die Veränderungen im Gehirn gingen dann mit dem Guten einher, wann immer es auftritt. Aber daraus würde nicht im Mindesten folgen, dass »gut« nichts anderes *bedeutet* als »von dieser Veränderung im Gehirn begleitet« oder dass das Gute mit der Eigenschaft, von dieser Veränderung begleitet zu sein, *identisch* wäre. So gelangen wir ganz sicher nicht zu einer Definition im Moore'schen Sinne des Wortes. Eine Definition im Moore'schen Sinne des Wortes gibt das Wesen des zu Definierenden an, und nicht nur etwas, was dieses begleitet. Wenn wir behaupten, dass sich »gut« nicht definieren lässt, behaupten wir nicht, dass wir nicht wissen können, wie beschaffen es ist oder dass wir überhaupt nichts über es sagen können, sondern nur, dass es sich nicht auf irgendetwas anderes reduzieren lässt. Einige Eigenschaften sind komplexer Natur und lassen sich daher mit Hilfe der sie ausmachenden Elemente definieren. Nach Moore ist »gut« jedoch eine einfache Eigenschaft; folglich kann sie nicht auf diese Art definiert werden.

Es ist gefragt worden, *warum* wir herbeizuführen wünschen, was diese undefinierbare Qualität der Gutheit besitzt. Die Antwort müsste sicher lauten, dass wir einfach so veranlagt sind. Es gibt niemals eine logische Erklärung dafür, dass wir die Wünsche haben, die wir haben. Daraus, dass etwas gut ist, folgt nicht notwendig, dass wir es tatsächlich auch herbeiwünschen, sondern dass wir es nach Möglichkeit herbeiführen *sollen*. Wir sind nicht so beschaffen, dass der Wunsch, Gutes herbeizuführen, uns niemals bewegen könnte. Wenn er uns niemals bewegen könnte, so könnten wir das Gute allenfalls zufällig herbeiführen, denn ohne einen Wunsch können wir nicht handeln (wiewohl wir nicht dem am stärksten empfundenen Wunsch gemäß handeln müssen); und dann bestünde für uns keine Pflicht, Gutes hervorzubringen. Wer »gut« als eine einfache Eigenschaft ansieht, braucht nicht zu erklären, warum wir sie uns herbeiwünschen, ebenso wenig wie wir logisch zu erklären brauchen oder können, warum es uns nach Nahrung mit einem bestimmten Geschmack verlangt.

Die Argumente, die Moore in den *Principia Ethica* anführt, um einen schlagenden Beweis für die Undefinierbarkeit von »gut« zu liefern, werden heute im Allgemeinen nicht mehr für ausreichend erachtet, nicht zuletzt von ihrem Urheber selbst. Aus diesem Grunde – wie auch wegen ihrer logischen Komplexität – verzichte ich hier auf eine Darstellung. Und doch ist Moores Undefinierbarkeitsthese plausibel. Das wird deutlich, wenn wir uns fragen, worin die Alternative zu einer Position wie der seinigen besteht. Was wäre, wenn sich herausstellte, dass die grundlegenden Begriffe der Ethik alle im Moore'schen Sinne des Wortes definierbar wären? Natürlich kann man einen ethischen Begriff mit Hilfe anderer ethischer Begriffe definieren. Aber so kann man nicht bei allen ethischen Begriffen verfahren, ohne in einen Zirkel zu geraten. Wenn Sie A mit Hilfe von B definieren und B mit Hilfe von A, dann haben Sie keine aufschlussreiche Erläuterung weder des einen noch des anderen Begriffs gegeben. Wenn daher alle ethischen Begriffe definierbar sein sollen, müssen einige von ihnen mittels nicht-ethischer Begriffe definiert werden; und die so definierten Begriffe erweisen sich damit als die grundlegenden (jene, die sich mittels anderer ethischer Begriffe definieren lassen, sind nicht grundlegend, sondern von den anderen abgeleitet). Da sich aber in der Ethik alle Begriffe mit Hilfe der fundamentalen definieren lassen, hieße das, den gesamten Inhalt der Ethik auf etwas außerhalb der Ethik Liegendes zurückzuführen. Und genau dies taten – ob bewusst oder unbewusst – einige der Denker, gegen die sich Moore wandte oder die sich später gegen ihn wandten.

Betrachten wir nun einige Versuche, »gut« zu definieren. Für eine bestimmte, heute weit verbreitete Geisteshaltung scheint die einzig akzeptable Strategie hier zu sein, die Ethik zu »verwissenschaftlichen«, indem ihre Begriffe mit Hilfe der empirischen Begriffe der Naturwissenschaften definiert werden. Solche Definitionsversuche hat Moore »naturalistisch« genannt, und dieser Ausdruck hat sich mittlerweile allgemein durchgesetzt. Im Gegensatz dazu heißt eine Ansicht wie diejenige Moores »non-naturalistisch«. Man darf dies aber nicht so verstehen, dass eine non-naturalistische Position beinhalten muss, dass es überhaupt keinen naturalistischen Sinn von »gut« gibt. Jemand kann durchaus zugeben, dass er in einer Aussage wie »Die Erdbeeren sind gut« mit »gut« nichts weiter meint, als dass er sie mag oder dass die meisten Leute sie mögen würden (zwei naturalistische Definitionen von »gut« mit Hilfe psychologischer Begriffe), und dabei ein Nicht-

Naturalist bleiben, weil er der Ansicht ist, dass »gut« in dem besagten, grundlegenden ethischen Sinne nicht naturalistisch definiert werden kann. Dieser ethische Non-Naturalismus ist unbedingt von einem Supernaturalismus zu unterscheiden. Wenn Moore den Naturalismus ablehnt, will dies keineswegs besagen, dass wir die Ethik nicht ohne die Annahme übernatürlicher Wesen wie etwa Gottes erklären können. Worauf es ihm ankam, war allein der Unterschied zwischen dem Begriff des Guten und den Begriffen der Psychologie und der anderen Naturwissenschaften, auf die man »gut« zurückzuführen versucht hatte.

Was die Definition von »gut« angeht, so ist schon auf den ersten Blick offensichtlich, dass viele Naturwissenschaften hierfür gar nicht in Frage kommen. Ich kann mir nicht vorstellen, dass jemand im Ernst behauptet, die Grundbegriffe der Ethik ließen sich im Rückgriff auf die Chemie, Geologie, Botanik oder Astronomie definieren. Doch es gibt eine Wissenschaft, deren Begriffe für eine Definition von »gut« viel geeigneter scheinen, nämlich die Psychologie als die Wissenschaft vom menschlichen Geist. Verschiedene Versuche sind unternommen worden, »gut« auf psychologische Begriffe zurückzuführen.

Ein solcher Definitionsvorschlag bedient sich des Begriffs der Zustimmung. Damit ist jene einzigartige Emotion oder emotionale Einstellung gemeint, die wir haben, wenn wir unsere Aufmerksamkeit etwas moralisch Wertvollem oder Bewundernswertem zuwenden. So hat man behauptet: Etwas richtig oder gut zu nennen, bedeute, es sei so beschaffen, dass es bei den meisten Menschen Zustimmung hervorruft. Aber eine solche Definition ist einer ganz offensichtlichen Art von Einwand ausgesetzt. Denn sollte sie wahr sein, wäre es selbstwidersprüchlich anzunehmen, dass eine Minderheit, die angesichts dessen, was die meisten Menschen gutheißen, Missbilligung empfindet, jemals Recht haben könnte. Und das ist gewiss nicht der Fall. Wir können unmöglich sagen, dass die Mehrheit und nicht die Minderheit in einer bestimmten

Frage im Recht ist, ohne zunächst das fragliche Problem bedacht zu haben. Und wie sollen wir festlegen, was eine »Mehrheit« ausmacht? Es wäre willkürlich, sich auf die gegenwärtig lebenden Menschen zu beschränken. Warum sollte ihrem moralischen Empfinden diese höchste Autorität für die Bestimmung des Richtigen und Guten zukommen, dem ihrer verstorbenen Väter und Großväter aber überhaupt keine? Würden wir jedoch alle Menschen berücksichtigen, die jemals lebten, so erhielten wir eine ziemlich merkwürdige Ethik; denn alle Zeitalter zusammengenommen waren die Rohen und Wilden unter unseren Artgenossen gegenüber den auch nur einigermaßen Zivilisierten eindeutig in der Überzahl. Und würden wir auch noch alle zukünftigen Generationen mit einbeziehen – was wir aus Gründen der Konsistenz tun sollten –, wäre es ganz unmöglich, das Gute und das Rechte zu bestimmen, es sei denn durch eine wunderbare Weissagung. Menschen werden möglicherweise noch Millionen Jahre lang die Erde bewohnen; wie sollen wir wissen, was weit entfernte Nachfahren von uns *de facto* gutheißen oder missbilligen? Auch mag die bloße Tatsache, dass andere Menschen mein Tun missbilligen, bei mir Unbehagen auslösen; sind ihre negativen Gefühle stark genug, mag es ein Gebot der Klugheit sein, mein Verhalten zu ändern, sofern ich dadurch in keine Gewissenskonflikte komme. Aber dies allein kann es nicht zu meiner Pflicht machen, so zu handeln. Das Motiv »Strebe nach der Zustimmung anderer«, ist noch nicht moralisch. Im Gegenteil, die größten moralischen Lehrer haben es als eines der größten Hindernisse der wahren Moralität identifiziert. Mein Argument lässt sich so formulieren: Es ist offensichtlich, dass wir nach dem in sich Guten oder Richtigen nur deshalb streben sollen, weil es gut oder richtig ist – als dem einzigen moralischen Zweck an sich. Nach dem, was die meisten Menschen als den einzigen moralischen Zweck an sich gutheißen, sollen wir hingegen nicht nur deshalb streben, weil sie es gutheißen. Deshalb kann »gut« oder »richtig« nicht dasselbe besagen wie »von den meisten Menschen gutgeheißen«. Und ich kann auch keinerlei Sinn darin erblicken, das zu tun, was andere – falls sie wüssten, was ich getan habe – gutheißen würden, obwohl sie es tatsächlich gar nicht wissen werden, es sei denn, es gibt neben ihrer Zustimmung noch einen anderen Grund dafür, es zu tun. Ist aber etwas meine Pflicht, so soll ich es klarerweise tun, ob andere davon wissen oder nicht: Wäre die Zustimmungstheorie wahr, würden alle Pflichten durch Geheimhaltung aufgehoben. Ein wirklich guter Mensch wird die Zustimmung nur als ein Anzeichen dafür schätzen, dass er etwas objektiv Gutes oder Richtiges getan hat.

Andere wiederum haben eine Definition des Guten vorgeschlagen, die nicht auf die Zustimmung der meisten Menschen, sondern auf diejenige des Sprechers selbst rekurriert. Danach würde »Das ist gut« oder »Das ist richtig« lediglich bedeuten, dass derjenige, der diese Wörter gebraucht, eine bestimmte Art von Gefühl oder Einstellung hinsichtlich dessen, was er als richtig oder gut bezeichnet, hat (oder dazu neigt, es zu haben). Auch gegen eine solche Ansicht lassen sich viele Einwände erheben. Wenn diese Definition zuträfe, ergäbe sich, dass unsere moralischen Urteile niemals falsch sein könnten, es sei denn, wir täuschen uns oder andere über unsere eigene Psychologie. Es würde folgen, dass zwei Menschen niemals dasselbe meinen, wenn sie ein moralisches Urteil aussprechen, denn jeder würde damit lediglich meinen: »Es wird von *mir* gutgeheißen (missbilligt).« Ja, ein und dieselbe Person würde mit dem gleichen, bei zwei verschiedenen Gelegenheiten gefällten Urteil niemals dasselbe meinen, denn es würde jeweils bedeuten: »Ich empfinde *jetzt* Zustimmung dazu (oder neige dazu, sie zu empfinden).« Noch würde A, wenn er dieselbe Handlung für richtig erklärt, die B falsch nennt, B wirklich widersprechen, denn was A meint, wäre lediglich: »Ich, A, empfinde Zustimmung«, was vollkommen damit vereinbar ist, dass B angesichts desselben Aktes zur selben Zeit Missbilligung empfindet. Wenn ich schließlich jemanden wie Stalin verurteile, würde ich nicht eigentlich über Stalin sprechen, sondern lediglich über meine eigenen Gefühle. All dies ergäbe sich, wenn die zuletzt erwähnte Theorie wahr wäre; und derartige Konsequenzen kommen zweifellos einer endgültigen *reductio ad absurdum* dieser Theorie gleich. Warum empfinde ich Zustimmung oder Missbilligung angesichts von irgendetwas? Warum, wenn nicht deshalb, weil ich es unabhängig von meinen Gefühlen als gut oder schlecht, richtig oder falsch erachte? Und wenn es in unseren moralischen Urteilen lediglich um unsere eigenen gegenwärtigen Gefühle oder Einstellungen geht, wieso sollten wir, wie wir es ständig tun, sie dann mit Gründen stützen, etwa indem wir ihre wahrscheinlichen Folgen für andere anführen – mit Gründen, die nicht unsere eigenen Einstellungen oder Gefühle betreffen?

Einem weiteren Vorschlag zufolge sollten wir die Begriffe der Ethik nicht im Rekurs auf die tatsächliche Zustimmung von Menschen, sondern auf die eines unparteiischen Zuschauers definieren. Doch was kann »unparteiisch« hier bedeuten? Es kann nur bedeuten: in seiner Zustimmung oder Missbilligung ausschließlich durch solche Umstände beeinflusst, die für die wirkliche Gutheit oder Schlechtheit, Richtigkeit oder Falschheit des Gegenstands der Zustimmung oder Missbilligung relevant sind. Alle derartigen Definitionen wären damit offensichtlich zirkulär. Sie laufen darauf hinaus zu sagen, dass etwas gut oder richtig ist, wenn es von jemandem gutgeheißen wird, der immer nur gutheißt, was wirklich gut oder richtig ist.

Zwei andere psychologische Begriffe, auf die man »gut« bisweilen zurückgeführt hat, sind die des Verlangens und Interesses (wobei der letztere Begriff der weitere ist und auch das Mögen und Genießen abdeckt). So hat der bedeutende amerikanische Philosoph R.B. Perry »gut« als »Gegenstand irgendeines Interesses von irgendwem« definiert.[1] Man mag

1 Ralph Barton Perry, *General Theory of Value*, Cambridge/Mass. 1926, S. 115.

geneigt sein, diese Auffassung sogleich zurückzuweisen, weil Menschen sich mitunter schlechte Dinge wünschen; aber ihre Verteidiger würden entgegnen, dass moralisches Fehlverhalten nicht so zu verstehen ist, dass sich jemand das Schlechte um des Schlechten willen wünscht, sondern dass er bereit ist, ein größeres Gut um eines geringeren Gutes willen zu opfern. Das Handeln des Diebs ist nicht deshalb moralisch verwerflich, weil er hinter Geld her ist, sondern weil er sich mehr von seinem Interesse am Geld leiten lässt als vom Respekt vor den Rechten anderer. So heißt es manchmal auch, dass alles Verlangen ein an sich Gutes zum Gegenstand hat und nur insofern schlecht ist, als es einem größeren Gut entgegensteht. Ich vermag jedoch nicht zu erkennen, wie man das Verlangen nach Rache (jemand anderem Schmerzen zuzufügen) auf diese Weise begreifen könnte. Man könnte vorbringen, dass der Rachsüchtige nicht wirklich die Schmerzen seines Feindes will, sondern das Vergnügen, das er sich von diesen Schmerzen selbst erwartet oder das ihm schon der bloße Gedanken an sie bereitet; aber das hieße, den Fehlschluss der hedonistischen Psychologie zu begehen (vgl. Kapitel 2). Aber wie dem auch sei, wir können einwenden, dass, wenn »gut« bedeutet, Gegenstand von Wünschen zu sein, »besser« bedeuten würde, Gegenstand von stärkeren Wünschen zu sein, so dass sich der Grad des Gutseins proportional zum Grad des Gewünschtseins verhält; und das ist offensichtlich nicht der Fall. Wir wünschen uns alle das Wohlergehen und Fortleben der uns nahestehenden und lieben Menschen in einem viel höheren Maße als das anderer Menschen, von denen wir gerade in der Zeitung gelesen haben und die genauso wertvoll sind. Und es ist gewiss nicht wahr, dass die meisten Menschen in dem Maße nach der Tugend verlangen, in dem sie dies im Verhältnis zu anderen Dingen wie ihrem eigenen Glück oder dem materiellen Wohlergehen tun sollten. Das ist gerade, was es für uns so schwierig – und nicht nur im intellektuellen Sinne schwierig – macht, ein gutes Leben zu führen. Die Theorie, dass »gut« »von den meisten Menschen gewünscht« bedeutet, ist ferner den meisten Einwänden ausgesetzt, die ich schon gegen die Theorie, die »gut« auf den Begriff der Zustimmung zurückführt, geltend gemacht habe. Und zu sagen, dass »gut« bedeutet, was ich als Sprecher wünsche, hieße, sich auf eine ganz und gar egoistische Ethik festlegen. Noch lässt sich aus einem Wunsch eine Pflicht ableiten. Es handelt sich hier um grundverschiedene Begriffe. Wir merken das, wenn wir überzeugt sind, dass wir etwas nicht tun sollten, und doch den starken Wunsch verspüren, es zu tun; ja wenn wir vielleicht sogar glauben, dass auch die entfernteren Wirkungen eines solchen Tuns unseren Wünschen eher entsprechen würden als jene der Handlung, die wir für unsere Pflicht erachten.

Mit der vorigen Ansicht eng verwandt ist jene, dass »gut« nicht das ist, was faktisch gewünscht wird, sondern das, was unsere Wünsche auf lange Sicht befriedigt. Auch dies wirft Schwierigkeiten auf, die den Grad des Gutseins betreffen. Demnach wäre »besser«, was mehr Befriedigung verschafft, wodurch man praktisch auf den Hedonismus festgelegt wäre – eine ethische Theorie, von der wir bereits sahen, dass sie aus guten Gründen verworfen wird. Zur Definition des Guten taugt sie noch weniger. Denn aufgrund dieser Theorie wäre es nicht nur falsch, sondern widersprüchlich zu sagen, etwas könnte gut sein außer in dem Maße, in dem es Lust bereitet. Ein weiterer Einwand ist der folgende: Angenommen, man versteht die Definition so, dass sie sich nur auf die Wünsche desjenigen bezieht, der etwas gut nennt; dann wird aus »gut« das, was *mir* Befriedigung verschafft, und wir hätten abermals eine vollkommen egoistische Ethik. Wenn sie sich aber auf die Wünsche von Menschen ganz allgemein bezieht, so ist unklar, aus welchem Grund ich danach streben soll, diese zu befriedigen, außer ich wünsche es mir – es sei denn, wir führen den zusätzlichen Begriff einer Pflicht ein, die sich nicht auf Wünsche zurückführen lässt. »Ich soll dies und jenes tun« kann nicht gleichgesetzt werden mit: »Dies und jenes ist ein wirksames Mittel zur allgemeinen Befriedigung der Wünsche von Menschen«; denn es ist gewiss kein Widerspruch, wenn ich annehme, dass etwas meine Pflicht ist, und zugleich bezweifle, dass es diesbezüglich ein wirksameres Mittel ist als eine andere Handlung, von der ich glaube, dass ich sie unterlassen soll. So ist es nicht widersprüchlich, wenn ich glaube, dass ich die Wünsche von mehr Menschen befriedigen könnte, wenn ich meine Schulden nicht begleiche, sondern etwas anderes mit dem Geld anfange; und zugleich doch glaube, dass ich meine Schulden begleichen soll. In Wirklichkeit gibt es viele Wünsche von anderen, die wir nicht zu befriedigen trachten sollen. Und gewiss können wir nicht aus einer bloßen Definition von »gut« oder »sollen« ableiten, dass die meisten menschlichen Wünsche nicht von dieser Art sind.

Angesichts der Tatsache, dass Menschen viele Dinge wünschen, die sie nicht wünschen würden, wenn sie wüssten, was ihre Erfüllung beinhaltet, hat man eine weitere Definition vorgeschlagen: »Gut« sei nicht das, was faktisch gewünscht wird, sondern »das, was sich alle wünschen würden, wenn sie um seine wahre Natur wüssten«.[1] Es ist allerdings keineswegs gewiss, dass alle Menschen das Gute gemäß seinem Gutsein wünschen würden, selbst wenn sie um die wahre Natur der fraglichen Güter wüssten. Das lässt sich bestenfalls mutmaßen. Es ist keineswegs gewiss, dass Hitler gewünscht hätte, die Juden in demselben Maße wie die ebenso wertvollen Arier glücklich zu machen, wenn er gewusst hätte, wie sehr sie in den Konzentrationslagern litten, und wenn er ihre genaue psychologische Verfassung gekannt hätte. Dies würde jedoch aus der genannten Definition folgen, wenn wir voraussetzen, dass beider Glück gleich wertvoll ist. Wir können noch weiter gehen und sagen, dass niemand von uns, auch mit dem vollkommensten Wissen, das Gute immer im Maße seines Gutseins wünschen würde; denn wir können es nicht vermeiden, das Wohlergehen derer, die wir kennen und

[1] Vgl. Guy Cromwell Field, *Moral Theory. An Introduction to Ethics*, London 1921, Kapitel XI.

lieben, mehr zu wünschen als jenes von Menschen, die für uns kaum mehr als Namen sind – obwohl uns das nicht notwendig dazu bringen muss, das Wohlergehen der letzteren dem der ersteren zu opfern, weil wir unsere Wünsche um des Richtigen willen zu kontrollieren vermögen. Diese Aussage über die Stärke unserer Wünsche trifft sicherlich noch auf die größten Heiligen zu. Damit ein Mensch das für alle anderen Menschen Gute in demselben Maße wünschen kann wie das für ihn selbst oder für seine Nächsten Gute, müsste er nicht nur alle Umstände einschließlich ihrer Gefühle kennen. Auch seine eigene emotionale Verfassung müsste eine ganz andere als die unsrige sein, dergestalt, dass menschliche Liebe, so wie wir sie kennen, entweder in ihm überhaupt nicht vorhanden wäre oder sich gleichermaßen auf alle Menschen verteilte. Und wenn wir uns vorstellen, dass unsere Natur derart grundlegend, ja auf übermenschliche oder unmenschliche Weise verändert würde, hätten wir keine Grundlage mehr, um zu beurteilen, was wir dann wünschen würden. Jedenfalls ist offensichtlich, dass etwas gut zu nennen nicht heißt, anzugeben, was der Fall wäre, wenn in uns irgendeine ganz unmögliche psychologische Revolution bewirkt würde.

Ich sagte, dass von den naturalistischen Definitionen der moralischen Grundbegriffe die psychologischen die am wenigsten unplausiblen sind. Aber man hat auch auf biologische und soziologische Begriffe zurückgegriffen, obwohl klar sein dürfte, dass man so bestenfalls Definitionen des instrumentell Guten und nicht des in sich Guten erhält. Biologen oder von der Biologie stark beeinflusste Denker haben das Gute oder das Rechte bisweilen als das definiert, was dem menschlichen Überleben dient. In der Ethik geht es jedoch nicht um das bloße Leben, und wenn einige Tugenden und Laster auch die Lebensdauer oder die Zahl der Nachkommenschaft spürbar beeinflussen dürften, gilt dies für die meisten von ihnen doch nicht. Aus einer solchen Definition würde sich ergeben, dass es nicht darauf ankommt, wie unglücklich man jemanden macht, sofern sein Unglück nicht auch sein Leben verkürzt oder die Zahl seiner Nachkommen oder seine Aussicht auf Nachkommenschaft einschränkt. Es wäre sowohl hedonistisch als auch moralisch gesprochen besser, überhaupt nicht zu leben, als so zu leben, wie viele Menschen gelebt haben: Das Leben an sich ist kein Wert; von der besonderen Natur des fraglichen Lebens hängt ab, ob es gut oder schlecht ist.

Eine weitere biologische Definition des Guten oder Rechten, die vorgetragen wurde, bestimmt dieses als das, was »im Einklang mit der evolutionären Entwicklung« steht. Das wirft sofort die Frage auf, wie wir Evolution oder Entwicklung definieren sollen. Denn es lässt sich entgegnen, dass alles, was geschieht – Gutes wie Schlechtes – im Einklang mit der evolutionären Entwicklung steht, da es sonst überhaupt nicht statthaben könnte. Definieren wir evolutionäre Entwicklung hingegen, wozu man versucht ist, als einen Wandel zum Guten, so wird die erwähnte Definition des Guten zirkulär: »Gut« kann nicht definiert werden als »im Einklang mit einer guten Entwicklung stehend«. Was man hier zumeist meint, scheint zu sein, dass das Gute dasjenige ist, was im Einklang mit den wesentlichen Trends der Vergangenheit steht und zu ähnlichen Entwicklungen in der Zukunft führen wird. Damit lässt sich der Vorwurf umgehen, dass die Definition alles und jedes als gut erscheinen lässt; denn wir können die wesentlichen Trends von den Ausnahmen unterscheiden, die für die allgemeinen Entwicklungslinien nicht charakteristisch sind oder diesen sogar entgegenstehen. Dennoch ist es zweifellos eines zu sagen, dass etwas mit den wesentlichen Trends der Entwicklung in Einklang steht; und ein anderes zu sagen, dass es gut ist. Dass sich die Dinge im Großen und Ganzen auf eine bestimmte Weise wandeln, ist durchaus damit vereinbar, dass der Wandel schlecht und nicht gut ist. Einer der Haupttrends in der menschlichen Entwicklung ist gewesen, dass man immer effizientere Methoden ersonnen hat, einander in Kriegen zu zerstören. Folgt daraus etwa, dass es gut wäre, wenn dieser Prozess eine Fortsetzung fände? Dieselbe

Art von Überlegung trifft auch andere Deutungen der evolutionären Definition von »gut«. Versteht man unter »entwickelt« lediglich »später in der Zeit auftretend«, so würde die Definition das unbegründete und unvernünftige Dogma beinhalten, dass aller Wandel fortschrittlich ist. »Entwickelt« kann auch einfach im Sinne von »komplexer« verstanden werden. Aber es bedarf sicherlich keines Arguments um einzusehen, dass Gutsein nicht dasselbe ist wie Komplexität.

Ähnliche Einwände gelten für die soziologischen Definitionen von »gut« oder »recht« als »der gesellschaftlichen Entwicklung förderlich« oder »der sozialen Stabilität dienlich«. Was die Entwicklung der nationalsozialistischen Gesellschaft förderte und ihrer Stabilität diente, war nicht gut, sondern schlecht. Wir können die erste Definition nur rechtfertigen, wenn wir »gut« bereits in den Begriff der Entwicklung haben einfließen lassen, mithin einen Zirkelschluss begangen haben; und wir können die zweite nur verteidigen, wenn wir bereit sind zuzugestehen, dass Wandel niemals dem Guten dient und die richtige Politik stets darin besteht, die vorhandene Gesellschaftsform zu zementieren.

Jede einzelne dieser naturalistischen Theorien ist, so haben wir gesehen, schwerwiegenden spezifischen Einwänden ausgesetzt. Daneben gibt es aber auch allgemeine Argumente, die sich gegen *jedwede* naturalistische Definition richten. Ich möchte drei anführen:

(1) Jede naturalistische Definition würde die Ethik zum Zweig einer empirischen Wissenschaft machen, sei es der Psychologie oder einer anderen Wissenschaft. Das könnte angesichts des gegenwärtigen geistigen Klimas attraktiv erscheinen, da »wissenschaftlich« und »vernünftig« nicht selten als synonym angesehen werden. Allerdings hätte dies eine logische Konsequenz, die nur wenige wirklich akzeptieren würden. Wenn die Ethik eine empirische Wissenschaft ist, muss ihre Methode die der empirischen Verallgemeinerung, der – wie der Logiker sagt – Induktion sein. Um moralische Schlussfolge-

rungen zu treffen, benötigt man im Falle von Theorien, die moralische Begriffe mit Hilfe der Sprecherpsychologie definieren, nichts weiter als eine Anzahl von Introspektionen; und im Falle der anderen naturalistischen Theorien eine Reihe von statistischen Erhebungen über die tatsächlichen Gefühle oder Wünsche von Menschen. Damit allein ließe sich die Frage beantworten, was gut oder richtig ist, ohne dass noch ein Widerspruch möglich wäre. Aber das ist ganz und gar nicht die Methode, die wir zugrunde legen, wenn wir zu moralischen Schlussfolgerungen gelangen wollen; im Gegenteil, sie erscheint uns an sich als vollkommen irrelevant für dieses Unterfangen. Die bloße Tatsache, dass Menschen *de facto* bestimmte Gefühle aufbringen, überzeugt uns in der Ethik noch nicht von der Wahrheit irgendeiner Aussage, obgleich sie unter Hinzunahme weiterer Prämissen bisweilen zu wahren und vernünftigen moralischen Schlussfolgerungen zu führen vermag. Offensichtlich kann keine auch noch so große Menge von Statistiken für sich genommen schon eine moralische Schlussfolgerung begründen.[1] Wir können unsere Kritik sogar noch weiterführen: Aus dem Naturalismus ergibt sich nicht nur, dass die Wahrheit moralischer Propositionen allein durch Selbstbeobachtung oder statistisches Material über andere etabliert werden können. Es würde auch folgen – jedenfalls aus denjenigen Formen von Naturalismus, die in den moralischen Propositionen nicht bloß Propositionen über die Sprecherpsychologie erblicken –, dass moralische Propositionen selber bloß ungenaue Propositionen über statistische Sachverhalte wären. Der einzige Unterschied zwischen einer Proposition über das Verhalten der meisten Menschen und einer Proposition über das Verhalten von 91,7% der Menschen besteht darin, dass die erste eine sehr ungenaue und die zweite eine genauere Proposition über statistische Sachverhalte ist. Doch ob genau oder unge-

1 Vgl. Charlie D. Broad, *Five Types of Ethical Theory*, London 1930, S. 114f.

nau: Moralische Propositionen sind gewiss überhaupt keine Propositionen über statistische Sachverhalte.

(2) Wenn man uns für A die Definition BC anbietet, so ist es offenbar ein fataler Einwand gegen diese Definition, wenn wir auf etwas verweisen können, von dem es wahr ist zu sagen, dass es A ist, aber falsch, dass es BC ist (oder umgekehrt); solche Einwände gegen die naturalistischen Theorien habe ich bereits vorgetragen. Aber es ist ein wichtiger logischer Punkt, dass dies nicht notwendig ist, um eine Definition zu widerlegen. Es genügt, die Möglichkeit aufzuzeigen, dass etwas A ist, aber nicht BC (oder umgekehrt), um die Definition umzustürzen. Denn wäre BC wirklich, was A bedeutet, so wäre es widersprüchlich anzunehmen, dass etwas auch nur möglicherweise A sein könnte, aber nicht BC (oder umgekehrt), so wie es widersprüchlich wäre anzunehmen, dass jemand ein Junggeselle sein könnte, ohne männlich und unverheiratet zu sein. Selbst wenn es also Tatsache sein sollte, dass wir immer nur Gutes wünschen, ließe sich die entsprechende naturalistische Definition von »gut« als »von allen gewünscht« immer noch widerlegen, indem man zeigt, dass selbst wenn wir tatsächlich immer nur Gutes wünschen, die gegenteilige Annahme zu keinem Widerspruch führt. Selbst wenn es wahr wäre, dass wir immer nur Gutes wünschen, so muss doch klar sein, dass dies nur eine empirische Tatsache der menschlichen Natur ist, die sich, soweit wir erkennen können, auch ganz anders hätte darstellen können, und die mit dem Begriff des Guten nicht notwendig verbunden ist. Gegen jede naturalistische Definition von »gut« lässt sich ein Argument dieser Art vorbringen. Wenn wir nachdenken, werden wir erkennen, dass es nicht widersprüchlich ist anzunehmen, es gebe etwas, das die definierende Eigenschaft aufweist, aber nicht gut ist; und dass es sich deshalb um keine angemessene Definition von »gut« handeln kann. Es ist wahrscheinlich dieser Punkt, der Moore bei seinem Angriff auf den Naturalismus in den *Principia Ethica* in erster Linie vor Augen stand, und er erscheint mir im Wesentlichen berech-

tigt, so problematisch seine Argumentation auch sein mag, wie er selber als erster zugäbe. Welche empirische Eigenschaft auch immer einer Definition von »gut« (oder »verpflichtend« oder »richtig«) zugrunde liegt, so scheint doch offensichtlich, dass die Frage, ob alles Gute (oder Verpflichtende oder Richtige) diese Eigenschaft hat, und die umgekehrte Frage, ob alles, was diese Eigenschaft hat, gut ist, keine Frage zu sein, die sich durch eine Definition beantworten lässt. Daher müssen alle diese Definitionen als unhaltbar verworfen werden.

(3) Ein generelles Problem aller naturalistischer Theorien liegt darin, dass sie für einen kontrafaktischen Begriff des Sollens keinen Platz lassen. Moralische Propositionen beziehen sich ihnen zufolge lediglich auf das, was ist. Und das, was faktisch *ist*, ist nicht dasselbe wie das, was *sein soll*. Sie erklären in keiner Weise den Schritt vom Sein zum Sollen. Dieser Einwand wurde von Hume gegen eine ganz andere Art von Theorie vorgebracht, welche die Ethik aus der Metaphysik ableitet;[1] er lässt sich aber auch gegen den Naturalismus kehren, dem Hume selber zuneigte. Ein sehr wichtiges und charakteristisches Merkmal des Guten ist, dass es uns Pflichten unterstellt. Wenn etwas gut ist und dem keine stärkere Pflicht entgegensteht, so sollen wir es befördern oder es zumindest nicht zerstören. Aber keine der erwähnten, von den Naturalisten mit »gut« identifizierten Eigenschaften scheint in der Lage, Pflichten zu begründen. Also können sie nicht mit der Eigenschaft des Gutseins identifiziert werden, die Pflichten begründet. Wir sollen die Wünsche anderer Menschen befriedigen – aber nur, insoweit diese Wünsche gut sind. Wir sollen tun, was andere Menschen gutheißen – aber nur, insoweit sie gutheißen, was richtig ist. Das Bessere ist nicht immer das, was ich mir am meisten wünsche; doch selbst wenn es so wäre, würde mein Wunsch es nur als ein Gebot der Klugheit

[1] Vgl. David Hume, *A Treatise of Human Nature*, London 1739–1740, Bd. III, i, I.

erscheinen lassen, dass ich mich davon leiten lasse, nicht jedoch als meine Pflicht. Somit bleibt die Frage, warum ich mich davon leiten lassen *soll* – es sei denn, es wäre, wie der Non-Naturalist behauptet, augenscheinlich, dass ich mich von dem Besseren und nicht dem Schlechteren leiten lassen soll. Versteht man allerdings unter »gut« lediglich das, was die meisten Menschen wünschen oder gutheißen, dann ist es keineswegs augenscheinlich, dass ich mich davon leiten lassen soll. Das wäre es allenfalls dann, wenn wir eine Verbaldefinition einführen, wonach »Ich soll B tun« bedeutet: »Von allen mir zum jetzigen Zeitpunkt möglichen Handlungen ist B am besten geeignet, die Wünsche der Menschen zu befriedigen oder ihre Zustimmung zu gewinnen«. In diesem Falle wären wir aber mit dem Einwand konfrontiert, dass man den Begriff des Sollens nicht auf einen bloß faktisch bestehenden Kausalzusammenhang reduzieren kann. Eine Proposition, die eine moralische Verpflichtung enthält, kann sicher nicht bloß besagen, dass diese oder jene Ursache tatsächlich diese oder jene Wirkung hervorbringt. Das ist eine ganz andere Proposition. Diese Einwände treffen alle naturalistischen Theorien der Ethik gleichermaßen.

Ein Non-Naturalist scheint mir in der Auseinandersetzung mit seinen Gegnern besser beraten, den Begriff eines undefinierbaren »Sollens« in den Mittelpunkt zu stellen, und nicht wie Moore den Begriff eines undefinierbaren »Guten«. Manche haben schwere Zweifel geäußert, ob wir wirklich dieser angeblich undefinierbaren Eigenschaft des Gutseins gewahr sind. Ich selbst teile diese Zweifel. Aber es ist viel schwieriger zu bezweifeln, dass wir der *Pflicht* gewahr sind und dass diese nicht auf irgendeine empirische Eigenschaft oder Beziehung reduziert werden kann. Haben wir einmal ein undefinierbares Sollen anerkannt, können wir »gut« in seinem spezifisch ethischen Sinn mit Hilfe dieses ersten Begriffs definieren. Wir können dann sagen, dass etwas als in sich gut zu bezeichnen bedeutet, dass es »so beschaffen ist, dass wir ihm gegenüber eine positive Einstellung haben sollen, d. h. es um seiner selbst willen erwählen, wünschen, erstreben, befördern, begrüßen oder bewundern sollen«; und wir können einen moralisch guten Menschen definieren als »einen solchen, der tut, was er soll«. Es ist daher falsch anzunehmen, dass die These von der Undefinierbarkeit des Guten die einzige Alternative zum Naturalismus darstellt. Wir können auch stattdessen die These von der Undefinierbarkeit des Sollens vertreten. Tatsächlich gibt es drei Alternativen: (a) Wir können »gut« als undefinierbar ansehen und mit seiner Hilfe »sollen« definieren, wie wenn wir sagen, dass »Ich soll A tun« so viel bedeutet wie: »Von all den mir jetzt zur Verfügung stehenden Handlungen würde A das größte Gut herbeiführen« oder dergleichen. (b) Wir können behaupten, dass »gut« und »sollen« gleichermaßen undefinierbar sind. (c) Wir können »sollen« als undefinierbar ansehen und mit seiner Hilfe »gut« definieren. Moore vertrat in seinen *Principia Ethica* die erste Ansicht und in seinem späteren Werk *Ethics* die zweite, und die zweite Ansicht dürfte unter den Non-Naturalisten inzwischen die verbreitetste sein. Moores Argumente scheinen nicht einmal zu beanspruchen darzutun, dass »gut« der einzige undefinierbare Begriff in der Ethik oder dass »gut« keiner non-naturalistischen Definition mit Hilfe eines anderen ethischen Begriffs fähig ist.

Es ist zumal in der Philosophie eine sinnvolle Regel, dass wir in Anbetracht einer Position, die uns ganz und gar unglaubwürdig und unvernünftig erscheint, fragen, warum einige sie für plausibel haben halten können. Wie steht es diesbezüglich um den Naturalismus in der Ethik? Mir scheint, dass die folgenden Gründe eine Rolle spielten, wenn Philosophen versucht waren, ihn anzunehmen:

(1) Der Naturalismus macht die Ethik zu einer empirischen Wissenschaft, und empirische Wissenschaften sind außerordentlich erfolgreich darin gewesen, uns mit einem Wissen über die Natur der Dinge auszustatten. Somit erscheint es plausibel anzunehmen, dass wir mit ihrer Hilfe alles entdecken können, was es für uns überhaupt zu entdecken gibt. Es

lässt sich jedoch einwenden, dass die Methoden, die sich bei der Entscheidung empirischer Tatsachenfragen als so erfolgreich erwiesen haben, nicht notwendig geeignet sind, die zumindest auf den ersten Blick sehr verschiedenen Fragen der Ethik zu beantworten.

(2) Eine non-naturalistische Position beinhaltet die Einführung einer Eigenschaft (gut) oder Beziehung (Pflicht), die sich von allen anderen Eigenschaften und Beziehungen und besonders von solchen, die in unserem gewöhnlichen empirischen Wissen vorkommen, radikal unterscheidet. Daher war die Versuchung groß, diese Begriffe auf gewöhnlichere Arten von Eigenschaften oder Beziehungen zurückzuführen und dadurch hinwegzuerklären. Aber obwohl es eine Versuchung darstellt, alles Wissen auf einen Typ zu reduzieren, haben wir kein Recht zu der dogmatischen Annahme, dass es wirklich insgesamt zu ein und demselben Typ gehört. Wir können das nicht behaupten, bevor wir nicht untersucht haben, ob der Versuch einer solchen Reduktion erfolgreich ist oder misslingt, und wir haben kein Recht, im Namen einer Einfachheit, von der wir nicht wissen, ob sie möglich ist, wirkliche Unterschiede hinwegzuerklären. Die Dinge lassen sich immer dadurch vereinfachen, dass wir unbequeme Tatsachen ignorieren, aber es ist das Gegenteil von wissenschaftlich, Tatsachen zu ignorieren. Wir müssen eine empirische Geisteshaltung einnehmen, aber unsere moralischen Erfahrungen sind ebenso sehr Erfahrungen wie unsere Wahrnehmung physischer Gegenstände.

(3) Es besteht eine Tendenz zu der Annahme, dass wir irgendeine Definition unserer moralischen Begriffe benötigen. Aber wie ich dargelegt habe, steht fest, dass sich nicht alles in dem Sinne definieren lässt, dass wir es auf etwas anderes zurückführen könnten. Und wenn es irgendwelche undefinierbaren Begriffe gibt, dann ist es nur vernünftig anzunehmen, dass die Grundbegriffe der Ethik dazu gehören. Andernfalls ließe sich die Ethik restlos auf etwas Nicht-Ethisches reduzieren. Dabei müssen wir uns vergegenwärtigen,

dass Undefinierbarkeit hier nur bedeutet, dass diese Begriffe nicht auf irgendwelche anderen zurückgeführt werden können, nicht aber, dass sich weiter nichts über sie sagen ließe.

(4) Ein Argument lautet: Wenn es wirklich eine undefinierbare Eigenschaft des Gutseins gäbe, die wir wahrnehmen können, so ist es unglaublich, dass sie Gegenstand so vieler Kontroversen ist. Man würde vielmehr erwarten, dass fast jeder um ihre Natur wüsste, so wie jeder, der nicht blind oder farbenblind ist, weiß, was Gelb ist. Aber auch wenn man annimmt, dass sich »gut« definieren lässt, hat man Schwierigkeiten der gleichen Art zu erklären, wie es zu solch weitreichenden Divergenzen im Hinblick auf eine Definition und bezüglich der Frage, ob es überhaupt eine Definition gibt, kommen kann. Man findet selten zwei Naturalisten, die sich auf ein und dieselbe Definition einigen können. Die richtige Definition müsste angeben, was wir mit »gut« meinen; wie aber kann es sein, dass es so grundverschiedene Ansichten nicht nur darüber gibt, was wahr ist, sondern auch darüber, was wir unter einigen der gebräuchlichsten Ausdrücke verstehen? Das ist eine bislang nicht vollständig gelöste Schwierigkeit, der sich alle philosophischen Definitionen alltäglicher Ausdrücke – nicht nur der moralischen – gegenüber sehen und von der jedenfalls beide Seiten in demselben Maße betroffen zu sein scheinen. Ich muss hinzufügen, dass wir uns in meinen Augen viel sicherer sein können, dass wir eine klare Vorstellung der Pflicht – in Absetzung vom Wunsch, der Angst, dem Gefühl oder jeder anderen psychologischen Befindlichkeit – besitzen, als dass wir über eine klare Vorstellung einer undefinierbaren Eigenschaft des Gutseins verfügen.

(5) Ein einflussreiches Argument für den Naturalismus besagt, dass wir den Ursprung unserer moralischen Vorstellungen und Überzeugungen aus dem Nicht-Moralischen mit den Methoden der Psychologie erklären können. Sowohl im Leben des Individuums als auch in der Evolution des Menschen muss sich das moralische Bewusstsein irgendwie aus einem

Zustand heraus entwickelt haben, in dem es noch keinerlei moralische Vorstellungen oder Überzeugungen gab. Eine kausale Erklärung ihres Ursprungs müsste sie demnach von etwas ableiten, das selbst nicht moralisch ist, und verschiedene solche Ableitungsversuche sind unternommen worden. Diese Herangehensweise fand Unterstützung durch die Theorien von Freud, der zur Erklärung geistiger Krankheiten oft ein irrationales Schuldgefühl heranzog, das von uns vergessenen, d. h. nicht mehr bewussten Strafen und Drohungen aus der Zeit der Kindheit herrührt, deren Wirkungen auf das Unterbewusstsein fortbestehen. In diesem Zusammenhang müssen wir uns allerdings drei Punkte in Erinnerung rufen:

(a) Ein Ding ist nicht mit seinen Ursachen identisch. Daraus, dass A durch B und C verursacht wurde, folgt nicht, dass A keine anderen Eigenschaften besitzen könnte als die von B und C. Wenn die psychologische Theorie des Ursprungs moralischer Vorstellungen uns nur darüber aufklären will, welche Erfahrungen ihrer Bildung vorangegangen sind, ist sie unverfänglich. Aber wenn sie darüber hinaus beansprucht, diese Vorstellungen begrifflich auf jene nicht-moralischen Erfahrungen zurückzuführen, ist sie den Einwänden gegen den Naturalismus ausgesetzt. Wenn es wahr ist, dass das moralische Wissen von Menschen aus einem Zustand hervorgegangen ist, in dem kein moralisches Wissen existierte, so ist es gleichermaßen wahr, dass das mathematische Wissen aus einem Zustand hervorgegangen ist, in dem kein mathematisches Wissen existierte. Doch das reduziert es nicht auf die Zahl-Erfahrungen eines Affen oder sehr primitiven Menschen oder auf die Erfahrungen von uns, da wir das Addieren zuerst mit Hilfe von Perlen lernten, ohne zu verstehen, wie sich die Folgerungen ergaben. Es ist durchaus möglich und vernünftig anzunehmen, dass primitive nicht-mathematische und nicht-moralische Erfahrungen schließlich zur Entwicklung eines Geisteszustands beitrugen, in dem Menschen erstmals elementare Wahrheiten der Mathematik und Ethik einsahen, vorausgesetzt sie besaßen die Fähigkeit zu einer solchen Entwicklung und die Vernünftigkeit. Es gab Philosophen, die haben argumentiert, dass etwas Nicht-Vernünftiges von sich selbst aus nicht in der Lage sei, etwas Vernünftiges hervorzubringen. Aber wenn das zutrifft, so wäre daraus zu folgern, dass wir letztlich von einem vernünftigen Wesen (Gott) abhängig sind, das den gesamten evolutionären Prozess kontrolliert – und nicht etwa, dass wir jetzt in keiner Weise über Vernünftigkeit verfügen, was offenbar falsch ist, oder dass sich vernünftige Wesen ohne eine Ursache entwickelt haben, was schwer vorstellbar ist. So wie wir aus einem Zustand hervorgegangen sind, in dem wir nicht verstehen konnten, dass 5 mal 7 gleich 35 ist, so sind wir auch aus einem Zustand hervorgegangen, in dem wir nicht verstehen konnten, dass etwas wirklich schlecht ist, sondern in dem wir nur die Schmerzen und die Angst vor Strafe spüren konnten. Aus einem solchen Zustand sind wir hervorgetreten in einen, in dem wir diese Einsicht besitzen. Und die Tatsache, dass wir diese Einsicht jetzt besitzen, kann unmöglich dadurch widerlegt werden, dass wir sie zu einem früheren Zeitpunkt nicht besessen haben. Die von mir hier angesprochene Theorie wird manchmal dazu benutzt zu suggerieren, dass moralische Vorstellungen irgendwie illusorisch seien. Aber wenn der beschriebene Übergang eine Schwierigkeit darstellen sollte, ließe er sich dadurch nicht beheben; denn ob illusorisch oder wahrhaftig – moralische Vorstellungen unterscheiden sich in jedem Fall von ihren Vorläufern. Sie sind im einen wie im anderen Fall durch diese gleich schwierig zu erklären. Eine Vorstellung bleibt dieselbe, ob wahr oder falsch; sie als illusorisch zu erklären, macht sie den Faktoren, die sie entstehen ließen, an sich nicht ähnlicher.

(b) Der Erfolg von Freud, die Erklärung vieler psychologischer Phänomene durch seine Theorie und im Besonderen die Erhellung vieler Schuldkomplexe beweisen keineswegs, dass ein jegliches Schuldgefühl und noch weniger ein jedes Pflichtgefühl durch die von ihm beschriebene Art von Ursachen erklärt werden kann. Weil der Mensch von Natur aus fehlbar ist, können wir uns sicher sein, dass jede unserer allgemeinen Vorstellungen und so auch die der Schuld auf einige Dinge falsch angewendet wird. Wir können uns sicher sein, dass jedes verbreitete Gefühl bisweilen gegenüber Objekten aufgebracht wird, bei denen eine andere Reaktion angemessen wäre. Freud mag eine gute Erklärung für viele dieser Fehler geliefert haben. Aber der Erfolg einer Theorie bei der Erklärung bestimmter pathologischer Phänomene beweist noch nicht, dass die Theorie auch eine Erklärung aller gesunden Entwicklungen zu leisten vermag. Das Schuldgefühl muss existieren, bevor es falsch angewendet werden kann, und Freuds Werk ist selbst ein Tribut an seine große psychologische Bedeutung. Dass es nicht angemessen durch die Furcht vor äußerer Bestrafung erklärt werden kann, zeigt Freud selbst, wenn er hervorhebt, dass es einen Menschen dazu führen kann, nach Bestrafung für sich selbst zu verlangen.

(c) Jeder, der sich zur Rechtfertigung einer naturalistischen Analyse unserer moralischen Urteile dieser Argumentationslinie bedient, sollte sich vergegenwärtigen, dass die Moralpsychologie von kleinen Kindern und primitiven Völkern zu den dunkelsten und spekulativsten Forschungsgebieten überhaupt gehört. Wie C.D. Broad bemerkt: »Von allen Zweigen der empirischen Psychologie muss jener, der sich mit dem geistigen Leben von Säuglingen befasst, seiner Natur nach einer der prekärsten sein«, aus dem einfachen Grund, dass »Säuglinge, solange sie solche bleiben, uns nicht sagen können, wie ihre Erfahrungen beschaffen sind«.[1] Es gibt heute keine Völker mehr, die sich auch nur annähernd in einem so primitiven Stadium befinden wie jenem, in dem der Mensch zuerst moralische Vorstellungen ausgebildet hat; daher können wir nicht einmal einigermaßen sichere Rückschlüsse vom Verhalten des Menschen auf seine Erfahrungen in diesem Stadium anstellen. Wenn wir aufgrund einer Theorie

1 Charlie D. Broad, »Critical Notices«, in: *Mind* 53 (1944), S. 354.

über die Moral von Kindern oder primitiven Menschen unsere klaren Überzeugungen hinsichtlich der Bedeutung von moralischen Urteilen über Bord werfen, so verwerfen wir etwas Gewisses aufgrund von etwas überaus Ungewissem.

Dem Naturalisten steht indes eine weitere Verteidigungsstrategie zur Verfügung, die er noch zum Einsatz bringen kann. Er kann zugestehen, dass sich eine naturalistische Analyse der Bedeutung unserer moralischen Begriffe als unmöglich erwiesen hat, und dies als Beweis nehmen, dass unsere moralischen Urteile – da einer solchen Analyse nicht zugänglich – alle falsch sind. Er kann behaupten, dass die Aufgabe des Moralphilosophen darin besteht, diese falschen Urteile durch neue, in rein naturalistischen Begriffen wie dem des Wunsches gefasste zu ersetzen. Diese könnten einen erfüllbaren Wahrheitsanspruch erheben, weil sie jede Spur eines Sollens oder Gutseins, das sich nicht auf den Begriff einer Naturwissenschaft reduzieren lässt – weil sie mit anderen Worten alles spezifisch Moralische beseitigt haben. Diese skeptische Position in der Ethik ist schwer zu widerlegen, aber noch schwerer zu glauben. Ich kann nicht anders als glauben, dass ich keinem Irrtum unterliege, wenn ich behaupte, dass es moralisch falsch wäre, eine Bande von Schurken anzuheuern, um den ersten Kritiker meiner Position zusammenschlagen zu lassen. Und ich nehme an, dass, wenn ich dies täte, jener Kritiker gleichfalls Schwierigkeiten hätte zu glauben, dass meine Handlung nicht moralisch falsch wäre, egal wie skeptisch seine ethische Theorie sein mag. Der Naturalismus wäre deshalb viel plausibler und attraktiver, wenn sich behaupten ließe, dass er erklärt, was wir mit unseren moralischen Urteilen tatsächlich sagen wollen. Der Naturalist würde den Skeptizismus in der Ethik vermeiden und könnte anerkennen, dass die Urteile der Ethik des *Common Sense* oftmals wahr sind. Wenn aber (wie ich versucht habe zu zeigen) jede naturalistische Erklärung unserer moralischen Urteile zum Scheitern verurteilt ist, dann müssen wir uns entweder zum moralischen Skeptizismus bekennen oder den

Naturalismus aufgeben (zum Skeptizismus in der Ethik siehe auch Kapitel 2 und 7).

Wenn wir sagen, dass moralische Vorstellungen nicht ohne Rest auf Begriffe der Psychologie reduziert werden können, so bedeutet dies im Übrigen nicht, dass sie sich auf irgendetwas außerhalb des psychologischen Bereichs anwenden ließen. Von schönen Gegenständen einmal abgesehen (einer sehr zweifelhaften Ausnahme), lässt sich der Begriff des Wertes nicht auf physische Gegenstände anwenden, es sei denn im Sinne von etwas, das nur als Mittel gut ist, und Gleiches gilt gewiss für die spezifisch moralischen Begriffe. Dass Wertbegriffe und moralische Urteile nur auf psychologische Entitäten angewendet werden können, heißt hingegen nicht, dass diese Begriffe und Urteile selbst einer Analyse in psychologischen Begriffen fähig wären. Es folgt nicht, dass moralische Urteile lediglich besagen, dass der Urteilende oder dass Menschen im Allgemeinen eine bestimmte psychologische Einstellung haben, wie es der Naturalist will.

Ich habe mich mit dem Naturalismus so lange aufgehalten, weil er so populär ist, besonders in wissenschaftlichen Kreisen. Allerdings haben, zumindest hierzulande, die meisten naturalistisch geneigten Philosophen ihn gegen eine subtilere Theorie eingetauscht, mit der ich mich im nächsten Kapitel beschäftigen werde. Zuvor möchte ich mich aber noch einer ganz anderen Art von Definitionen von »gut« und »sollen« zuwenden, nämlich denen mittels metaphysischer Begriffe. Eine metaphysische Definition ist eine solche, die Bezug nimmt auf die tiefste (letzte) Natur des Wirklichen, im Unterschied zu dem weniger tiefen Aspekt, unter dem die Naturwissenschaften die Wirklichkeit betrachten. Von allen metaphysischen Definitionen brauchen wir uns hier nur mit einer zu befassen, der bei weitem klarsten und bekanntesten. Ich meine die Versuche, moralische Begriffe mittels religiöser zu definieren, indem behauptet wird, dass etwas gut oder richtig zu nennen bedeutet, es sei von Gott befohlen. Auf den ersten Blick mag es scheinen, dass solch eine Theorie sofort durch die bloße

Tatsache widerlegt wird, dass auch Agnostiker und Atheisten vernünftige moralische Urteile treffen können. Aber darauf könnte man entgegnen, dass auch einem Atheisten, der von Pflichten redet, in Wirklichkeit eine konfuse Idee von Befehl vorschwebt, dass ein Befehl einen Befehlenden voraussetzt und ein vollkommenes moralisches Gesetz einen vollkommenen Befehlenden, von dessen Geist das gesamte moralische Gesetz abhängt, so dass es inkonsistent ist, wenn der Atheist die Geltung des moralischen Gesetzes anerkennt und zugleich die Existenz Gottes leugnet. Man kann sich fragen, ob dieses Argument, sollte es gültig sein, die theologische Definition als Analyse des Gemeinten oder nicht vielmehr als dessen logische Folge erscheinen ließe; aber es gibt noch andere Einwände gegen eine solche Begriffsbestimmung:

(a) Wenn »richtig« und »gut« als »von Gott befohlen« definiert werden, so könnte Gott nicht etwas deshalb befehlen, weil es richtig oder gut ist; denn dies würde nur bedeuten, dass er es befiehlt, weil er es befiehlt. Daher gäbe es dann überhaupt keinen Grund für seine Befehle, die folglich zum Ausdruck reiner Willkür würden. Gott könnte, so ergäbe sich, vernünftigerweise genauso wollen, dass unsere ganze Pflicht im Betrügen, Quälen und Töten von Menschen – so gut wie wir nur irgend können – besteht, so dass es unsere Pflicht wäre, in diesem Sinne zu handeln.

(b) Wieso haben wir eigentlich den Befehlen Gottes zu gehorchen? Weil wir es tun *sollen*? Aber hier wird behauptet, dass »wir sollen A tun«, bedeutet: »Gott befiehlt uns, A zu tun.« Dass wir Gottes Befehlen gehorchen sollen, kann daher nur bedeuten, dass uns Gott befiehlt, Gottes Befehlen zu gehorchen – was uns keinen zusätzlichen Grund liefert, ihnen zu gehorchen. – Weil wir Gott lieben? Aber das setzt voraus, dass wir Gott gehorchen sollen, wenn wir ihn lieben, und dass wir ihn lieben sollen. Es setzt moralische Propositionen voraus, die nicht wiederum im Verweis auf Gottes Befehle gerechtfertigt werden können, ohne einen Zirkelschluss zu begehen. – Weil Gott gut ist? Aber das würde nur bedeuten, dass Gott seinen eigenen Befehlen gehorcht. – Weil Gott uns bestrafen wird, wenn wir ihm nicht gehorchen? Das wäre vielleicht ein sehr guter Grund dafür, ihm aus Eigeninteresse zu gehorchen; wie wir aber sahen, ist das Eigeninteresse keine ausreichende Grundlage für die Ethik. Wenn Gott nicht schon als moralisch gut und seine Befehle nicht schon als richtig gedacht werden, hätte Gott keinen größeren Anspruch auf unseren Gehorsam als ein Hitler, abgesehen davon, dass er mehr Macht hätte, uns im Falle unseres Ungehorsams Unannehmlichkeiten zu verschaffen, als Hitler jemals besaß; und das ist kein moralischer Grund. Durch bloße Macht und Strafandrohung lässt sich keine moralische Pflicht begründen. Wenn wir die Grundbegriffe der Ethik als gegeben voraussetzen, würde die Existenz Gottes uns zweifellos bestimmten Pflichten unterstellen, die wir andernfalls nicht hätten, etwa die, an Gott zu denken – so wie auch die Existenz der Eltern eines Menschen diesen gewissen Pflichten unterstellt, denen er nicht unterläge, wenn seine Eltern tot wären; aber wir können unmöglich auf diese Weise alle Pflichten aus dem Begriff Gottes ableiten. Wenn Gott vollkommen gut ist, dann sollen wir zweifellos seinem Willen gehorchen. Doch wie können wir wissen, worin in einem konkreten Fall sein Wille uns gegenüber besteht, ohne dass wir zuerst wissen, was wir tun sollen?

Was ich gesagt habe, ist natürlich kein Einwand gegen den Glauben an Gott, nicht einmal gegen die Ansicht, dass es ein gültiges moralisches Argument für die Existenz Gottes gibt. Doch lassen sich diese Überzeugungen vertreten, ohne zu behaupten, dass unsere moralischen Begriffe mit Hilfe des Gottesbegriffs definiert werden müssen. Es ist gesagt worden, dass die Existenz von überhaupt irgendetwas die Existenz Gottes impliziert; aber daraus muss nicht folgen, dass die Bedeutung all unserer Wörter eine Bezugnahme auf Gott beinhaltet. Noch darf das von mir Gesagte so verstanden werden, als könnte die Religion nicht einen wichtigen Einfluss auf die Ethik ausüben. Ich glaube allerdings, dass ihre Bedeutung für die Ethik mehr darin liegt, Menschen dabei zu unterstützen, eine Pflicht zu erfüllen, welcher sie ohnehin unterliegen, sowie darin, den Geist, in dem sie sie erfüllen, zu verändern, als in der Verordnung der Pflichten selbst. Während es ganz den Tatsachen widerspricht zu behaupten, dass ein Agnostiker oder Atheist kein guter Mensch sein kann, lässt sich nicht bestreiten, dass der Einfluss religiösen Glaubens (ob wahr oder falsch) im ersteren Sinne außerordentlich groß war und ist.

Metaphysische Definitionen begehen wie die naturalistischen den Fehler, das »Sollen« auf ein »Sein« zurückführen zu wollen. Wie ihre naturalistischen Schwestern müssen auch sie zerstören, was Kant die Autonomie der Ethik nannte; denn sie weigern sich, die Einzigartigkeit ihrer Grundbegriffe anzuerkennen. Auch sie reduzieren die Ethik auf einen bloßen Zweig eines anderen Wissensgebietes, in diesem Falle nicht einer Naturwissenschaft, sondern der Metaphysik oder Theologie. Die theologische Definition ist nur insofern ethischer als der Naturalismus, als sie den Begriff der Pflicht oder des Gutseins insgeheim in das Definiens aufnimmt und damit einen Zirkel beschreibt. Sie ist nur plausibel, weil Gott bereits als gut gedacht wird. Andernfalls würde sie aus der Pflicht nur den Gehorsam gegenüber dem Stärkeren machen; denn wird das spezifisch moralische Element aus dem Gottesbegriff entfernt, so gründen die Rechtsansprüche Gottes über uns lediglich in seiner Macht. Es kann aber nicht *moralisch* verpflichtend sein, einem Wesen zu gehorchen, nur weil es mächtig ist. Im Folgenden will ich mich einer anderen Herangehensweise zuwenden, mit der naturalistisch geneigte Philosophen versucht haben, die Art von Position zu vermeiden, die ich in diesem Kapitel verteidigt habe.

Kapitel 7: Was sind und worauf beziehen sich moralische Urteile?

Der Ausdruck »Urteil« wird von den Philosophen so verwendet, dass er sowohl Fälle von Wissen als auch von Meinen abdeckt. Ein Urteil sollte von den Wörtern unterschieden werden, mit denen man es zum Ausdruck bringt, und mehr noch von seiner Äußerung anderen Leuten gegenüber. Es ist ein Gedanke oder geistiger Akt, der auch schweigend vollzogen werden kann, obwohl er kaum ohne den Gebrauch von Wörtern sich selbst gegenüber auskommt; er besteht in der Einsicht, dass etwas wahr ist, oder in der Entscheidung, etwas als wahr anzunehmen. Was so als wahr angenommen wird, wird – zur Unterscheidung von den Wörtern, mit denen es ausgedrückt wird – von der zeitgenössischen Philosophie eine *Proposition* genannt. Zunächst aber haben wir uns mit einer Auffassung auseinanderzusetzen, derzufolge es paradoxerweise gar keine moralischen Propositionen gibt.

Die Frage, die ich in diesem Kapitel vor allem diskutiere, wird von einigen Philosophen naturalistischen Bekenntnisses aufgeworfen. Sie begegnen den Einwänden gegen den Naturalismus, indem sie einräumen, dass eine naturalistische Analyse unsere moralischen Urteile nicht ausreichend erklären kann, gleichzeitig aber behaupten, dass der unerklärbare Rest nichts ist, was wahr oder falsch sein kann, sondern ein bloßer Ausdruck der Haltung des Sprechers. Die bekanntesten Darlegungen dieser Ansicht sind jene von Alfred Jules Ayer im sechsten Kapitel seines *Language, Truth and Logic* und die wesentlich detailliertere von Charles Leslie Stevenson in *Ethics and Language*.[1] Dabei konzentrieren sie sich auf

1 Alfred Jules Ayer, *Language, Truth and Logic*, London 1936; Charles Leslie Stevenson, *Ethics and Language*, New Haven 1944.

einen durchaus wichtigen Aspekt des moralischen Urteils. Dieses ist ja keine rein theoretische oder intellektuelle Angelegenheit; es trifft nicht bloß die Feststellung, dass etwas der Fall ist, um es dabei zu belassen. Es ist praktisch: Seine hauptsächliche Funktion besteht darin, andere oder uns selbst anzutreiben, etwas zu tun oder etwas, das wir zu tun versucht sind, zu unterlassen. Einige Philosophen würden es gerne dabei bewenden lassen und halten dafür, dass unsere moralischen Urteile gar keinen Wahrheitsanspruch erheben, sondern nur eine emotionale und praktische Haltung zum Ausdruck bringen. Oder sie beschränken diesen Anspruch auf empirische und psychologische Wahrheiten über die Haltungen von uns selbst und anderen Leuten; das spezifisch Moralische an ihnen liege nicht in der Mitteilung solcher Wahrheiten, sondern in der Art und Weise, wie diese Emotionen von einem selbst und anderen durch diese Urteile stimuliert und wie sie dadurch zu Anreizen für Handlungen werden oder diese hemmen. Eine solche Theorie, so wird behauptet, lässt uns verstehen, warum eine naturalistische Erklärung nicht ausreichend erscheint. Denn eine naturalistische Erklärung, so heißt es weiter, erstreckt sich im besten Fall nur auf dasjenige Element in moralischen Urteilen, das wahr oder falsch sein kann; und damit bliebe der wichtigste Teil der moralischen Einstellung unberücksichtigt, der überhaupt nicht kognitiv sei, sondern praktisch und emotional. Moralische Urteile seien von einer vollständig anderen Art als Sachurteile, die sich auf empirische Tatsachen beziehen. Sie unterscheiden sich von jenen nicht etwa (wie der Nicht-Naturalist es will) dadurch, dass sie zwar keine empirische, wohl aber eine andere Art von Tatsache geltend machen. Der Unterschied liegt vielmehr darin, dass sie überhaupt keine Tatsachen geltend machen, oder falls doch, dass dies nur ein vergleichsweise unbedeutender Teil ihrer Funktion ist. Damit eröffnet sich die Möglichkeit (a) zu bestreiten, dass moralische Urteile im Grunde genommen naturwissenschaftliche Urteile sind, ohne doch (b) eine nicht-naturalistische Position einnehmen zu müssen. Denn wir können sagen, dass es sich bei ihnen gar nicht wirklich um Urteile handelt oder jedenfalls nicht in erster Linie, da es zweifellos ein wesentliches Merkmal von Urteilen ist, etwas zu behaupten, das wahr oder falsch sein kann. Streng genommen dürfte jemand, der sich diese Ansicht zu eigen macht, nicht länger von »moralischen Urteilen« reden, da er ja ihre Existenz gerade in Abrede stellt. Dennoch werde ich aus Gründen der Einfachheit den Ausdruck beibehalten, um diejenigen Erfahrungen zu bezeichnen, die wir machen, wenn wir Wertungen oder moralische Entscheidungen treffen, welche sich wie Urteile annehmen, obwohl sie der genannten Meinung zufolge gar keine wirklichen Urteile sind.

Was sie sind, wenn sie nicht wirklich Urteile sind, ist schon schwieriger zu sagen. Man hat sie manchmal als »Befehle« eingestuft, aber damit wird man sich nicht zufriedengeben können. Ich kann ihnen befehlen, etwas zu tun, ohne jemals zu denken, dass sie es tun sollten. Es muss immer einen zusätzlichen, spezifisch ethischen Grund geben, bevor wir sagen können, dass irgendjemand einem Befehl gehorchen soll – im moralischen Sinne von »sollen«. Aus demselben Grund ist es unmöglich, sie mit »Überredungen« oder »Ermahnungen« als eine Art abgeschwächter Befehle gleichzusetzen. Ich kann jemanden überreden, Dinge zu tun, die wir beide für falsch halten, indem ich Klugheitserwägungen anstelle moralischer Gründe anführe, oder durch bloße Rhetorik oder die Kraft meiner Persönlichkeit. Man muss ferner zugeben, dass moralische Urteile nicht nur eine einzige Funktion, sondern eine Vielfalt von Funktionen erfüllen, je nach dem Kontext und der Absicht des Sprechers. Wenn sich ein moralisches Urteil auf eine Handlung in der Gegenwart oder Zukunft bezieht, bringt es zweifellos über das bloß Theoretische hinaus irgendeine Art von Haltung zum Ausdruck. Handelt es sich dagegen um ein Urteil über eine vergangene Handlung, ist nicht so klar, dass es auch einen praktischen Sinn hat. Aber selbst in diesem Fall könnte man behaupten, dass wir nicht nur etwas über das Wesen der Handlung sagen, sondern eine emotionale Einstellung ihr gegenüber einnehmen und andere auffordern oder drängen, dasselbe zu tun. Wir sagen nicht nur, dass die Handlung diese oder jene Eigenschaften hatte, sondern wir billigen oder missbilligen, bewundern oder beklagen sie. Und wenn wir etwas als »gut« statt als »richtig« beurteilen, nehmen wir diese Einstellungen im Hinblick auf bestimmte Ziele oder im Hinblick auf einen Charaktertypus ein. Etwas zu billigen, heißt nicht nur, die Wahrheit einer Proposition zu behaupten, ein verstandesmäßiges Urteil zu treffen. Es heißt auch, eine positive emotionale Einstellung ihm gegenüber einzunehmen, sich darauf festzulegen, es oder irgendetwas Vergleichbares zu unterstützen – außer für den Fall, dass unsere Meinung aufgrund zukünftiger Überlegungen revidiert werden sollte.

In jüngerer Zeit ist immer wieder – besonders von Denkern dieses Typs – darauf hingewiesen worden, dass die Funktion der Sprache nicht allein im Aufstellen von Aussagen besteht, sondern auch darin, emotionale Einstellungen auszudrücken und andere zum Handeln zu bewegen. Dies trifft auch auf viele theoretische Äußerungen zu, die Tatsachen betreffen, etwa auf solche, die wir im Rahmen politischer Auseinandersetzungen machen. Es ist sogar behauptet worden, dass ausnahmslos alle Urteile ein, wie es heißt, »emotives« Element aufweisen. Während dieses aber, sofern es überhaupt vorliegt, bei zumindest sehr vielen Tatsachenurteilen (solchen in einem geographischen Lehrbuch zum Beispiel) vernachlässigt werden kann, spielt es bei moralischen Urteilen offenbar eine viel größere Rolle.

Doch müssen wir noch weiter gehen und sagen, dass in moralischen Urteilen überhaupt keine Behauptungen aufgestellt werden? Es ist allgemein bekannt, dass wir oft Sätze gebrauchen, in denen keine Aussage gemacht wird und die daher nicht wahr oder falsch sein können – Sätze, die einzig dazu dienen, unseren Geisteszustand auszudrücken und andere dazu zu bringen, auf eine bestimmte Art zu handeln.

Ausrufe, Wünsche, Befehle, Ermahnungen fallen in diese Rubrik; und manche meinen, dass die so genannten moralischen Urteile diesen vier Redeweisen – obwohl sie mit keiner von ihnen genau übereinstimmen – ähnlicher sind als den Tatsachenurteilen, weil sie ebenso wenig wie jene etwas behaupten würden. Denn selbst wenn die Analyse meiner moralischen Urteile zum Vorschein brächte, dass sie Tatsachenurteile über psychologische Zustände (zum Beispiel über meine eigenen Gefühle) beinhalten, hätten wir, wenn wir diese aufzählen, das eigentlich ethische Element noch gar nicht berührt. Hierin scheinen sich die Verfechter der gerade diskutierten Position mit den Nicht-Naturalisten einig zu sein. Während die Nicht-Naturalisten jedoch glauben, dass dieses Element in der Behauptung von Sätzen nicht-empirischer Art besteht, meinen die ersteren, dass es überhaupt nichts mit der Behauptung irgendwelcher Sätze zu tun hat, sondern mit dem Ausdrücken von Einstellungen. Das Problem, das sich ihnen stellt, ist die psychologische Unterscheidung der emotionalen Einstellungen, wie sie in moralischen Urteilen zum Ausdruck kommen, von den anderen, nicht-moralischen Arten solcher Einstellungen. Sie behaupten für gewöhnlich nicht, dass sie dieses Problem restlos geklärt hätten, heben aber als wichtiges Unterscheidungsmerkmal hervor, dass wir, insoweit wir moralisch sind, bei moralischen Urteilen wünschen, unsere Einstellungen mögen von allen anderen geteilt werden. (Es kann natürlich sein, dass wir aus nicht-moralischen Gründen wünschen, dass andere sie nicht teilen, etwa damit wir selbst nicht bestraft werden oder allgemeine Missbilligung erfahren.)

Welche Funktion haben dieser Auffassung nach moralische *Argumente*? Es lässt sich nicht bestreiten, dass Argumente – und dazu zählen auch Verweise auf empirische Tatsachen, die mit den Gefühlen des Sprechers nichts zu tun haben – in der Ethik eine sehr wichtige Rolle spielen. Bei der Entscheidungsfindung kommt solchen Argumenten regelmäßig eine große Bedeutung zu. Wie aber können moralische Urteile durch Argumente gestützt oder entkräftet werden, wenn sie keine Behauptungen enthalten? Dieses Problem hat man folgendermaßen zu lösen versucht: Die moralischen Argumente würden nicht deswegen angeführt, weil sie irgendeine moralische Schlussfolgerung als wahr oder wahrscheinlich erweisen; sondern bloß deswegen, weil sie den Geisteszustand eines Menschen, der sie vernimmt, auf eine solche Weise beeinflussen können, dass er die vom Sprecher erwünschte Einstellung übernimmt. Das Argument, dass eine bestimmte Handlung jemanden ohne erkennbaren Nutzen schwer verletzen würde, erweist dieser Auffassung zufolge die Handlung keineswegs als falsch. Es führt bei den Leuten aber in der Regel zu einem Gefühl der Missbilligung dieser Handlung gegenüber und wird sie daher der Handlung abgeneigt machen.

Diese Auffassung wird offenbar von mehreren der Einwände getroffen, die ich im vorigen Kapitel gegen die Theorie, nach der moralische Urteile Aussagen über die Einstellung des Sprechers sind, vorgebracht habe. Auf den Einwand, aus dieser Auffassung ergebe sich, dass zwei moralische Urteile einander niemals widersprechen könnten, antworten ihre Vertreter wie folgt: Sie könnten sich, da sie keinen Wahrheitsanspruch erheben, zwar nicht im logischen Sinne widersprechen; gleichwohl widersprächen sie sich in einem wichtigen Sinne, nämlich so, wie sich zwei miteinander unvereinbare Ziele oder Politiken widersprechen. Doch ist dies eine ganz andere Art von »Widerspruch«, und es ist außerdem nur schwer vorstellbar, dass sie einander nur im letzteren, nicht aber im ersteren Sinne widersprechen. Nehmen wir zur Veranschaulichung zwei Kandidaten, A und B, die sich auf dieselbe Stelle bewerben oder versuchen, Eintrittskarten zu einer schon fast ausverkauften Vorstellung zu erwerben. Ihre Einstellungen oder Ziele liegen miteinander im Streit; aber das ist etwas ganz anderes als zu sagen, dass irgendein logischer Widerspruch zwischen den von ihnen gefällten Urteilen besteht. Keiner von ihnen braucht zu glauben, dass er ein besserer Kandidat für die Stelle ist als der andere oder dass es besser wäre, wenn er und nicht der andere ein Ticket bekäme. Es müssen hier keine miteinander unvereinbaren Urteile im Spiel sein. Eine ganz andere Situation scheint dagegen vorzuliegen, wenn A sagt, dass etwas getan werden sollte, während B meint, dass es nicht getan werden sollte. Dann handelt es sich nicht nur um einen Widerstreit ihres Handelns und ihrer Politik, sondern um einen Widerspruch von Behauptungen.

In meinen Augen übersehen die beiden extremen Ansichten – die rein intellektualistische Sicht und die eben dargelegte – jeweils eine Seite dessen, was es zu erklären gilt. Doch scheint mir der Fehler derer, die leugnen, dass die so genannten moralischen Urteile wirklich Urteile sind, viel schwerwiegender zu sein. Es lässt sich ja bezweifeln, dass es irgendjemanden gibt, der eine rein intellektualistische Theorie vertritt. Man kann uns Nicht-Naturalisten vielleicht vorwerfen, dass wir uns nicht ausführlich genug zur emotiven und praktischen Funktion moralischer Urteile geäußert hätten. Aber niemand von uns hat doch bestritten, dass sie eine solche Funktion besitzen, und ich kann mir gar nicht vorstellen, dass irgendjemand, der den Ausdruck »moralisches Urteil« versteht, dies bestreiten würde. Eigentlich dreht sich alles um die Frage, ob ihnen auch eine kognitive Funktion zukommt, ob sie also auch Behauptungen beinhalten, die wahr oder falsch sein können. Es ist nur zu offensichtlich, dass sie für gewöhnlich Emotionen zum Ausdruck bringen oder hervorrufen, dass sie zu Handlungen Anstoß geben wollen und dass sie weitestgehend zu diesen Zwecken vorgebracht werden.

Um den Streit über das Wesen von moralischen Urteilen beizulegen, bedarf es einer gründlichen Klärung des Geisteszustands, in dem wir uns befinden, wenn wir sie fällen. Diese Prüfung sollte jeder Leser für sich selbst durchführen und nicht allein mir überlassen. Was mich betrifft, so habe ich den Verdacht, dass viele Leute, die sich zu diesem Thema geäußert haben, zu nachlässig bei dieser Prüfung waren – und zwar deswegen, weil sie davon ausgingen, dass es jenseits des Bereichs der Naturwissenschaften keine gültigen oder sogar keine bedeutungsvollen Behauptungen geben kann. Diese Annahme lässt sich aber unmöglich beweisen, und es ist nicht legitim, dies einfach *a priori* vorauszusetzen, ohne unsere moralische Erfahrung zu befragen. Eine solche Befragung wird meiner Ansicht nach zeigen: Eine Überzeugung, dass etwas wirklich objektiv gut oder schlecht, richtig oder falsch ist, geht normalerweise der eher praktischen und emotionalen Seite der Einstellung voraus oder ist zumindest aufs Engste mit dieser verbunden; ohne diese Überzeugung würde es sich gar nicht um eine moralische Einstellung handeln, sondern um eine nicht-moralische Vorliebe, die einfach den Geschmack betrifft. (Damit will ich natürlich den Leugnern einer objektiven Deutung keineswegs vorwerfen, nicht-moralisch zu sein, sondern nur, dass sie ihre moralische Erfahrung falsch interpretieren.) Ein jeder, der darüber im Zweifel ist, möge sich den Prozess der Meinungsbildung im Hinblick auf die Frage »Ist diese bestimmte Handlung richtig?« ansehen; er ist – leider – von dem anderen Prozess zu unterscheiden, der in der Entscheidung mündet, sie auch auszuführen. Sich eine Meinung darüber zu bilden, was man tun sollte, heißt gewiss, eine Frage zu stellen und die wahre Antwort auf sie zu suchen. Das zeigt sich besonders beim Nachdenken darüber, was wir tun, wenn wir um einen moralischen Ratschlag bitten. Wenn wir einen Freund um einen Ratschlag im Hinblick auf eine mögliche Handlung bitten, dann wollen wir nicht nur, dass er uns in einen positiven emotionalen Zustand dieser Handlung gegenüber versetzt. Oder, wenn das alles ist, worauf wir aus sind, dann sind wir nicht eigentlich an einem moralischen Ratschlag interessiert, sondern wollen uns bloß bei der Handlung wohlfühlen. Wir wollen auch nicht nur, dass der Ratgeber uns dazu bringt, irgendeine Handlung auszuführen, und uns diesbezüglich ein positives Gefühl vermittelt. Wenn das der Fall wäre, würden wir uns nicht moralisch verhalten, sondern lediglich versuchen, uns die Mühen einer Entscheidung zu ersparen. Wir wollen vielmehr, dass er uns – ganz unabhängig von unserem Gefühlszustand – dabei hilft herauszufinden, was wirklich richtig wäre. Falls wir seine Meinung einfach wegen der ihm zukommenden Autorität übernehmen, lässt sich das, wenn überhaupt, nur dadurch moralisch rechtfertigen, dass wir vernünftige Gründe haben zu glauben, seine moralische Ansicht sei mit größerer Wahrscheinlichkeit wahr als unsere eigene. Es geht uns schließlich auch nicht nur darum, dass wir im Hinblick auf die Handlung ähnliche Gefühle entwickeln wollen wie er. Dies ist vielleicht ein Teil dessen, was wir wollen, aber wenn das alles ist, wäre unser Motiv zweifellos alles andere als moralisch.

Und können wir wirklich glauben, dass Urteile wie »Was Hitler tat, war falsch« oder »Es ist schlecht, andern unnötig Schmerzen zuzufügen« keinen Anspruch auf Wahrheit erheben? Ohne jedes kognitive Element wären negative moralische Urteile bloße Beschimpfungen. Sie wären wie Flüche, die man im Ärger ausspricht, ohne damit irgendeinen Anspruch auf vernünftige Rechtfertigung zu verbinden, oder wie Schreie und Drohungen zur Einschüchterung oder um Leute unter Druck zu setzen, damit sie tun, was wir wollen. Es gäbe dann keinen guten Grund, der für ein bestimmtes moralisches Urteil statt für irgendein anderes spräche. Es ist richtig, dass – wie wir sahen – diese Theorie versucht, für Argumente in der Ethik einen Ort zu finden. Aber ihre Vertreter müssen eingestehen, dass kein Argument in der Lage ist, irgendein moralisches Urteil zu begründen oder zu widerlegen oder es auch nur mehr oder weniger wahrscheinlich zu machen; denn sie gehen ja davon aus, dass in moralischen Urteilen überhaupt nichts behauptet wird, das sich als wahr oder wahrscheinlich erweisen lassen könnte. Alles, was das »Argumentieren« in ihren Augen bewirken kann, ist, die Leute mehr oder weniger geneigt zu machen, ein moralisches Urteil zu fällen. Das aber bedeutet, den Unterschied zwischen vernünftigen Argumenten und bloßer »Propaganda« einzuebnen.

Man kann die Leute auf alle mögliche Weise dazu bringen, moralische Urteile zu fällen; aber es ist doch offensichtlich, dass etwa die Tatsache, dass eine Handlung Leid hervorbrächte, nicht nur eine Ursache ist, die viele Leute davon abhält, sie auszuführen, sondern auch ein objektiver Grund, der sie tendenziell falsch erscheinen lässt, egal welche Gefühle und Einstellungen die Leute ihr gegenüber haben. Es ist ein fataler Einwand gegen die von mir hier kritisierte Auffassung, dass sie nicht zwischen einem faktischen und einem berechtigten Gutheißen einer Handlung unterscheidet. Jemand, der sagt, dass der Beifall zu einer Handlung richtig oder falsch ist, drückt ihr zufolge nur seine faktische Haltung des Beifalls oder der Missbilligung ihr gegenüber aus. In dieser Hinsicht ist diese Auffassung in derselben Lage wie die naturalistische Theorie, die moralische Begriffe als Ausdrücke des Beifalls erklärt. Denn wie diese Theorie behauptete, dass moralische Urteile lediglich besagen, dass etwas auf Beifall stößt, so drücken sie jener Auffassung zufolge lediglich Beifall aus. Aber es muss doch zugestanden werden, dass wir in moralischen Urteilen beanspruchen, dass die von uns emotional gutgeheißene Einstellung – die wir auch anderen beizubringen versuchen – passend oder gerechtfertigt ist; dass wir beanspruchen, sie sei nicht bloß unsere tatsächliche Einstellung, sondern auch diejenige, die wir objektiv betrachtet einnehmen sollten. Deshalb findet sie, insofern wir moralisch sind, ja unseren Beifall, und deshalb versuchen wir andere dazu zu bewegen, sie ebenfalls anzunehmen. Natürlich können wir uns im Einzelfall in diesem Anspruch irren. Aber ließe sich unsere Rede überhaupt moralisch nennen, wenn wir auf ihn verzichten?

Natürlich ist es bei dieser Diskussion nicht meine Absicht, die Bedeutung der Erziehung – auf die ich hier nicht eingehe – zu leugnen. Aber es besteht kein Zweifel, dass wir später die Wahrheit dessen einzusehen vermögen, was uns zuerst durch Autorität beigebracht wurde. Bei meiner Analyse moralischer Urteile geht es mir nicht um deren Akzeptanz nach Art eines Papageien, sondern um das verständige Nachvollziehen dieser Urteile und die Stellungnahme zu ihnen aufgrund der Vernunft. Die Tatsache, dass wir die Moral zuerst von anderen Leuten gelernt haben, ist kein Grund dafür, sie in Zweifel zu ziehen – vorausgesetzt, wir sind in der Lage, die moralischen Wahrheiten selbst einzusehen. Ansonsten könnten wir genauso gut an den mathematischen Wahrheiten zweifeln. Es ist durchaus möglich, dass wir eine moralische Ansicht zunächst ausschließlich aufgrund einer Autorität erwerben, ihre Geltung später aber aus eigener Einsicht zu würdigen wissen. Schließlich geht es ja auch den meisten Menschen so, dass sie zunächst nur deswegen glauben, dass $5 + 7 = 12$ oder dass die Winkelsumme im euklidischen Dreieck gleich zwei Rechten ist, weil ihr Lehrer es ihnen so beigebracht hat.

Wie ist es angesichts der offensichtlichen Fehlerhaftigkeit der hier kritisierten Auffassung überhaupt möglich, an ihr festzuhalten? Abgesehen von dem unbegründeten, obschon unter den historischen Umständen verständlichen Vorurteil gegen alles, das nicht in die Rubrik der Naturwissenschaften eingeordnet werden kann, ist es vor allem die Schwierigkeit gewesen, ein moralisches Urteil als wahr oder falsch zu bestimmen, die hier zum Tragen kam. Doch angenommen, diese Bestimmung würde uns tatsächlich überfordern. Dann würde sich daraus nicht ergeben, dass wir überhaupt keine moralischen Urteile im eigentlichen – kognitiven – Sinne des Wortes »Urteil« treffen. Sondern es würde folgen, dass sich unsere moralischen Urteile nicht rechtfertigen ließen. Und da man schwerlich glauben kann, dass kein einziges unserer moralischen Urteile gerechtfertigt ist, haben einige Philosophen behauptet, dass manche dieser Urteile zwar gerechtfertigt sind, dass ihre Rechtfertigung aber nicht in ihrer Wahrheit besteht, da sie eine praktische Funktion erfüllen und gar keinen Wahrheitsanspruch erheben; dass sie einen Wahrheitsanspruch nur für den erheben, der sie missversteht. Das scheint mir im offenen Widerspruch mit unserem moralischen Bewusstsein zu stehen, nach dem unsere moralischen Urteile nur dann gerechtfertigt sind, wenn sie auch wahr sind. Wird dies einmal anerkannt, hat man nur die Wahl zwischen (a) einem vollständigen moralischen Skeptizismus, der bestreitet, dass sich moralische Urteile überhaupt rechtfertigen lassen – eine Position, über die man in einer philosophischen Diskussion streiten, die aber kein normaler Mensch im alltäglichen Leben einnehmen kann; und (b) der Auffassung, dass moralische Urteile wahre Sachverhalte über Werte und Normen auszusagen vermögen und daher nicht auf Aussagen reduziert werden können, die von den faktischen Gefühlen oder Einstellungen von Menschen handeln. Zweifellos sind sehr viele moralische Urteile höchst zweifelhaft, doch bei einigen von ihnen – dass ich z.B. nicht den nächsten Menschen, der mir begegnet, ausrauben und töten soll – ist die Wahrheitsvermutung so stark, dass sie sich nur durch den allerschlüssigsten logischen Beweis widerlegen ließe. Selbst der Gegner meiner Auffassung wird eingestehen, dass eine solche Widerlegung unmöglich ist. Verlangt der Skeptiker für moralische Urteile aber einen logischen Beweis nach Art der mathematischen Beweise oder einen induktiven Beweis nach Art der empirischen Wissenschaften, dann verkennt er, dass moralische Urteile ihre eigenen spezifischen Kriterien haben und sich diesbezüglich von anderen Arten von Urteilen unterscheiden. Seine Haltung ähnelt der eines Menschen, der empirisches Beweismaterial zurückweist, weil es sich dabei nicht um mathematische Beweise handelt, oder mathematische Beweise, weil sie nicht empirisch sind.

Sowohl für den moralischen Skeptizismus als auch für einen allgemeinen, alles vorgebliche Wissen und Meinen betreffenden Skeptizismus hat man plausibel erscheinende Argumente vorgetragen. Ein allgemeiner Skeptizismus ist eine Position, die sicherlich niemand akzeptiert. Und doch lässt sich der radikale theoretische Skeptiker genauso wenig widerlegen wie der moralische; denn als radikaler Skeptiker wird er sich weigern, jedwede Prämissen für jedwedes Argument gegen seine Ansicht zu akzeptieren, oder wird die logischen Prinzipien zurückweisen, die diesen Argumenten zugrunde liegen. Tatsächlich gibt es zwischen den beiden Skeptizismen eine ausgeprägte Analogie: Der theoretische Skeptiker erweist sich als logisch inkonsistent, wenn er für seine eigene Position Wahrheit beansprucht, und in der Praxis kann dies selbst ein äußerst skeptisch veranlagter Mensch kaum vermeiden; aber man kann ihn nicht logisch widerlegen, solange er einfach redet, ohne den Anspruch, etwas Wahres zu sagen. Ähnlich verhält es sich mit dem absoluten moralischen Skeptiker. Er erweist sich als inkonsistent, wenn er ausdrücklich oder unausdrücklich die Wahrheit irgendeines Werturteils anerkennt, und es ist fast ebenso schwierig, dies zu vermeiden, wie im Theoretischen ein konsistenter Skeptiker zu sein. Und ähnlich wie der theoretische Skeptiker noch reden kann, so vermag auch der Wertskeptiker noch im Einklang mit seinen Wünschen (einschließlich der moralischen) zu handeln. Wie schließlich der theoretische Skeptiker nur um den Preis der Inkonsistenz für seine Aussage eine Rechtfertigung beanspruchen kann, so auch der moralische Skeptiker: Er kann nicht behaupten, dass es eine Rechtfertigung für eine seiner Handlungen gibt oder dass überhaupt eine Handlung vernünftiger ist als eine andere. Nicht nur Entscheidungen aus Gründen der Moral, sondern auch solche aus Gründen der Klugheit setzen zu ihrer Rechtfertigung ja Werturteile voraus wie das Urteil, dass es für einen selbst besser ist, Lust zu verspüren als Schmerz.

Es bleibt ein wichtiger Punkt. Ich muss mich noch mit den Schwierigkeiten auseinandersetzen, welche die zahlreichen Divergenzen in den moralischen Überzeugungen unterschiedlicher Menschen für die Ethik aufwerfen. Diese Divergenzen scheinen deutlich in die Richtung des moralischen Skeptizismus zu weisen. Sie sind zweifellos frappierend. Bei vielen Naturvölkern war der Glaube verbreitet, dass das Darbringen von Menschenopfern oder das Töten der eigenen Eltern, wenn diese ein bestimmtes Alter erreicht haben, eine

Pflicht darstellt. Im Mittelalter hielten es viele Europäer für richtig oder gar für eine Pflicht, andere Menschen bei lebendigem Leibe zu verbrennen, wenn diese in bestimmten theologischen Fragen anderer Auffassung waren als sie. Und in der jüngeren Vergangenheit haben sich die Divergenzen zwischen den moralischen Auffassungen der Nazis, der Kommunisten und der Vertreter einer Demokratie als enorm herausgestellt. Da die Menschen sich in ihren moralischen Urteilen so sehr unterscheiden, fragt es sich, ob wir überhaupt noch irgendwo von moralischen Wahrheiten ausgehen können. Wir dürfen uns durch die Beobachtung solcher Divergenzen allerdings nicht gefangen nehmen lassen. Auch im Hinblick auf objektive Tatsachen in der physischen Welt lassen sich enorme Meinungsverschiedenheiten unter den Menschen beobachten. Sollten wir etwa sagen, dass die Erde, weil sie von früheren Kulturen für flach gehalten wurde, unserer Überzeugung nach aber rund ist, überhaupt keine Form besitzt? Oder dass es keine wahren Aussagen bezüglich der Rassen gibt, weil die Nazis in diesem Punkt ganz anders dachten, als wir es tun? Sicherlich nicht. Ebenso wenig wird man behaupten können, dass moralische Urteile weder wahr noch falsch sein können, weil sich Menschen in ihren moralischen Urteilen unterscheiden. Politische Parteien unterscheiden sich in der Regel in der Einschätzung von Tatsachenfragen – wie etwa nach den Ursachen für bestimmte Ereignisse oder nach den Folgen, die bestimmte Ereignisse nach sich ziehen würden – nicht weniger als in ihren Antworten auf die Frage, was getan werden sollte. Sollten wir daraus aber schließen, dass die fraglichen Ereignisse keine Ursachen oder keine Folgen haben?

Tatsächlich gehen die meisten moralischen Meinungsverschiedenheiten auf solche zurück, die Tatsachen betreffen. Warum hielten es die mittelalterlichen Inquisitoren für ihre Pflicht, Menschen wegen ihrer theologischen Ansichten bei lebendigem Leibe zu verbrennen, während mir das ausgesprochen schlecht erscheint? Hauptsächlich deshalb, weil sie im Gegensatz zu mir glaubten, dass dies im Falle bestimmter

Glaubensansichten der einzige Weg war, Menschen vor dem ewigen Feuer zu retten. Warum haben einige Naturvölker Menschen geopfert? Hauptsächlich deshalb, weil dies ihrer Meinung nach der einzige Weg war, großes Unheil von ihrem Volk abzuwenden – eine Meinung, die wir nicht teilen. Warum töteten in einigen Stämmen die Kinder ihre Eltern? Teils deshalb, weil sie glaubten, dass man, wenn man das Greisenalter erreicht, sein ganzes zukünftiges Dasein mit einem gealterten Körper verbringen müsste; teils deshalb, weil sie – vielleicht nicht zu Unrecht – glaubten, sie könnten nicht genügend Nahrung beschaffen, um sie zu unterhalten. Würden wir die Wahrheit dieser nicht-ethischen Überzeugungen zugestehen, so ließe sich zumindest darüber diskutieren, ob diese Praktiken gerechtfertigt sind. Man mag dafürhalten, dass alle diese schrecklichen Dinge nicht getan werden sollten (jedenfalls nicht gegen den Willen der Betroffenen), selbst wenn sie gute Folgen hervorbrächten. Nachdem aber die meisten von uns in Kriegssituationen mindestens ebenso schreckliche Handlungen gutheißen, wenn die dadurch abgewendeten Übel groß genug sind, haben wir kein Recht, auf diese Primitiven Steine zu werfen. Auch innerhalb ein und derselben Gemeinschaft von Menschen gehen die alltäglichen Meinungsverschiedenheiten im Hinblick auf die Frage, was man tun soll, zumeist auf unterschiedliche Einschätzungen der Folgen der in Frage stehenden Handlungen zurück: Wie wird er wohl reagieren, wenn ich ihm sage, was ich von ihm denke? Welche Art von Erziehung führt am ehesten zur Ausbildung bestimmter Charakterzüge bei einem Kind? Welche Folgen für die Wirtschaft wird eine Lohnerhöhung wahrscheinlich haben?

In manchen Fällen besteht ferner nur eine scheinbare moralische Meinungsverschiedenheit, wenn nämlich in Wirklichkeit gar nicht dieselbe Handlung zur Debatte steht, obwohl die streitenden Parteien dies glauben. Was rein äußerlich betrachtet als dieselbe Handlung erscheint, ist nicht wirklich dieselbe, wenn sie in einer Gesellschaft mit ganz anderen psychologischen Bedingungen und sehr verschiedenen Institutionen ausgeführt wird. Offenbar kann jemand, ohne sich einer Inkonsistenz schuldig zu machen, der Auffassung sein, dass der Krieg, so wie er in manch früheren Zeiten der Zivilisation geführt wurde, unter bestimmten Bedingungen zu rechtfertigen war; dass er dagegen, so wie er von modernen Staaten geführt wird, nicht zu rechtfertigen ist. Denn der Krieg ist eine andere Institution, je nachdem, ob er von primitiven Stämmen oder von modernen Nationalstaaten unternommen wird. Jemand könnte, ohne sich selbst zu widersprechen, die Meinung vertreten, dass die Sklaverei und Polygamie im alten Ägypten richtig und in den Vereinigten Staaten von Amerika des neunzehnten Jahrhunderts falsch war. Es wäre denkbar, dass diese Einrichtungen im alten Ägypten unter den damals verfügbaren Methoden, die Arbeit und die Ehe zu regeln, die für die Bevölkerung am wenigsten nachteiligen waren, während dies in den Vereinigten Staaten nicht so war. Und bei geringeren Meinungsverschiedenheiten wird es sehr häufig der Fall sein, dass beide Seiten Recht haben – in dem Sinne, dass die von ihnen befürworteten Handlungen jeweils in ihrem Kontext gerechtfertigt sind und auch von der anderen Seite als solche anerkannt würden, wenn sie nur um die Umstände wüsste.

Es ist jedoch nicht möglich, alle Meinungsverschiedenheiten in der Ethik auf diese Weise zu erklären. Zweifellos gibt es wirkliche moralische Differenzen, die auch dann nicht verschwänden, wenn sich alle über die tatsächlichen Folgen von Handlungen einig wären. Einige dieser Differenzen lassen sich durch die unterschiedlichen Erfahrungen der Menschen erklären. Selbst aus Sicht eines objektiven Nicht-Naturalismus können wir nicht – es sei denn aufgrund jemandes Autorität – entscheiden, ob etwas in sich gut ist, solange wir nicht eine entsprechende Erfahrung gemacht haben; und selbst dort, wo die physischen Umstände oder die erfahrenen Gegenstände dieselben sind, unterscheiden sich die Erfahrungen unterschiedlicher Menschen. Wir dürfen nicht vergessen, dass das, was in sich gut ist, nicht ein körperliches

Ding oder eine physische Handlung ist, sondern die damit verbundene Erfahrung und mithin ein Geisteszustand. So lässt sich leicht erklären, wie es sein kann, dass viele Menschen in ihren Urteilen etwa über den Wert von Kunstwerken verschiedener Meinung sein können. Und selbst wenn die Philosophie, wie ich glaube, in sich wertvoll ist, wird ein Mensch das niemals so sehen, wenn er einer echten philosophischen Erfahrung unzugänglich ist oder sich nicht darum bemüht. Ähnlich verhält es sich, wenn wir verstanden haben, dass etwas einem anderen Menschen große Schmerzen bereitet, wir aber nicht in der Lage sind, uns in ihn hineinzuversetzen und seine Schmerzen daher nicht ausreichend wahrnehmen: Dann wird dieses Wissen vermutlich keinen ausreichenden Einfluss auf unsere Meinung bezüglich des richtigen Handelns ausüben. Andere Meinungsverschiedenheiten bezüglich dessen, was richtig ist, gehen auf die Anwendung oder falsche Anwendung von Grundsätzen, die von Autoritäten übernommen wurden, durch eine Partei oder beide Parteien zurück; oder auf echte Missverständnisse, die der Philosoph oder jemand mit gesunden Menschenverstand, der kein Philosoph ist, beseitigen könnte. Eine weit verbreitete Quelle von Meinungsverschiedenheiten ist die Vereinseitigung. Die Folgen einer Handlung sind für eine jede akzeptable ethische Position von zumindest großer Bedeutung, wenn es um die Beurteilung ihrer Richtigkeit oder Falschheit geht, und diese Folgen sind nicht selten ambivalent. Oft richtet dann der eine seine Aufmerksamkeit fast ausschließlich auf die guten Folgen und vergisst oder unterschätzt die schlechten, während der andere in ganz ähnlicher Weise die guten vergisst oder unterschätzt. So haben viele ihre Aufmerksamkeit auf den selbstlosen Heroismus konzentriert, den der Krieg mit sich bringt, und dabei die mit dem Krieg verbundenen Übel vollkommen unterschätzt; andererseits haben einige Pazifisten (obschon nicht alle) es so aussehen lassen, als ob der Krieg überhaupt nichts Gutes hervorbrächte. Die krasseren Formen solcher Einseitigkeit können wir durchaus vermeiden, und es ist eine der am meisten vernachlässigten Pflichten, sich ausreichend darum zu bemühen, sie zu vermeiden. Aber man muss auch anerkennen, dass in komplexeren Fällen die moralische Entscheidung eine sehr schwierige Angelegenheit sein kann, bei der Gut und Übel gegeneinander abzuwägen sind. Dabei besteht die Schwierigkeit weitgehend darin, unsere Aufmerksamkeit allen wichtigen relevanten Umständen zugleich zuteilwerden zu lassen. Wenn wir dies nicht tun, dann laufen wir selbst dann, wenn wir die tatsächlichen Folgen antizipieren, Gefahr, den guten oder schlechten unter ihnen bald zu viel und bald zu wenig Gewicht zuzuschreiben.

Somit ist es überhaupt nicht schwer, die moralischen Meinungsverschiedenheiten zu erklären, ohne dabei von der Ansicht abzurücken, dass unsere moralischen Urteile objektive Wahrheit beanspruchen und dass dieser Wahrheitsanspruch manchmal gerechtfertigt ist. Zu den bereits erwähnten Quellen des Irrtums muss natürlich noch die Tatsache hinzugenommen werden, dass die Menschen oft gar nicht herausfinden *wollen*, was richtig ist, weil sie bewusst oder unbewusst befürchten, dass sie dann eine Pflicht zu erfüllen hätten, die ihnen missfällt. Es ist nicht weiter verwunderlich, wenn Menschen einer Wahrheit nicht innewerden, die sie überhaupt nicht zu finden wünschen. Zu beachten ist auch, dass jede einzelne dieser Fehlerquellen nicht nur moralische Überzeugungen, sondern auch Tatsachen-Überzeugungen verfälschen kann und dies auch sehr häufig tut. In Anbetracht dessen können wir das Vorkommen dieser Irrtümer schlecht gegen die Objektivität der Ethik ins Feld führen, ohne uns ein ähnliches Argument gegen die Objektivität unserer Tatsachenurteile einzuhandeln. Ich habe mich hier in erster Linie auf Meinungsverschiedenheiten bezogen, welche die Frage betreffen, was wir in ganz *bestimmten* Fällen tun sollten. Die Meinungen hinsichtlich einer *allgemeinen* Theorie der Ethik gehen unter den Philosophen bemerkenswert weit auseinander; aber die Erfahrung zeigt, dass weitreichende philosophische Differenzen durchaus mit einer nicht weniger bemerkenswerten Übereinstimmung bezüglich der als richtig oder falsch beurteilten Handlungsweisen einhergehen können – genauso wie zwei Philosophen mit radikal unterschiedlichen Wahrnehmungs- und Materietheorien sich vollkommen einig sein können, wo in ihren Zimmern sich ihr Mobiliar befindet. Die Meinungsverschiedenheiten zwischen den Philosophen betreffen nicht so sehr ihre moralischen Urteile in konkreten Situationen, als vielmehr ihre allgemeine Theorie, die jene Urteile erklären soll.

In Wahrheit gestehen selbst die Gegner einer objektiven Ethik in aller Regel ein, dass das Argument aus den Meinungsverschiedenheiten keineswegs schlüssig ist. Was diese zu einer größeren Herausforderung für moralische Urteile als für Tatsachenurteile macht, ist der Umstand, dass wir in der Ethik schon bald auf Intuitionen angewiesen zu sein scheinen. Weil diese eines Beweises nicht fähig sind, scheint es keine Methode zu geben, eine vernünftige Entscheidung zwischen den verschiedenen Meinungen herbeizuführen. Doch haben meine eben vorgetragenen Überlegungen zu moralischen Meinungsverschiedenheiten nicht gleich mehrere Wege eröffnet, wie solche Streitigkeiten beigelegt werden können? Es ist wahr, selbst dort, wo Einigkeit im Hinblick auf die wahrscheinlichen Folgen einer Handlung besteht, kann man sich immer noch darüber streiten, ob die Handlung richtig ist oder nicht, weil die Folgen von den beiden Parteien je anders bewertet werden. Aber es ist nicht so, als ob es keine rationalen Mittel gäbe, um Werturteile zu korrigieren. So könnte A deshalb eine andere Ansicht vertreten als B, weil er bestimmten Aspekten der Folgen keine hinlängliche Beachtung schenkte; darauf kann man ihn aufmerksam machen. Oder er vertritt deshalb eine andere Ansicht als B, weil ihm bestimmte Erfahrungen abgehen, die nötig sind, damit man den Wert (oder Unwert) bestimmter Bestandteile der Folgen erkennen kann. Hierauf zu reagieren mag in der Praxis schwierig sein, doch in der Theorie besteht das ideale Verfahren darin, A die fehlenden Erfahrungen machen zu lassen; und wenn dies nicht möglich ist, kann man ihm zumindest nahezubringen versuchen, was sie für andere Menschen bedeuten. Hier ist viel Takt gefragt und manchmal auch Beredsamkeit. Was ein Mensch intuitiv zu wissen glaubt, kann in Wahrheit das Resultat einer unbewussten oder halbwegs bewussten und womöglich fehlerhaften Schlussfolgerung sein; diese kann entlarvt und widerlegt werden, so dass die angebliche Intuition verschwindet. Auch eine Mischung aus echter Intuition und verstandesmäßiger Konfusion ist denkbar. Jemand kann glauben, er habe die Intuition, P sei R, obwohl er intuitiv nur weiß, dass es Q ist, aber Q mit R verwechselt, oder aufgrund einer fehlerhaften Schlussfolgerung annimmt, Q impliziere R. Solche Irrtümer lassen sich offenbar prinzipiell beheben. Andere Irrtümer sind nicht intellektuellen, sondern emotionalen Ursprungs. Viele von ihnen lassen sich bereits dadurch vermeiden, dass die betreffende Person ernsthaft versucht, von Vorurteilen Abstand zu nehmen; und ein Psychologe wird viele Vorschläge parat haben, auf welche Weise sich die übrigen vermeiden lassen. Hinzu kommt: Selbst wenn das, was sich uns intuitiv zu erkennen gibt, als solches weder bewiesen noch widerlegt werden kann, so kann man doch Schlussfolgerungen anführen, um es zumindest in Zweifel zu ziehen oder teilweise zu bestätigen. So kann man in umstrittenen Fällen die Aufmerksamkeit auf die Wirkungen lenken, die sich in der Vergangenheit infolge eines ähnlichen Handelns wie des zur Debatte stehenden eingestellt haben; oder auf die Wirkungen, die sich ergeben würden, wenn sich alle an die umstrittene Handlungsregel hielten. Wir können einen Menschen daran erinnern, was er selbst von jemandem dachte, der sich ähnlich verhalten hat wie von ihm jetzt vorgeschlagen, und können auf diese und andere Weise an den Konsistenztest appellieren. Um ein allgemeines Handlungsprinzip als Beispiel zu nehmen: Unser starker intuitiver Glaube an die Pflicht, Versprechen zu halten, lässt sich erhärten, indem wir uns Kants Einsicht vergegenwärtigen, dass die Handlungsregel »Breche Dein Versprechen, wenn es Dir nützt!« nicht ohne Widerspruch verallgemeinert werden kann. Und er lässt sich noch weiter stützen, indem wir uns vor Augen führen, dass das Halten von Versprechen ganz allgemein mit dem Erfüllen anderer *Prima-facie*-Pflichten verbunden ist, dass es gute Folgen zeitigt und dass es für das Aufrechterhalten der sozialen Ordnung wesentlich ist; indem wir uns also vor Augen führen, dass unser Glaube an die Pflicht, Versprechen zu halten, mit anderen Kriterien der Moral zusammenstimmt. Wenn etwas eine *Prima-facie*-Pflicht verletzt, läuft es in der Regel auch anderen solchen Pflichten zuwider oder versetzt uns letztlich in eine Lage, in der wir nicht anders können, als andere solche Pflichten zu verletzen. Was *eine* Art von guten Folgen hervorbringt, etwa Tugend oder Wahrheit, ruft in der Regel noch andere hervor, etwa Glück. Wir dürfen nicht glauben, dass eine Intuition, weil sie sich nicht argumentativ *beweisen* lässt, nicht durch Argumente *erhärtet* werden kann. Die Anwendung von Testverfahren bedeutet dabei nicht, dass der dem Test unterworfene Glaube allein auf den Test gegründet wäre. Sondern der Test und die ursprüngliche Intuition bestätigen einander. Wie ich eingangs dieses Buches erwähnte, besteht das Wahrheitskriterium für eine ethische Theorie in ihrer Fähigkeit, so viele unserer moralischen Intuitionen wie möglich – einen möglichst großen Teil der Ethik des *Common Sense* – in ein kohärentes System einzugliedern.

Es besteht also durchaus kein Mangel an Methoden zur Beilegung von moralischen Konflikten. Zweifellos wird es uns nicht immer gelingen, sie auch tatsächlich beizulegen. Aber selbst den Naturwissenschaftlern ist es nicht beschieden, ihre Meinungsverschiedenheiten immer zum Verschwinden zu bringen. Um den Angriffen auf die Objektivität der Ethik zu begegnen, ist es ausreichend zu zeigen, dass moralische Meinungsverschiedenheiten im *Prinzip* einer rationalen Lösung zugeführt werden können; es genügt, auf Methoden zu verweisen, mit deren Hilfe sie sich auflösen lassen, wenn Offenheit, Verständigkeit und guter Wille auf beiden Seiten vorhanden sind. Mehr kann auch der Naturwissenschaftler für sein eigenes Gebiet nicht in Anspruch nehmen, obschon er heutzutage viel erfolgreicher dabei ist, naturwissenschaftliche Probleme zur allgemeinen Zufriedenheit beizulegen. Er kann keine unfehlbare Technik für jedermanns Gebrauch entwickeln, um wissenschaftliche Probleme sicher zu lösen (oder Entdeckungen zu machen). Er kann nicht garantieren, dass immer ein kritisches Experiment gefunden wird (nicht einmal von den Begabtesten), mit dessen Hilfe sich seine Entdeckungsmethoden anwenden lassen und man zu einem entscheidenden Ergebnis gelangt; oder dass ein solches kritisches Experiment immer physikalisch in unserer Macht steht. Alles, was er zu behaupten vermag, ist, dass er über Methoden verfügt, die im Prinzip alle wissenschaftlichen Probleme lösen können, wenn die Umstände günstig sind und der menschliche Faktor dem nicht entgegensteht. Und dasselbe lässt sich auch von der Ethik sagen. Wir dürfen auch nicht vergessen, dass die Wissenschaft der Physik ihre gegenwärtige hehre Stellung erst nach Jahrtausenden erreicht hat, in denen das Kriterium für Wissenschaftlichkeit viel unzuverlässiger war, als es die meisten unserer moralischen Urteile sind. Es ist gewiss kein Argument gegen die Objektivität der Ethik, dass wir nicht in der Lage sind, alle moralischen Probleme unmittelbar zu lösen – schon gar nicht, wenn wir Konflikte nur deshalb nicht beizulegen vermögen, weil wir nicht willens sind, ausreichende Anstrengungen gegen unsere Vorurteile zu unternehmen.

Gelegentlich wird ins Feld geführt, dass die Ethik sich so sehr von der Naturwissenschaft oder vom alltäglichen Tatsachenwissen unterscheidet, dass »Wahrheit« in der Ethik etwas ganz anderes bedeuten muss; und dass es darum besser wäre, ein anderes Wort zu verwenden. Das sehe ich anders. Die Unterschiede scheinen mir weniger in der Bedeutung von

»Wahrheit« zu liegen, als vielmehr in der Art von Gegenstand, mit dem sich diese verschiedenen Untersuchungen befassen, und somit im Wesen dessen, was wahr ist. Aber selbst wenn man das nicht so sieht wie ich, haben meine Ausführungen doch eine Verwandtschaft zwischen richtigen moralischen Urteilen und objektiv wahren Urteilen im naturwissenschaftlichen Sinne aufgezeigt. Ein großer Unterschied besteht dagegen in den Methoden, ihre Gültigkeit zu etablieren, und darin, welche Art von Sachverhalt sie behaupten. Wenn ein Philosoph es nicht übers Herz bringt, das Wort »wahr« auf moralische Urteile anzuwenden, zugleich aber einräumt, dass – wie ich zu zeigen versucht habe – eine ausgeprägte Analogie zwischen ihnen und Urteilen, die wahr sein können, besteht, dann dürfte die Differenz zwischen ihm und mir keine grundsätzliche sein. Meiner Auffassung nach wird der Unterschied zwischen moralischen Urteilen und Tatsachenurteilen besser dadurch zum Ausdruck gebracht, dass man sagt, es handle sich um ganz verschiedene Arten von Aussagen, als zu sagen, sie würden bloß eine neue Art von Eigenschaft oder Relation begründen. Aber zu behaupten, sie seien so grundverschieden, dass moralische Urteile nicht wahr sein können oder nicht einmal Urteile sind, scheint mir nicht sehr hilfreich, sondern zuhöchst irreführend zu sein. Der entscheidende Punkt ist, dass auch ein Denker, der es vorzieht, in Verbindung mit moralischen Urteilen die Wörter »wahr« und »falsch« nicht zu verwenden, eine Unterscheidung zwischen faktischen und wahren Urteilen treffen muss. Er muss zugestehen, dass einige moralische Urteile wenn nicht wahr, so doch gerechtfertigt, rational, angebracht sind, und dass die anderen wenn nicht falsch, so doch ungerechtfertigt, irrational, unangebracht sind. Heute gibt es in verschiedenen Kreisen die Tendenz, einerseits zu unterstreichen, dass moralische Urteile nicht im strikten Sinne wahr sein können, weil sie sich von den naturwissenschaftlichen Urteilen so sehr unterscheiden; und andererseits dafürzuhalten, dass sie gleichwohl einer eigenen Logik folgen und auf richtigen oder falschen Gründen beruhen können.[1] Diese Position steht der meinigen viel näher als die von mir hier kritisierten Auffassungen.

Dies scheint mir eine passende Gelegenheit, etwas mehr über Intuitionen und ihren Ort in der Ethik zu sagen. Es ist eine wohlbekannte Tatsache, dass Propositionen in der Ethik, aber auch in anderen Bereichen des Denkens sich uns bisweilen in einer Weise darbieten, dass sie unmittelbar und ganz deutlich als wahr eingesehen werden, ohne dass man sie – sogar nach eigenem Dafürhalten – empirisch durch Beobachtung oder argumentativ gesichert hätte. Das wird oft dadurch ausgedrückt, dass es heißt, man besitze eine *Intuition* ihrer Wahrheit (oder scheine sie zumindest zu besitzen). Es ließe sich auch, ohne das Wort »Intuition« zu benutzen, ausdrücken, indem man sagt, dass man *ohne jeden weiteren Grund* um die Wahrheit der Proposition weiß oder dass es einem zumindest so erscheint, als ob man ohne jeden weiteren Grund um ihre Wahrheit wüsste. Einige solche Intuitionen oder scheinbare Intuitionen lassen sich zweifellos auf rasche und nur halbwegs bewusste oder sogar in irgendeinem Sinne unbewusste Schlussfolgerungen – deduktiver oder induktiver Art – zurückführen. Aber ich vermag nicht zu erkennen, wie wir alle oder auch nur die meisten moralischen Intuitionen auf diese Weise erklären könnten. Denn angesichts des Fehlens eines schlüssigen Beweises moralischer Propositionen aus nicht-moralischen – den nach heutigem Stand für möglich zu halten verwegen wäre – müssen einige moralische Propositionen unmittelbar gewusst werden, wenn überhaupt irgendwelche gewusst werden sollen. Ethische Tatsachen sind nicht die Art von Gegenstand, die sich durch Sinneswahrnehmungen entdecken lassen, und wir können keine moralischen Wahrheiten mittels eines Arguments erkennen, wenn wir nicht um die Wahrheit der morali-

[1] Vgl. etwa Stephen Toulmin, *An Examination of the Place of Reason in Ethics*, Cambridge 1950.

schen Prämissen wissen. In den Augen mancher Leute wirft das einen Zweifel auf die objektive Wahrheit der Ethik. Aber dieser Zweifel löst sich tendenziell auf, sobald man einsieht, dass es keineswegs nur die Ethik ist, die nicht ohne Intuitionen auskommt. Das lässt sich durch ein einfaches logisches Argument beweisen, welches zeigt, dass bei allem vernünftigen Argumentieren irgendeine Intuition notwendig vorausgesetzt wird. Angenommen, ich folgere *p, also q, also r.* Dieses Argument wäre ungültig, wenn *q* nicht wirklich aus *p* folgt. Wie aber kann ich wissen, dass *q* tatsächlich aus *p* folgt? Vielleicht kann ich eine vermittelnde Proposition *s*, die aus *p* folgt und aus der wiederum *q* folgt, dazwischenschalten, aber dadurch würde das Problem nur verschoben. Ich muss wissen, dass *s* aus *p* folgt, und obwohl ich womöglich noch weitere Zwischenschritte einschieben kann, so kann ich damit doch nicht *ad infinitum* fortfahren. Früher oder später – wahrscheinlich schon sehr bald – muss ich zu einer Verbindung zwischen *p* und dem nächsten Glied des Kettenschlusses gelangen, deren Vorliegen ich unmittelbar einsehen kann, ohne in der Lage zu sein, weitere Gründe dafür namhaft zu machen. Mithin muss es, wenn wir irgendein Wissen durch Schlussfolgerung besitzen, intuitives Wissen geben; und dasselbe gilt, wenn wir für »Wissen« jeweils »gerechtfertigte (rationale) Überzeugung« einsetzen. Das Argument zeigt, dass unmöglich alle scheinbaren Intuitionen auf unterdrückte Schlussfolgerungen zurückgeführt werden können, weil eine Schlussfolgerung selbst die Intuition der Verbindungen zwischen ihren verschiedenen Schritten voraussetzt. Auch wenn wir alle Zwischenschritte einer unterdrückten Schlussfolgerung explizit machen, würden diese die Schlussfolgerung nicht rechtfertigen, wenn nicht das intuitive Wissen hinzuträte. Moralische Intuitionen sind zwar keine Intuitionen logischer Verbindungen. Doch zeigt das vorliegende Argument zumindest dies, dass die Möglichkeit von Intuitionen prinzipiell nicht bestritten werden kann, wenn es in irgendeinem Bereich gültige Schlussfolgerungen geben soll. Der bloße Umstand, dass in der Ethik Intuitionen angenommen werden müssen, kann dieser nicht zum Vorwurf gemacht werden, weil sich herausgestellt hat, dass wir auch in allen anderen Wissensbereichen, in denen geschlussfolgert wird, Intuitionen annehmen müssen. Der Ausdruck »Intuition« macht viele misstrauisch. Aber wenn wir sagen, dass jemand über ein intuitives Wissen verfügt, sagen wir damit nicht mehr, als dass er etwas weder durch einfache Beobachtung noch aufgrund eines Arguments, sondern auf andere Weise weiß.

So ergibt auch eine Untersuchung der Natur unseres moralischen Denkens, dass es gewisse moralische Wahrheiten voraussetzt, die wir entweder intuitiv wissen oder überhaupt nicht. Wir kritisieren zum Beispiel einen Menschen, weil er etwas »Herzloses« tut, womit wir meinen, dass er anderen unnötige Schmerzen zufügt. Doch warum sollte er anderen keine unnötigen Schmerzen zufügen, wenn es ihm Spaß macht? Unser Einwand, dass er es nicht tun sollte, setzt voraus, dass (a) Schmerzen etwas Schlechtes sind und dass (b) wir anderen Menschen nicht unnötigerweise Schlechtes zufügen sollten. Ich wüsste nicht, wie diese Wahrheiten bewiesen werden könnten: Wir wissen sie entweder intuitiv oder überhaupt nicht. Ganz allgemein ist schwer zu sehen, wie wir irgendetwas als in sich gut oder schlecht erkennen können, es sei denn durch Intuition. Welches Argument sollte dies beweisen? Ohne die Erkenntnis des in sich Guten oder Schlechten wäre die Ethik aber beschäftigungslos. Denn gut oder schlecht im instrumentellen Sinne kann etwas nur sein, wenn es etwas intrinsisch Gutes oder Schlechtes hervorzubringen vermag. Mir scheint indes, dass sowohl in der Onto- als auch in der Phylogenese die speziellen Intuitionen vor den allgemeinen auftreten: Wir sehen ein, dass ein bestimmter Schmerz schlecht ist, bevor wir verallgemeinern und sagen, dass Schmerzen schlecht sind. Aber wenn wir einmal so verallgemeinert haben, können wir ohne jeden weiteren Beweis erkennen, dass die Verallgemeinerung wahr ist.

Intuitionen scheinen in moralischen Urteilen auch notwendig anwesend zu sein, wenn wir den letzten Schritt bedenken, in dem wir nach Abschätzung der tatsächlichen Folgen eine Handlung als richtig oder falsch erkennen oder beurteilen. Denn wir müssen das Gute und das Schlechte in den Folgen gegeneinander abwägen, und es gibt keine logischen Regeln, kein mathematisches Kalkül, dem wir dabei folgen könnten. Wir betrachten eine Menge von Folgen – oder eine Handlung – und ihre Alternativen als ganze (unter den relevanten Aspekten) und sehen einfach, dass die eine den anderen vorzuziehen ist. Einzelne Überlegungen, die wir dabei anstellen, beweisen nicht, außer in einfachen Fällen, dass eine Handlung richtig oder falsch ist, sondern versetzen uns bloß in die Lage, sie mit größerer Wahrscheinlichkeit als richtig oder falsch erkennen zu können.

Viele Verteidiger der Intuition haben es vorgezogen, das Wort nur in Fällen zu gebrauchen, in denen sie sicheres Wissen beanspruchten. Wir müssen jedenfalls zugestehen, dass es Menschen mitunter so erscheint, als wüssten sie etwas intuitiv, während sie doch kein wirkliches Wissen besitzen. Und es erscheint mir nicht so wichtig, ob wir in solchen Fällen sagen, dass sie Intuitionen *zu haben schienen*, in Wirklichkeit aber *gar keine hatten*; oder dass sie Intuitionen *hatten*, die *falsch* waren. Ich selbst ziehe jedoch die zweite Ausdrucksweise der ersten vor, weil die erste nahelegen könnte, dass es ein spezifischer und als solcher erkennbarer geistiger Zustand ist, eine Intuition zu haben, und dass dieser Zustand Unfehlbarkeit mit sich bringt, was mir nicht der Fall zu sein scheint. Wenn wir behaupten, dass alle Intuitionen wahr oder gewiss sind, ist das nur deshalb gerechtfertigt, weil wir etwas, das uns falsch oder unsicher erscheint, eben nicht als Intuition bezeichnen. Der vermeintliche Vorzug beruht dann nur auf einer terminologischen Festsetzung. Wir glauben ja auch nicht, dass die Erinnerung ein unfehlbares Vermögen ist, nur weil es schlechtes Deutsch ist zu sagen, dass wir uns an etwas erinnern, was nicht geschehen ist.

Die Fehlbarkeit der Intuition – oder wenn wir uns lieber so ausdrücken wollen: der *scheinbaren* Intuition – verleiht den verschiedenen von mir erwähnten Testverfahren noch größere Bedeutung. Es scheint nur vernünftig, die Intuition als eine sich in der Entwicklung befindliche Fähigkeit und folglich als fehlbar anzusehen. Wie wir sahen, kann eine echte Intuition durchaus mit falschen Überzeugungen vermischt sein, die man von Autoritäten übernommen oder aufgrund fehlerhafter Verfahren gewonnen hat. Daher ist es keine notwendige Bedingung für die Gültigkeit einer Intuition, dass ihr alle zustimmen. Wir sollten mutig zu unseren Überzeugungen stehen, selbst wenn alle ihnen die Zustimmung verweigern. Auch die *Gewissheit* einer moralischen Proposition wird nicht dadurch erschüttert, dass irgendein Böswilliger seine Augen vor der Wahrheit verschließt, weil er nicht an sie glauben will, oder weil jemand zu töricht ist, um ihre Wahrheit einzusehen. Wir brauchen nicht daran zu zweifeln, dass es falsch war, Juden in Konzentrationslager zu sperren, nur weil ein paar Nazis sich eingeredet haben, dass es richtig ist. Andererseits ist es sogar noch wichtiger hervorzuheben, dass wir nicht glauben dürfen, etwas, das uns als gut oder richtig ins Auge sticht, sei notwendig auch wirklich so beschaffen – obgleich es unsere Pflicht ist, unser Handeln daran auszurichten, sofern es uns nach sorgfältigem Überlegen wirklich als solches ins Auge sticht. Nicht der Irrtum an sich, sondern nur der Irrtum, der sich niemals korrigieren ließe, würde für den Intuitionisten eine ernsthafte Schwierigkeit darstellen. Doch gibt es keinen Grund zu der Annahme, dass moralische Überzeugungen nicht mit Hilfe der erwähnten Testverfahren schrittweise (und unendlich) verbessert werden könnten. Die daraus resultierende Ungewissheit muss als unvermeidlicher Bestandteil des menschlichen Lebens hingenommen werden wie all die anderen in unserer Begrenztheit gründenden Risiken und Nachteile. Doch hindert dies einige moralische Urteile nicht daran, vollkommen gewiss, und andere, praktisch gewiss zu sein. Die meisten Logiker werden Ihnen sagen (meines Erachtens völlig zu Recht), dass all die allgemeinen, von der Wissenschaft der Physik aufgestellten Gesetze streng genommen ungewiss sind; doch damit ist nicht unvereinbar, dass viele von ihnen *praktisch* gewiss sind, nämlich der Gewissheit so nahe, dass wir uns über den Unterschied nicht zu sorgen brauchen, noch notwendigerweise, dass bestimmte Urteile über physikalische Gegenstände *absolut* gewiss sind. Zwar ist es unter den Philosophen umstritten, ob überhaupt irgendwelche Urteile absolut gewiss sein können (im strengsten Sinne des Wortes). Aber die meisten Leute wären schon zufrieden, wenn sich von irgendwelchen moralischen Urteilen zeigen ließe, dass sie jedenfalls ebenso gewiss sind wie etwa die Urteile, dass sie einen Körper besitzen oder dass die Erde bereits vor ihrer Geburt existierte.

Eine Intuition darf nicht als bloßes Gefühl, sondern muss als ein rationales Urteil angesehen werden, obschon kein solches, welches auf Argumente gegründet wäre (wiewohl es sich durch Argumente erhärten lässt). Dies einzusehen ist von großer praktischer Bedeutsamkeit. Denn es ist leicht – und wie mir scheinen will, verbreitet genug – anzunehmen, man wisse, dass etwas wahr oder dass eine Handlung richtig ist, nur weil man ein bestimmtes Gefühl damit verbindet, oder sogar nur deshalb, weil es der erste Gedanke ist, der einem in den Kopf kommt, wenn man anfängt, darüber nachzudenken. Die beste und verlässlichste Intuition folgt auf das Nachdenken und geht diesem nicht voran. Auch in der Naturwissenschaft gibt es so etwas wie Intuition; aber die besten Intuitionen haben dort jene Menschen, die die Wissenschaft gründlich studiert und ihre Schlüsse systematisch eingeübt haben. Es ist sogar möglich, dass die Intuition ihren Ursprung im Nachdenken hat, wenn sie auch darüber hinausgeht, und sie muss jedenfalls dem Test des Nachdenkens unterworfen werden. Da aber wie gesehen nicht alles, was wir wissen, durch schlussfolgerndes Nachdenken hergeleitet werden kann, haben wir kein Recht, eine Ansicht nur deshalb zurückzuweisen, weil wir sie nicht beweisen können.

Wenn sie sich, obschon sie nicht bewiesen werden kann, in Übereinstimmung mit dem Rest unserer wohlbegründeten Überzeugungen befindet und uns auch weiterhin – jedes Mal, wenn wir sie bedenken – als deutlich und gewiss ins Auge sticht, dann sind wir auch in Ermangelung eines strikten Beweises berechtigt, sicher an ihr festzuhalten.

Ich glaube indes, dass Intuitionen und schlussfolgerndes Denken enger miteinander verbunden sind, als ich bis jetzt ausgeführt habe. Die Intuition sollte nicht als ein wundersamer Geistesblitz angesehen werden, der in sich selber ruht und keine wesentlichen Verbindungen zu irgendwelchen anderen geistigen Vorgängen aufweist. Sie setzt zumindest ein rationales Auswählen zwischen verschiedenen Aspekten der Situation voraus, ob ein sofortiges oder allmähliches. Mit Sicherheit wird sie von unseren früheren Erfahrungen, Gedanken und Handlungen zutiefst beeinflusst. Was ich unmittelbar einzusehen scheine, wenn ich eine bestimmte moralische Entscheidung treffe, mag die Frucht langer Erfahrung und langen Nachdenkens über ähnliche Situationen sein (ohne dass es deshalb eine logische Deduktion oder Induktion aus bestimmten Merkmalen der fraglichen Situation wäre). In diesem Fall ist meine Intuition umso verlässlicher, je begründeter und vernünftiger mein Denken ist. Was sich als eine Intuition darbietet, mag von unseren ganzen, über einen weiten Zeitraum entwickelten Ansichten über moralisches Verhalten und moralische Ideale bestimmt sein, auch wenn es sich nicht eigentlich als Schlussfolgerung aus Prämissen begreifen lässt. Wir können den moralischen Prozess des Abwägens des Guten und Schlechten, der Vor- und Nachteile einer Handlung im Vergleich zu einer anderen, als analog betrachten zu dem Abwägen von Wahrscheinlichkeiten bei der Entscheidung, was wir als das wahrscheinlichste Ereignis ansehen oder welche von zwei Theorien wir akzeptieren sollen. Wir müssen dabei beiden Seiten Gerechtigkeit widerfahren lassen, aber wir können so für gewöhnlich nicht *beweisen*, welche Handlung richtig oder welches Ereignis und welche

Theorie die wahrscheinlicheren sind. Aber auch ohne den Beweischarakter ist es doch eine rationale Angelegenheit – ob wir die (fehlbare) Entscheidung nun der »Intuition« oder dem »gesunden Menschenverstand« zuschreiben.

Meine Hervorhebung der Intuition darf keinesfalls als Einspruch gegen das vernünftige Argumentieren in der Ethik missverstanden werden. Was wir brauchen, sind mehr vernünftige Argumente und nicht weniger. Man glaubt oft, dass die moderne Psychologie gezeigt hätte, dass wir nicht vernünftig argumentieren sollten. Was sie wirklich gezeigt hat, ist lediglich, dass die Vernunft uns nicht so stark beeinflusst, wie wir dachten, und dass sehr oft schlecht argumentiert wird. Doch dass die Vernunft uns weniger beeinflusst als gedacht, ist kein Grund zu bestreiten, dass sie uns stärker beeinflussen sollte. Und dass sehr oft schlecht argumentiert wird, ist kein Grund, nicht zu versuchen, es besser zu machen. Die beklagenswerten Folgen, die sich aus der Vernachlässigung des richtigen Vernunftgebrauchs für das Leben des Individuums ergeben, haben die Psychologen selbst aufgezeigt; und was die Politik betrifft, so haben uns die Ereignisse der jüngeren Vergangenheit die Übel des Irrationalismus drastisch genug vor Augen geführt. Die Ideologien, die unsere Welt jüngst verwüstet haben, hätten niemals eine solche Wirkung ausüben können, wenn nicht viele Menschen bereit gewesen wären, durch das Akzeptieren von etwas durch und durch Unvernünftigem ihre Gefühle zu befriedigen. Je vernünftiger wir argumentieren, desto besser sind unsere Intuitionen: Das eine ist nicht der Feind des anderen, sondern sein unverzichtbarer Verbündeter. Es ist besser, wie es auch häufig geschieht, unter dem Titel der »Vernunft« sowohl das vernünftige Argumentieren als auch die vernünftigen Intuitionen zusammenzufassen. Die Ethik ist nicht mit der Rationalität identisch; doch wird insbesondere eine Analyse der äußerst wichtigen Tugend der Gerechtigkeit die enge Verbindung zwischen der Ethik und der Rationalität aufweisen. So wie die Letztere sich in der *logischen* Konsistenz erweist, so erweist sie sich auch in der *ethischen* Konsistenz, nämlich in Gestalt einer unparteiischen Anwendung derselben Prinzipien auf unterschiedliche Menschen. Diese rationale Unparteilichkeit und Fairness ist zumindest ein wesentlicher Teil der moralischen Tugend. Eine der Hauptentwicklungslinien – vielleicht die wichtigste – des moralischen Fortschritts in der Geschichte der Menschheit bestand und besteht darin, unsere Ethik immer konsistenter zu machen, indem dieselben Grundsätze immer gründlicher auf unser Verhalten immer mehr Menschen gegenüber angewandt werden. Während der primitive Mensch kaum eine Pflicht anderen Menschen gegenüber anerkennt, wenn diese nicht seinem Stamm angehören, werden von dem zivilisierten Menschen Pflichten gegenüber der ganzen Menschheit anerkannt, wenn auch mit noch sehr unvollkommener Konsistenz in der Anwendung. Andererseits muss festgehalten werden, dass moralische Urteile nicht zu Handlungen führen würden, wenn sie nicht mit Wünschen und Gefühlen verbunden wären. Kant weigerte sich zuzugestehen, dass das moralische Motiv ein Begehren ist – er nannte es stattdessen »Achtung vor dem Sittengesetz«. Doch musste er einräumen, dass es einem Begehren analog ist; und es scheint keinen großen Unterschied zu machen, ob wir sagen, dass das Motiv kein Begehren ist, aber einräumen, dass es einem Begehren analog ist, oder sagen, dass es ein Begehren ist, aber einschränken (und das müssen wir), dass es sich in wichtiger Hinsicht von anderen Formen des Begehrens unterscheidet.

Kapitel 8: Verdienst und Verantwortlichkeit[1]

Bislang haben wir die Prinzipien diskutiert, von denen wir uns bei der Entscheidung leiten lassen sollten, welche Handlung in einer gegebenen Situation die objektiv richtige ist. Es gibt aber noch eine zweite, nicht weniger moralische Sicht auf unsere Handlungen. Diese kommt zum Tragen, wenn wir uns fragen, ob der Handelnde *Lob oder Tadel verdient*. Dabei denken wir an das Motiv, nicht an die Wirkungen, denken wir an die subjektive und weniger an die objektive Seite seiner Handlung. Die Unterscheidung zwischen diesen beiden Aspekten einer Handlung wird deutlich, wenn wir den Fall eines Menschen betrachten, der mit gutem Gewissen etwas Falsches tut, weil er es irrtümlich für richtig hält. Für den aufmerksamen Beobachter sind solche Fälle besonders in einem Krieg offensichtlich, wenn auf beiden Seiten Menschen mit gutem Gewissen kämpfen und glauben, dass richtig ist, was sie tun; oder wenn eine Person mit guter Absicht handelt, aber bei der Berechnung der Folgen ihres Tuns einen schrecklichen Fehler begeht. Mit solchen Fällen konfrontiert, machen wir dem Handelnden keine moralischen Vorwürfe, außer wir glauben, dass er für seine Überzeugungen selbst verantwortlich ist, und obwohl wir ihm natürlich intellektuelle Vorwürfe machen und sein Handeln töricht nennen können. Diese Unterscheidung bringt einige Schwierigkeiten mit sich. Es ist ein anerkanntes Prinzip der Ethik, dass es immer unsere Pflicht ist zu tun, was wir nach angemessener Überlegung tun zu sollen glauben. Doch angenommen, wir irren uns. Dann sollen wir diesem Prinzip zufolge etwas tun, das falsch ist und das wir deswegen nicht tun sollen. Liegt da-

1 Ich danke dem Verlag Routledge & Kegan Paul für die Genehmigung, in diesem Kapitel auf frühere Bücher von mir zurückzugreifen.

rin nicht ein Widerspruch? Es wäre ein Widerspruch, würden wir hier nicht das Wort »sollen« (und dementsprechend die Wörter »richtig«, »falsch«, »Pflicht«) in zwei verschiedenen Sinnen gebrauchen. Mögen wir in unseren Überzeugungen auch falsch liegen, so ist doch offenbar, dass es keine moralisch zulässige Alternative zum Tun dessen, wovon wir glauben, dass wir es tun sollen, gibt – vorausgesetzt, wir fügen die Bedingung »nach ausreichender Überlegung« hinzu (wobei es nicht leicht ist, das »ausreichend« näher zu bestimmen). Denn wenn wir nicht in diesem Sinne handeln, dann können wir nicht aus moralischen Motiven heraus handeln, sondern wenden uns im Gegenteil gegen das moralische Prinzip in uns. Deshalb verhalten wir uns in diesem Fall auch dann tadelnswert, wenn die Handlung äußerlich richtig sein sollte; denn das wäre nur ein Glückstreffer, nachdem wir sie ja nicht deshalb ausgeführt haben, weil wir sie für richtig hielten, sondern in der Überzeugung, sie sei falsch. Auch wenn wir die Autorität eines anderen anerkennen, so tun wir dies auf unsere eigene moralische Verantwortung hin und sind nur dazu berechtigt, wenn wir glauben, dass er eher richtig liegen dürfte als wir selbst. Nun folgt aber bereits aus der bloßen Möglichkeit zu fragen, ob wir eine Handlung ausführen sollten, dass eine Handlung, obgleich sie aus den bestmöglichen Motiven und in der Annahme ihrer Richtigkeit ausgeführt wurde, dennoch in einem objektiven Sinne falsch sein kann. Wenn das, was wir für richtig erachten, automatisch das in jedem Sinne des Wortes Richtige wäre, dann wäre es ja sinnlos, sich die Mühe zu machen herauszufinden, was richtig ist. Die Frage, was für uns die objektiv richtige Handlung ist, können wir nicht dadurch beantworten, dass wir auf unsere tatsächlichen Meinungen und Motive verweisen. Wenn es unser Motiv ist, das Richtige zu tun, dann müssen wir immer noch herausfinden, was richtig *ist*. In den Kapiteln 2 bis 5 ging es um die Prinzipien, von denen wir uns bei der Beantwortung dieser Frage leiten lassen sollten. Wenden wir uns nun der Frage nach den Bedingungen für moralische Schuld zu.

Hier beginnt man am besten mit dem schon erwähnten Prinzip, dass wir nicht moralisch zur Rechenschaft gezogen werden können, wenn wir in der Annahme handeln, das Richtige zu tun, wenn wir also, wie man sagt, »nach bestem Wissen und Gewissen« handeln. Allerdings ist die Frage, um die es hier geht, nicht ganz so einfach beantwortet, wie es scheinen könnte. Ein Mensch kann ja denken, dass ihm sein Gewissen die entsetzlichsten Dinge zu tun heißt, wie es bei vielen Nazis der Fall war. Angenommen, Hitler glaubte, dass er seine Pflicht tat, als er den Juden und anderen unglücklichen Menschen furchtbares Leid zufügte und fast gegen alle moralischen Regeln verstieß. Kann man ihm dann wirklich keine moralische Schuld zuweisen, nur weil er es irgendwie fertigbrachte sich vorzumachen, dass all die schrecklichen Dinge, die er tun wollte, richtig oder sogar seine Pflicht waren? Wenn er tatsächlich diese Fähigkeit der Selbsttäuschung besessen haben sollte, bedeutet dies wirklich, dass er moralisch weniger verurteilenswert war als die meisten anderen Menschen, die bessere Ideale haben, aber ständig hinter ihnen zurückbleiben, so wie es nach ihrem Selbstzeugnis sehr vielen Menschen erging, die man heilig nennen würde oder beinahe? Die Antwort liegt nahe, dass sich Hitler in moralischer Hinsicht jedenfalls insofern tadelnswert verhielt, als er seine Pflicht vernachlässigte, sich ausreichend um die Erkenntnis des wirklich Richtigen zu bemühen, bevor er so handelte, wie er tat. Und dennoch erscheint es durchaus möglich, dass er überhaupt niemals auf den Gedanken kam, er könnte diese Frage nicht ausreichend bedacht haben; und dann könnte man ihm nach dem genannten Prinzip nicht länger vorwerfen, er habe jene Pflicht vernachlässigt. Doch ist es wirklich vernünftig anzunehmen, dass er auf diese Weise jeglicher moralischer Verurteilung entkommen könnte? Ich bin wegen dieses Problems nicht ganz zufrieden mit dem oben genannten, gemeinhin anerkannten Prinzip.

Doch selbst gesetzt, wir akzeptierten es, so bleibt eine Unterscheidung zwischen zwei Arten von Irrtümern zu beachten, die einen Menschen zu falschen Überzeugungen hinsichtlich seiner moralischen Pflicht verleiten können. Die erste Art von Irrtum betrifft Tatsachenfragen, wie wenn ein Arzt aufgrund einer Fehleinschätzung eine Medizin verabreicht, die mehr schadet als nützt, oder wenn jemand eine Vereinbarung bricht, weil er ihren Inhalt ernstlich missverstanden hat. Ein solcher Fehler ist gewiss nicht moralisch verurteilenswert – es sei denn, er beruht auf Nachlässigkeit oder vermeidbarem Vorurteil –, sosehr er auch einen Mangel an Verstand offenbaren mag. Aber es gibt eine zweite Art von Irrtum, der nicht Tatsachenfragen betrifft, sondern Werturteile. Falsche Werturteile – ob im strikten Sinne moralisch tadelnswert oder nicht – offenbaren zumindest eine, wie wir sagen können, moralische Störung in der betreffenden Person. Diese befindet sich jedenfalls in einem moralisch gesehen weniger wünschenswerten Zustand, als es der Fall wäre, wenn sie nicht solche Fehler beginge, gleich ob sie daran selber »schuld« ist oder nicht. Ein Beispiel für die erste Art von Irrtum ist, wenn jemand etwas Falsches sagt, weil er es für wahr hält; ein Beispiel für die zweite Art, wenn jemand etwas Falsches sagt, weil er das Übel, welches eine Lüge bedeutet, unterschätzt, oder wenn jemand allem außer materiellen Gütern keinen großen Wert zuerkennt. Ob sie daran Schuld tragen oder nicht, so muss doch festgehalten werden, dass solche Menschen in einem schlechteren moralischen Zustand sind, als sie es wären, wenn sie diesen schweren moralischen Irrtümern nicht unterlägen. Vielleicht befinden sie sich nur deshalb in dieser Lage, weil sie sich in einer frühen Phase der Entwicklung befinden, oder aber deshalb, weil sie in der Vergangenheit wissentlich falsch gehandelt haben. Doch sie befinden sich jedenfalls in diesem Zustand, wie auch immer sie dorthin gelangten.

Damit eine Handlung moralisch verdienstvoll ist, bedarf es nicht nur ihrer Übereinstimmung mit dem, was der Handelnde nach reiflicher Überlegung für richtig erachtet, sondern auch eines guten Motivs. Was ist ein gutes und was ein schlechtes Motiv? Es besteht kein Zweifel, dass mein Verlangen, meine Pflicht nur deshalb zu erfüllen, weil es meine Pflicht ist (im Gegensatz zu Kant sehe ich keinen Grund, hier nicht von einem »Verlangen« zu sprechen) ein gutes Motiv ist; aber es ist nicht das einzige. Die Liebe für eine bestimmte Person, Wohlwollen, das Verlangen nach Wissen, das Verlangen, etwas Schönes zu schaffen, können auch Anspruch auf diesen Titel erheben, und es ist schwer, ihn zurückzuweisen. Und doch können diese guten Motive uns auch zu falschem Handeln verleiten, wenn es auf dem Grunde unseres Geistes nicht ein moralisches Gewissen gibt, das dies verhindert. Das eigentliche moralische Motiv: das Verlangen, das Richtige als solches zu tun, sollte in einem gewissen Sinne immer potentiell anwesend sein – obwohl es als Motiv nicht immer in Erscheinung treten muss und dies auch nicht soll, ja nicht einmal könnte. Ob jemand bei einer bestimmten Gelegenheit aus den richtigen Motiven heraus gehandelt hat oder nicht, hängt nicht nur von den beteiligten Wünschen als solchen ab, sondern auch vom Kontext. Angenommen, ich hätte als Prüfer einem Kandidaten aus Liebe zu ihm oder aufgrund meines Wunsches, ihm Freude zu verschaffen (aus Wohlwollen), eine sehr gute Note gegeben. Nun sind Liebe und Wohlwollen an sich gut, aber man wird gewiss nicht sagen können, ich hätte aus den richtigen Motiven heraus gehandelt. Infolgedessen wäre meine Handlung selbst dann moralisch schlecht, wenn der Kandidat die Note verdient hätte – obschon weniger schlecht, wie wenn ich einem Kandidaten aus einem bösartigen Wunsch, ihm Leid zuzufügen, eine schlechte Note gäbe.[1] In beiden Fällen hätte das Motiv, aus dem heraus ich handelte, überhaupt keinen Einfluss auf die Bewertung des

1 Einige Philosophen erkennen zwar an, dass äußerlich richtige, jedoch aus schlechten Motiven heraus begangene Handlungen moralisch schlecht sind, ziehen es jedoch vor, diese nicht »schlecht« zu nennen; vgl. Ross, *The Right and the Good*, S. 4–6; ders., *Foundations of Ethics*, Oxford 1939, S. 114ff.; siehe dazu meine Ausführungen in *The Definition of Good*, London/New York 1947, S. 137–144.

Kandidaten haben sollen. Andere Handlungen sind nicht deswegen schlecht, weil ihr Motiv so beschaffen ist, dass es überhaupt keinen Einfluss auf den Handelnden hätte ausüben sollen, sondern weil seiner Handlung andere Motive fehlten, die ihn auch hätten beeinflussen sollen. Das wäre etwa dann der Fall, wenn ich mich stark von dem Wunsch bewegen ließe, dass es einem Freund gut geht, während mir das Leid anderer, das ich eben dadurch verursache, gleichgültig wäre. Das Motiv eines Menschen schlecht zu nennen, bedeutet daher keineswegs notwendigerweise, dass er sich von einem in sich schlechten Wunsch leiten lässt. Die einzigen in sich schlechten Wünsche sind solche, die darauf abzielen, etwas in sich Schlechtes um seiner selbst willen herbeizuführen; das häufigste (wenn nicht das einzige) Beispiel dafür ist der Wunsch, jemandem, der mich verletzt hat, aus Ärger oder Hass Leid zuzufügen. Eine Handlung, die sich von einem solchen Wunsch bewegen lässt, ist, wenn bewusst und vermeidbar, immer schuldhaft, auch wenn sie äußerlich richtig sein sollte, und selbst dann noch, wenn sie darüber hinaus durch moralische Motive beeinflusst sein sollte, wie man es sich bei einer Person, die Strafe erteilt, leicht vorstellen kann. Umgekehrt ist nicht gleichermaßen klar, dass das Verlangen, etwas in sich Gutes zu bewirken, immer intrinsisch gut ist – so ist etwa meine Lust etwas in sich Gutes, wohingegen das *Verlangen* nach eigener Lust nicht intrinsisch gut zu sein scheint. Überlegungen dieser Art legen in den Augen einiger Denker den Schluss nahe, dass die Lust nicht in demselben Sinne wie andere intrinsische Güter (insbesondere moralischer Wert) als etwas in sich Gutes angesehen werden kann; doch ist dies ein zu komplexes Thema, um es hier fortführen zu können.[1]

Es gibt also verschiedene Weisen, wie auch eine äußerlich richtige Handlung tadelnswert sein kann, weil sie auf die falsche Weise motiviert ist. Andererseits ist es nicht so, dass es immer von den Motiven abhängt, wenn eine Handlung

1 Siehe dazu Ross, *Foundations of Ethics*, S. 271 ff.

moralisch verwerflich ist; denn jemand kann aus einem guten Motiv heraus etwas tun, das er für falsch hält. So kann man zum Beispiel aus Liebe stehlen. Ferner hängt das Maß, in dem eine Handlung tadelnswert ist, auch von dem Grad der Versuchung ab, sie auszuführen: Es erscheint viel weniger verwerflich, wenn jemand einen anderen Menschen tötet, um sein eigenes Leben zu retten, als wenn er es tut, um Geld für den Erwerb irgendwelcher Luxusgüter zu rauben. Und ein Mensch verdient weniger Tadel, wenn er aus seltenen psychologischen Gründen ein im Vergleich zu anderen Menschen außergewöhnlich großes Verlangen nach etwas Schlechtem verspürt. Unter sonst gleichen Umständen wird das Ausmaß der Verwerflichkeit sich ferner danach richten, mit welchem Grad an Klarheit der Schuldige seine Tat als falsch erkennt. So lässt sich festhalten: Eine notwendige Bedingung moralischer Schuld im vollen Sinne des Wortes ist, dass der Handelnde ein Bewusstsein von der Falschheit seines Handelns hat. Dabei ist seine Handlung umso tadelnswerter, je klarer dieses Bewusstsein und je unangemessener sein Motiv ist, während sie als umso weniger tadelnswert erscheint, je stärker die Versuchung, der er ausgesetzt ist.

Eine Schwierigkeit, die von den Philosophen bei weitem nicht ausreichend genug diskutiert worden ist, entsteht aus dem, was die Psychologen uns über das »Unterbewusste« berichten. Wie sie sagen, besitzen wir ständig Wünsche, deren wir uns nicht bewusst sind, so dass sich die Frage stellt, inwieweit wir für diese zur Rechenschaft gezogen werden können. Mir scheint, dass es in diesem Zusammenhang wichtig ist, drei Dinge im Auge zu behalten:

(1) Wir können nicht für die bloße Anwesenheit eines Verlangens in uns moralisch getadelt werden, sei es bewusst oder unbewusst, außer insofern dieses Verlangen auf eigene (willentlich) falsche Handlungen oder Unterlassungen in der Vergangenheit zurückgeht. Früher haben sich Soldaten oft für ihre Furcht geschämt, doch zu Unrecht. Es liegt nichts Falsches darin, Furcht zu empfinden, wenn überall um einen

herum Granaten einschlagen. Feigheit besteht nicht darin, Furcht zu haben, sondern darin, sich in seinen Handlungen von Furcht beeinflussen zu lassen, wo diese nicht davon beeinflusst sein sollen. Andererseits begründet die Anwesenheit eines moralisch unbefriedigenden Verlangens in uns, wie zum Beispiel des Hasses auf einen anderen Menschen, für uns die Pflicht, etwas gegen dieses Verlangen zu unternehmen, um sich davon zu befreien – ein Ziel, das wir indes nicht sofort erreichen können. Wir können uns nicht durch einen bloßen Willensakt dazu bewegen, jemandem gegenüber unverzüglich ganz andere Gefühle aufzubringen. Alles, was wir zu wollen vermögen, ist, uns auf Dinge konzentrieren, die das Verlangen allmählich verringern werden, etwa auf die guten Eigenschaften dieses Menschen oder die christliche Pflicht zu verzeihen.

(2) Wenn ein Verlangen im strengen Sinne des Wortes unbewusst ist, wenn wir also überhaupt nicht auf es aufmerksam werden können, dann kann es uns gewiss nicht zum Vorwurf gemacht werden, dass wir nichts unternehmen, um es loszuwerden, so wenig wünschenswert es auch sein mag; denn wir wissen nicht um seine Existenz. Jedenfalls kann es uns so lange nicht zum Vorwurf gemacht werden, bis wir seine Existenz aus unseren Handlungen erschlossen haben oder von seiner Existenz auf glaubhafte Weise von einem Psychoanalytiker in Kenntnis gesetzt worden sind. Ich kann nicht einmal getadelt werden, wenn eine Handlung, von der es mir so scheint, als täte ich sie aus guten Beweggründen heraus, in Wirklichkeit aus schlechten heraus erfolgt, die mir nicht bewusst sind – es sei denn wiederum, die Anwesenheit der schlechten Motive ist das Resultat eigener (willentlich) falscher Handlungen in der Vergangenheit.

(3) Jedoch habe ich den starken Verdacht, dass sehr viele der so genannten Fälle von unbewusstem Verlangen in Wahrheit Fälle sind, wo sich die betroffene Person in einem gewissen Maße des Verlangens bewusst ist oder doch zeitweise bewusst war; und ohne eigentliche Täuschungsabsicht ihre

Aufmerksamkeit davon weglenkte und sich weigerte, es auch nur sich selbst gegenüber einzugestehen. Das ist sicher nicht der richtige Weg und mag in moralischer Hinsicht durchaus ein Fehler sein, wenn auch nur ein relativ geringer, weil das Wissen um die eigene Lage hier *ex hypothesi* kein sehr deutliches ist. Die Menschen erkennen für gewöhnlich nicht, wie schädlich eine solche Selbsttäuschung ist oder was sie in solchen Fällen genau tun, wenn sie es gerade tun. Und das Maß, in dem der Handelnde die Falschheit seiner Tat erkennt, ist zweifelsohne ein wichtiger Faktor zur Bestimmung des Ausmaßes seiner Schuld. Es ist zu beachten, dass ein Mensch, der sich derart geweigert hat, von einem Verlangen Kenntnis zu nehmen, dieses später (ja, fast sogleich) vollkommen vergessen und aufrichtig behaupten kann, er sei sich eines solchen Verlangens niemals bewusst gewesen. Wir brauchen daher keine Angst zu haben, dass wir zusätzlich zu einer bewussten Schuld auch noch wegen des Unterbewussten in uns eine schwere Schuld tragen. Die Tiefenpsychologie hat uns allerdings vor Augen geführt, dass die Selbsttäuschung über unser Verlangen ein sehr gefährlicher Mechanismus ist, selbst wenn er nicht mit großer moralischer Schuld einhergeht. Viele psychische Zusammenbrüche haben hierin ihre Ursache. Viele posttraumatischen Belastungsstörungen bei den Soldaten des Ersten Weltkriegs gründeten nicht zuletzt darin, dass sich die Betroffenen ihre Furcht nicht eingestehen wollten.

Aber, so kann man fragen, gibt es denn überhaupt etwas, wofür wir zur Rechenschaft gezogen werden können? Diese Frage ist manchmal mit der Begründung verneint worden, dass alles, was wir tun, durch vorgängige Ursachen determiniert sei, so dass wir nicht anders hätten handeln können. Dazu ist zunächst anzumerken, dass diese »deterministische« Position, wie sie genannt wird, so plausibel sie erscheint, weit davon entfernt ist, evident zu sein und keineswegs als wahr erwiesen wurde. Bis heute hat kein Beweis eines universalen Verursachungsprinzips unter den

Philosophen allgemeine oder auch nur besonders weitreichende Zustimmung gefunden. Auch viele zeitgenössische Naturwissenschaftler haben erhebliche Zweifel an einem solchen Prinzip. In der jüngeren Physik hat es bekannterweise eine starke Reaktion gegen diese Auffassung gegeben, doch möchte ich mich nicht darauf fixieren, denn solch eine Position lässt sich wissenschaftlich weder beweisen noch widerlegen. Auch wenn alle Ereignisse verursacht wären, könnte kein Wissenschaftler alle Ursachen anführen; und auch wenn einige Ereignisse unverursacht wären, gäbe es keine wissenschaftliche Methode, die Fälle, wo es wirklich keine Ursache gibt, von den Fällen zu unterscheiden, wo wir lediglich die Ursache nicht finden können. Folglich müssen wir den Determinismus als durch Argumente außerhalb der Ethik weder bewiesen noch widerlegt ansehen. Wir wären somit vollkommen im Recht, ihn zurückzuweisen, wenn wir zu dem Ergebnis kommen sollten, dass er sich mit den grundlegenden Prinzipien der Ethik nicht vereinbaren lässt. Was zu einer wahren Proposition im Widerspruch steht, muss als falsch zurückgewiesen werden; daher handelt es sich hier um eine völlig legitime Argumentationsweise. Dagegen hat man geltend gemacht, die Propositionen der Ethik seien umstritten und zweifelhaft. Doch geht es hier um die Wahrheit von Propositionen, die wir voraussetzen müssen, wenn es überhaupt gültige Urteile in der Ethik geben soll; und da misst sich das Gewicht des Arguments an denjenigen moralischen Urteilen, die am allergewissesten sind. Nun gehören einige moralische Propositionen – wie etwa, dass ich Sie, lieber Leser, nicht töten soll, weil Sie anderer Meinung sind als ich, und zahllose andere – zu den sichersten Propositionen überhaupt. Anders die Auffassung, dass jedes Ereignis vollständig von früheren Ereignissen determiniert ist: Hier lässt, um das Mindeste zu sagen, die Beweislage Raum für Zweifel. Wenn daher diese Auffassung – der Determinismus – beinhalten sollte, dass alle moralischen Propositionen falsch sind, oder wenn sie auch nur beinhalten sollte, dass alle moralischen Propositionen der Form »Ich (oder er) soll dies oder jenes nicht tun« falsch sind, dann wäre das ein ausreichender Grund, sie eindeutig zurückzuweisen. Denn sie ist jedenfalls viel weniger gewiss als einige der moralischen Propositionen, denen sie widersprechen würde. Und, so fährt das Argument fort, die Proposition, dass ich etwas nicht tun soll, impliziert, dass ich vermeiden kann, es zu tun; also kann ich nicht durch vorangehende Ursachen determiniert sein, es unvermeidlicherweise zu tun. Das ist das Hauptargument für die (wie man gewöhnlich sagt) *Willensfreiheit* oder den *Indeterminismus* – die Auffassung, dass nicht vollständig ursächlich bestimmt ist, ob ich auf eine bestimmte Weise handeln will oder nicht.

Man wird vielleicht zugeben, dass wir uns diese indeterministische Sicht zu eigen machen sollten, wenn sie für die Ethik wirklich notwendig ist. Aber ist sie das wirklich? Viele Deterministen unter den Philosophen haben argumentiert, dass eine vollständige kausale Bestimmtheit mit der für moralisches Handeln notwendigen Freiheit überhaupt nicht unvereinbar ist. Tatsächlich müssen wir unsere Diskussion dieses Problems damit beginnen, einige Vorurteile gegen den Determinismus aus dem Weg zu räumen. Die Auswirkungen einer in sich stimmigen deterministischen Position auf unsere moralischen Überzeugungen sind zum Teil erheblich übertrieben worden. Auch ein Determinist kann nämlich an vielen moralischen Überzeugungen festhalten, sie sogar mit Begeisterung verteidigen. So braucht er nicht zu bestreiten (und tut dies in der Regel auch nicht), dass eine Handlung in dem Sinne richtig sein kann, dass sie die in einer bestimmten Situation beste ist. Die Proposition, dass einige Handlungen besser sind als andere, zumindest was ihre Folgen angeht, wird vom Determinismus keineswegs dementiert. Und es gibt auch nichts, was einen Deterministen davon abhalten müsste anzuerkennen, dass gewisse Dinge, wiewohl ursächlich bestimmt, in sich gut oder schlecht sind. Niemand würde zögern, Schmerzen schlecht zu nennen, nur weil sie eine Ursache haben. Der Determinist kann ohne Selbstwiderspruch dieselben Urteile darüber fällen, was im Einzelnen richtig ist oder falsch, was in sich gut ist oder schlecht, wie der Indeterminist (mit einer möglichen Ausnahme im Falle des Bestrafens, worauf ich später noch zu sprechen komme). Ja, er kann sogar bestimmte Handlungen, die eine Wahl beinhalten, zu den intrinsisch guten oder schlechten Dingen rechnen, obwohl er diese Handlungen für determiniert hält. Und wie wir sehen werden, vermag er sogar der Rede von Schuld und Verantwortlichkeit einen vernünftigen Sinn zu geben, wenn auch nicht ganz den vollen Sinn, den wir gewöhnlich mit diesen Wörtern verbinden.

Wir sind auf den ersten Blick geneigt, den Deterministen so zu verstehen, als behaupte er, dass alle unsere Handlungen durch äußere Gründe bestimmt sind und niemals durch eigene Wahl; doch wäre dies ein Missverständnis fast aller respektablen Philosophen, die den Determinismus vertreten haben. Denn diese haben durchaus eingeräumt, dass zu den alles Geschehen bestimmenden Ursachen auch die menschlichen Entscheidungen zu zählen sind. Sie würden das Argument: »Ob mein Kind gesund wird oder nicht, ist determiniert, deshalb ist es gleichgültig, was ich tue« nicht gelten lassen, weil einer der determinierenden Faktoren eben das Verhalten der Eltern des Kindes ist. Und zu den Faktoren, die festlegen, wie wir uns verhalten werden, zählt unser eigener Charakter. Wir fühlen uns vom Determinismus instinktiv abgestoßen, weil er zu beinhalten scheint, dass wir von etwas uns Äußerlichem gezwungen werden, auf eine bestimmte Weise zu handeln. Doch der Determinist kann entgegnen: »Wenn es doch nur unser eigener Charakter ist, der uns determiniert, wie sollte dies mit der Freiheit nicht vereinbar sein?« Der Charakter, so ließe sich sagen, ist der Mensch, und warum sollten wir murren, da wir von uns selbst determiniert sind, als ob wir dadurch zu Sklaven einer äußeren Macht würden, was erst eine wirkliche Aufhebung der Freiheit bedeutete? Der Determinist ist natürlich keineswegs darauf festgelegt zu behaupten, dass alle Verursachung physisch ist. Dem Anschein nach werden unsere Handlungen von Wünschen und Willensakten verursacht. Bin ich denn nicht frei, wenn ich tue, was ich zu tun wünsche und was ich daher tun will?

Ebenso wenig schließt der Determinismus die Veränderung und Verbesserung des Charakters aus, nicht einmal in der extremen Form einer »Umkehr«. »Charakter« bezeichnet normalerweise die Haltungen und Gewohnheiten, aus denen heraus ein Mensch gewöhnlich handelt, und diese können sich natürlich ganz erheblich verändern. Der Determinist wird sagen, dass – vom Einfluss äußerer Umstände abgesehen, die nicht alles erklären können – solche Veränderungen immer auf etwas noch Grundlegenderes in der Veranlagung dieses Menschen zurückgehen. Ein Einfluss, der bei einem bestimmten Menschen eine Umkehr auslöst, tut dies bei einem anderen schlechten Menschen nicht; damit der eine so berührt wird, muss er die Art von Mensch sein, der sich zuerst »die Hörner abstößt« und bei dem ein bestimmter Einfluss dann einen heftigen Wandel auslöst. Ist das der Fall, so gehörte es in einem weiten Sinne zu seinem Charakter. Auch unbelebte Stoffe können sich derart wandeln, dass sie zu einem Zeitpunkt gewissermaßen einen ganz anderen Charakter haben als zu einem anderen. So sieht geschmolzenes Eisen nicht nur anders aus, sondern verhält sich auch ganz anders als Eisen im festen Zustand; doch diese Veränderung des Charakters bedeutet nicht, dass das Schmelzen des Eisens nicht ursächlich bestimmt wäre. Es folgt aus der grundlegenden Natur des Eisens, dass es sich im festen Zustand auf diese und im geschmolzenen Zustand auf jene, ganz andere Weise verhält.

Man muss hinzufügen, dass wir bei unserem praktischen Handeln ständig voraussetzen, dass bei den menschlichen Willensakten sowohl psychologische als auch physikalische Ursachen am Werk sind. Wenn dem nicht so wäre, könnten wir nicht die Annahmen über die Wirkungen machen, von denen die meisten unserer Handlungen abhängen. Es wäre beispielsweise sinnlos, in ein Geschäft zu gehen, um etwas zu kaufen, wenn wir nicht annehmen dürften, dass der Wunsch, Geld zu verdienen, einen Einfluss auf den Willen von Menschen ausübt. Was der Indeterminist allenfalls behaupten kann, ist, dass das Wollen nicht *vollständig* determiniert ist, obwohl es immer von Ursachen beeinflusst wird und aufgrund unserer Kenntnis des betreffenden Menschen und der Gesetze psychologischer Verursachung oftmals mit einer Wahrscheinlichkeit vorhergesagt werden kann, die der Gewissheit nahekommt. Aber mehr braucht er auch nicht zu behaupten. Er kann einräumen, dass ein Mensch Motive zu sündigen besitzt, die von äußeren Ursachen und seinem psychologischen Temperament abhängen. Er kann ebenfalls einräumen, dass das Sündigen zum Beispiel durch die Erziehung dieses Menschen oder sein Nachgeben in früheren Versuchungssituationen viel wahrscheinlicher gemacht wird und viel schwieriger zu vermeiden ist. Doch solange er sich weigert zuzugeben, dass diese Umstände die Sünde unvermeidlich machen, bleibt er ein Indeterminist. Selbst wenn sie wahrscheinlich ist, bleibt sie doch, so wird er sagen, eine Sünde, solange sie nicht unvermeidlich ist. Der Indeterminist braucht auch nicht anzunehmen, dass sich irgendetwas außer unseren Willensakten der lückenlosen Bestimmung durch Ursachen entzieht. Alle übrigen Aspekte unseres geistigen Lebens könnten diesen vollständig unterworfen sein. Er muss sogar einräumen, wenn er seiner Ansicht eine verständliche Form geben will, dass freie Willensakte *vom Handelnden verursacht* sind. Denn wie könnte ich für meine Handlungen verantwortlich sein, wenn ich sie nicht verursacht hätte? Sie wären andernfalls nicht *meine* Handlungen. Er wird behaupten müssen, dass meine freien Handlungen, obschon in irgendeiner Weise von mir verursacht, weder durch mir äußerliche Dinge oder Ereignisse noch durch Ereignisse in meiner früheren Lebensgeschichte festgelegt sind, nicht einmal durch meinen eigenen Charakter und auch nicht durch alle diese Faktoren zusammengenommen.

Manchmal hat man gedacht, es sei eine ausreichende Widerlegung des Determinismus, darauf zu verweisen, dass wir in der Lage sind, unserem »stärksten Verlangen« zuwider zu handeln. Denn, so die Annahme, der deterministischen Position zufolge seien unsere Handlungen durch unser Verlangen bestimmt, wobei sich stets das stärkste Verlangen durchsetze. Mir scheint indes, dass die Indeterministen, die dieses Argument vorgetragen haben, ebenso wie viele Deterministen sich durch eine Äquivokation des Ausdrucks »stärkstes Verlangen« hinters Licht führen ließen. Es kann damit einfach das Verlangen gemeint sein, das sich durchsetzt; und in diesem Sinne können wir ihm natürlich nicht zuwiderhandeln. Aber damit wäre lediglich gesagt, dass wir niemals dem Verlangen, das unser Handeln bestimmt, zuwiderhandeln – was allerdings wahr, aber keine besonders aufschlussreiche Einsicht ist. Es kann damit aber auch – und das ist der interessantere Sinn – das Verlangen gemeint sein, das wir am stärksten verspüren. Und was dies betrifft, so ist es kein Widerspruch anzunehmen, dass ein Mensch, dessen Handlungen vollständig ursächlich bestimmt sind, bisweilen dem Verlangen zuwiderhandelt, welches er am stärksten verspürt. Sollte es ein Gesetz geben, demzufolge die Handlungen eines Menschen notwendig von dem in diesem zweiten Sinne stärksten Verlangen bestimmt werden, so wäre es ein kausales Gesetz; und ob ein kausales Gesetz gilt, ist keine logische Frage, sondern misst sich an der Erfahrung. Der Determinismus ist oder enthält die Ansicht, dass alle Handlungen des Menschen verursacht sind, nicht dass sie in irgendeiner bestimmten Weise verursacht sind. Auch wenn wir annehmen, dass eine jede Handlung von irgendeinem Verlangen verursacht ist, haben wir noch keinen Grund anzunehmen, dass sich die Wirksamkeit eines Verlangens immer proportional zu seiner gefühlten Stärke verhält. Es gibt keine Anhaltspunkte, die für eine solche Auffassung sprechen, auch keine empirischen. Dass wir innere Kämpfe austragen und oftmals der Versuchung widerstehen, dass wir einem Verlangen nicht nachgeben, obwohl dies die einfachere Entscheidung wäre, sind Erfahrungstatsachen, die den Determinismus jedoch nicht notwendig widerlegen. Dass wir durch eine Anstrengung des Willens das am stärksten empfundene Verlangen daran hindern können, unser Handeln zu bestimmen, ist nur eine weitere Tatsache über die Ursachen von Handlungen. Es scheint mir auch nichts besonders Überraschendes daran, dass man ein Verlangen gerade dann am stärksten empfindet, wenn man sich gerade entschieden hat, ihm zuwiderzuhandeln. Denn unter sonst gleichen Umständen ist nur zu erwarten, dass man ein Verlangen nach etwas, von dessen Besitz man unmittelbar zuvor ausgeschlossen wurde, am stärksten verspürt – erst recht dann, wenn die Beraubung auf das eigene Willenshandeln zurückgeht –, obwohl das Verlangen bald dazu neigen wird, sich neu auszurichten, zumindest in den weniger heftigen Fällen von innerem Konflikt.

Aber ist es nicht offensichtlich, dass ich nicht verantwortlich bin und zu Unrecht gelobt und getadelt werde, wenn ich gar nicht anders hätte handeln können? Der Determinist mag selbst dies zugestehen, wenn er hier »können« in einem anderen Sinne auslegt als der Indeterminist. So wird auch ein Determinist anerkennen, dass es einen Unterschied bedeutet, ob jemand etwas freiwillig tut oder ob er es tut, weil man etwa seinem Arm einen Stoß gibt. Im letzteren Fall spielen sein Wollen und Verlangen keine Rolle, während er es im ersten Falle tut, weil er es zu tun wünscht und darum tun will (oder weil er zumindest seinen Wunsch, es zu tun, nicht zurückhalten will): weil er sich entscheidet, es zu tun. Im Rahmen der deterministischen Position hat man »können« in »anders handeln können« so definiert, dass es bedeutet: »würde, wenn der Handelnde sich anders entschieden hätte«. Nun wäre es allerdings sinnlos, einen Menschen zu tadeln, wenn er in diesem Sinne von »können« nicht anders hätte handeln können. Denn der Sinn des Tadels besteht darin, den Menschen dazu zu bewegen, sich bei künftigen Gelegenheiten anders zu entscheiden oder es zumindest ernsthafter zu versuchen. Und dieses Ziel lässt sich nur dann erreichen, wenn die Willensentscheidungen eines Menschen sein Verhalten ändern können. Andererseits ist es, damit der Tadel wirksam sein kann, nicht nötig anzunehmen, dass ein Mensch *unter genau denselben Umständen* hätte anders handeln können (der indeterministische Sinn von »können«), vorausgesetzt nur, dass er den Wunsch besitzt, Handlungen, die er als tadelnswert erachtet, als solche zu vermeiden, oder dass er zumindest weiß, dass er für sie getadelt würde und sie deshalb zu vermeiden sucht (obwohl dies ein weniger wertvolles Motiv wäre). Und Gleiches gilt für Strafen. Eine Weise, Menschen an künftigen Fehltritten zu hindern, besteht darin, ihnen aufgrund von früher begangenem Unrecht Unannehmlichkeiten entstehen zu lassen. Und weil kein Determinist bestreiten würde, dass Schmerzen oder die Aussicht auf Schmerzen die Willensakte von Menschen beeinflussen können, können Strafen sowohl aus deterministischer wie auch aus indeterministischer Sicht wirksam sein. Der Indeterminist wird hier allerdings einschränken: Dies zeige bloß, dass Strafe auch dann noch *zweckmäßig* wäre, wenn der Determinismus wahr ist; nicht hingegen, dass sie dann auch *gerecht* oder *verdient* sein könnte. Der Indeterminist wird dafür halten, dass die letztere Bedingung nur dann erfüllt ist, wenn der Übeltäter aus eigener freier Entscheidung handelte – in dem Sinne nämlich, dass er auf seine Handlung nicht ursächlich festgelegt war; dazu später mehr. Der Determinist kann weiter ausführen, dass Tadel und Strafe aus gutem Grund nicht auch auf vom Willen unbeeinflussbare Mängel wie unvermeidbare Krankheit oder Unwissenheit angewendet werden; denn weil diese nicht auf willentliche Fehler zurückgehen, können Tadel und Strafe nichts zu ihrer Verbesserung ausrichten. Es gibt also einen moralisch relevanten und verständlichen Sinn von »können«, in dem man auch unter deterministischen Vorzeichen anders hätte handeln können, und ein Können zumindest in diesem Sinne wird von der Praxis des Tadelns unzweifelhaft vorausgesetzt. Der Streit zwischen den Deterministen und den Indeterministen betrifft nicht eigentlich die Frage, ob wir anders hätten handeln können, als wir es tatsächlich taten; sondern in welchem Sinne von »können« wir anders hätten handeln können. Für den Indeterministen hätten wir *unter genau denselben Umständen*, unseren Charakter eingeschlossen, anders handeln können. Der Determinist bestreitet das und meint mit »hätten anders handeln können«, dass wir unter anderen (insbesondere inneren) Umständen hätten anders handeln können. Man könnte dies die Unterscheidung zwischen dem absoluten und dem relativen Sinn von »können« nennen.

Für den Deterministen ist Tadel in der Regel ein rein utilitärer Begriff, muss es aber nicht sein. Der Determinist kann zugestehen, dass ein schlechter Wille oder die fehlende Bereitschaft, seinem Gewissen zu folgen, in sich schlecht und nicht bloß von schädlicher Wirkung ist. Er kann moralischen Tadel als ein Urteil verstehen, welches besagt, dass eine Handlung auf einen schlechten Willen zurückgeht. Eine böswillige Handlung zu tadeln wäre dann nicht nur wegen ihrer guten Folgen angemessen, sondern auch an und für sich. Es käme, sofern der Tadel gerechtfertigt ist, der Feststellung gleich, dass etwas, das wirklich in sich schlecht ist, schlecht ist. So ist der Determinist in der Lage, einen erheblichen Teil unserer alltäglichen Auffassung von Schuldhaftigkeit und moralischer Verantwortlichkeit aufrechtzuerhalten. Aber ganz kann er sie nicht aufrechterhalten. Denn die Auffassung des *Common Sense* beinhaltet die Vorstellung, dass eine freie Handlung unter genau denselben Gegebenheiten hätte anders ausfallen können. Das kann der Determinist nicht zugestehen. Er kann allenfalls behaupten, dass die Handlung anders hätte ausfallen können, wenn ein Teil der Umstände – die dem Handelnden äußeren zum Beispiel – dieselben gewesen wären, und das scheint nicht auszureichen.

Der Indeterminist auf der anderen Seite wird vorbringen, dass, auch wenn einige intrinsische Güter und Übel determiniert sein mögen, eine Handlung im Falle ihrer Determiniertheit niemals *moralisch* gut oder *moralisch* schlecht sein kann. Er wird hervorheben, dass die Pointe unserer Begriffe von Reue und Scham gerade in der Einsicht gründet, dass wir anders hätten handeln können, egal was wir vorher getan und in welchem inneren Zustand wir uns befunden haben mochten. Es mag undramatisch klingen, wenn der Determinist uns sagt, dass wir durch unseren eigenen Charakter und unsere früheren Taten determiniert sind; aber wenn es zutreffen sollte, dass wir durch die Vergangenheit determiniert sind, so würde das bedeuten, dass wir *jetzt* nicht frei sind, weil wir die früheren Handlungen, von denen unsere gegenwärtigen Handlungen abhängen, jetzt nicht ändern können. Und dasselbe würde von jenen früheren Handlungen, durch die unsere jetzigen Handlungen determiniert sind, gelten. Auch sie wären durch noch Früheres determiniert, an dem zum Zeitpunkt ihrer Ausführung nichts zu ändern war. Schlimmer noch, der Determinist behauptet, dass unser Verhalten immer durch unseren Charakter in Verbindung mit den äußeren Umständen festgelegt ist. Aber wie haben wir wiederum unseren Charakter erworben? Insoweit er durch äußere Umstände determiniert ist, sind wir offensichtlich nicht frei; insoweit er erblich ist, sind es offenbar unsere Vorfahren, die dafür verantwortlich sind (wenn überhaupt jemand dafür verantwortlich ist), und nicht wir. Und dasselbe ließe sich von unseren Vorfahren sagen, von deren Vorfahren und so weiter, bis wir beim ersten Menschen ankommen oder bei Gott. Wann auch immer wir zu existieren begonnen haben, unsere Existenz und ursprüngliche Natur muss dem Determinismus zufolge auf irgendwelche Ursachen zurückgehen; und weil wir nicht existierten, bevor wir zu existieren begonnen haben, können diese Ursachen nicht in uns liegen. Wenn folglich der Determinist zu seiner Verteidigung vorbringt, er behaupte doch nichts weiter als eine Determination durch einen selbst, können wir dies nicht gelten lassen; denn wenn wir in der Ursachenkette nur weit genug zurückgehen, wird daraus eine Determination durch jemand anderen oder durch etwas anderes als einen selbst.

Der Determinist wird, wenn er die Ethik ernst nimmt, auf diesen Einwand antworten müssen, dass es dann immer noch wahr bleibt, dass ein schlechter Wille eben schlecht ist, egal wie man zu ihm kam; und darauf beziehe sich der Tadel oder sollte es zumindest tun. Eine moralische Schuldzuweisung würde sich immer noch von einer bloßen Klage über etwas Unbefriedigendes wie das Wetter oder das Verhalten eines unheilbar Geisteskranken unterscheiden, insofern es sich auf den schlechten Willen bezieht und damit auf eine andere, obschon nicht weniger determinierte Form von Schlechtigkeit. Eine schlechte Verfassung des Willens ist immer noch schlecht, selbst wenn sie nur ererbt sein sollte, und deshalb wäre es immer noch vernünftig, sie zu verurteilen. Der Wille ist ferner ein wesentlicher Teil des Menschen in einem Sinne, in dem sich dies von seinen Widerfahrnissen oder seinem Gesundheitszustand nicht sagen lässt. Indem wir seinen schlechten Willen tadeln, tadeln wir daher den Menschen als schlecht. Aber wie auch immer, ein Determinist wird hauptsächlich die gesellschaftliche Nützlichkeit unserer Praxis des Tadelns und Bestrafens herausstellen.

Die meisten Leser werden sich nach alldem des Eindrucks nicht erwehren können, dass der Determinismus unserem Begriff von moralischer Verantwortung, wie wir ihn in unserem alltäglichen Leben unvermeidlich oder beinahe unvermeidlich voraussetzen, nicht wirklich gerecht wird. Wenn wir andere Menschen tadeln oder uns selbst moralische Vorwürfe machen, dann tun wir dies nicht als Deterministen, sondern als Indeterministen. Doch ist der Determinismus damit schon widerlegt? Es ist ja nicht so, als ob der Determinismus die Grundlagen unseres moralischen Denkens insgesamt in Frage stellen würde – wie dies meiner Ansicht nach bei subjektivistischen und naturalistischen Theorien der Fall ist. Wenn dem so wäre, könnten wir darauf verweisen, dass diese Theorie alle moralischen Urteile als falsch erscheinen ließe, von denen doch viele viel gewisser sind, als es der Determinismus jemals für sich beanspruchen könnte. Aber wie wir sahen, kann der Determinist mit einer viel plausibleren Erklärung der Moral und, mit Einschränkungen, sogar der moralischen Verantwortlichkeit aufwarten, als man auf den ersten Blick zu glauben geneigt ist. Im Streit zwischen Determinismus und Indeterminismus steht keineswegs die gesamte Ethik auf dem Spiel, sondern nur der relativ untergeordnete, obgleich sehr wichtige Begriff der moralischen Verantwortlichkeit. Und selbst hier kann der Determinist mit einer gewissen Plausibilität behaupten, dass er das meiste dessen, was der einfache Mensch damit zum Ausdruck bringt – ja, in den Augen einiger sogar alles, was sich daran verständlich machen lässt – integrieren kann. Offenbar dürfen nicht alle Abweichungen von der Ethik des *Common Sense* von vornherein ausgeschlossen werden, schon deshalb, weil es gar nicht *die* Auffassung des *Common Sense* gibt, weil der *Common Sense* zu verschiedenenen Zeiten und in verschiedenen Kulturen unterschiedlich ist. Angesichts dessen wird es schwierig zu entscheiden, wie viel davon wir in eine ethische Theorie eingliedern müssen – wenn wir auch bei einigen Abweichungen von der Alltagsethik ganz sicher sein können, dass sie zu groß sind, um hingenommen zu werden. Ein besonderes Gewicht muss den festen und weit verbreiteten moralischen Überzeugungen zuerkannt werden, die den Indeterminismus beinhalten; denn diese sind, wie ich vermute, allen Kulturen gemeinsam, es sei denn, sie sind von gegenteiligen philosophischen oder theologischen Argumenten beeinflusst worden. Das gilt umso mehr, wenn der Philosoph selber feststellt, dass er sich dieser Überzeugungen in seinem eigenen gewöhnlichen Denken über moralische Fragen nicht entledigen kann. Allerdings ist selbst dies keine Garantie gegen jede Verwechslung oder Verkennung der realen Gegebenheiten. Somit wären wir vielleicht im Recht, unseren alltäglichen Begriff von Verantwortlichkeit zu revidieren, wenn es sehr gute Gründe für eine deterministische Metaphysik gäbe. Ich bezweifle aber, dass solche Gründe jemals dargelegt wurden. Zur Erklärung unserer Fähigkeit, menschliches Handeln vorauszusehen, genügt es anzunehmen, dass es Ursachen gibt, welche uns zu bestimmten Handlungen geneigt machen, so dass wir diese Handlungen für gewöhnlich ausführen, ohne dass sie deswegen doch unvermeidlich wären. Schließlich sind wir niemals in der Lage, vollkommen sichere Vorhersagen zu treffen, und sind uns niemals alle wirkenden Ursachen bekannt – ob nun der Determinismus wahr sein sollte oder der Indeterminismus.

Wir haben hier eine Reihe von Theorien außer Acht gelassen, die als Kompromisslösungen vorgeschlagen wurden und die Vorzüge beider Positionen auf sich vereinigen wollen. Sie kommen mit dem normalen Determinismus darin überein, dass sie unsere Handlungen für ausnahmslos verursacht halten, versuchen aber dessen Schwierigkeiten zu vermeiden, indem sie den Begriff der mentalen Verursachung in den Blickpunkt rücken. Sie sind nicht leicht zu verstehen und es ist unmöglich, näher auf sie einzugehen, ohne in die Metaphysik einzutauchen. Alles, was ich hier dazu bemerken möchte, ist dies: Ihre Vertreter sind zwar mit einigem Erfolg darum bemüht, den Abgrund zwischen den beiden Positionen zu überbrücken. Gleichwohl gelingt es ihnen nicht, die grundlegende Antithese zu beseitigen: jene zwischen der Behauptung, wir hätten unter genau denselben Umständen auch anders handeln können, und ihrer Negation.

Es steht zu befürchten, dass die Annahme des Determinismus zu einer Abnahme des Sinns für moralische Verantwortlichkeit führt, dass sie zur Entschuldigung herangezogen wird, wenn man seine Pflicht vernachlässigt. Daher ist es sehr wichtig, die Fehlerhaftigkeit von Argumenten wie jenem herauszustellen, dass es nicht darauf ankomme, was wir tun, wenn alles ursächlich bestimmt ist. Dass der Determinismus das moralische Pflichtgefühl nicht notwendig schwächt, zeigt das Beispiel von Menschen wie den Puritanern, deren sprichwörtlicher moralischer Enthusiasmus und

Rigorismus mit einem festen Glauben an den Determinismus einherging. Andererseits hat der deterministische Ansatz in der jüngeren Vergangenheit (anders als bei den frühen Puritanern) zu einer größeren Toleranz und einer humaneren Behandlung von Gesetzesbrechern geführt. Psychologische Erklärungen werden angeführt, die ihre Handlungen weniger unverzeihlich, wenn nicht sogar unvermeidlich erscheinen lassen, und man sieht in ihnen oftmals die Opfer von sozialen Bedingungen, auf die sie keinen Einfluss haben. In der Praxis ist es im Allgemeinen vielleicht eine gute Regel, dass wir uns gegenüber einen indeterministischen Standpunkt einnehmen und anderen Menschen gegenüber einen deterministischen. Das heißt, wir sollten davon ausgehen, dass wir fähig sind, all den Ursachen, mit deren Hilfe ein Psychologe unser eigenes Verhalten erklären würde, zuwiderzuhandeln, wohingegen wir gehalten sind, angesichts des unbefriedigenden Verhaltens anderer Menschen nach Ursachen zu forschen. Denn selbst wenn der Andere zuletzt über einen nicht-determinierten freien Willen verfügt, wissen wir nie, wie groß oder wie gering seine moralische Schuld ist, und es ist nicht unsere Aufgabe, sein Richter zu sein (es sei denn, das ist zu praktischen Zwecken notwendig). Allerdings ist dies natürlich keine Maxime, nach der wir uns ohne jede Einschränkung richten sollten. Gerade für den Diktator oder den skrupellosen Politiker ist typisch, dass er anderen gegenüber, die er zu bloßen Mitteln für seine Zwecke formen will, einen radikal deterministischen Standpunkt einnimmt; und wenn wir selber die Grenzen unbeachtet lassen, die uns unser früheres Leben und gegenwärtiger Charakter auferlegen, dann werden wir womöglich bald entmutigt sein oder gegen eine Wand rennen.

Jedenfalls dürfen wir uns die Alternativen nicht so vorstellen, dass ein Mensch entweder – von körperlichen Beschränkungen abgesehen – vollkommen frei ist oder aber gar keine Freiheit besitzt. Freiheit ist eine graduelle Angelegenheit, ob wir sie als Unabhängigkeit von nicht mit unseren

Wünschen und Präferenzen identischen Ursachen oder als Unabhängigkeit von Ursachen überhaupt verstehen. Selbst wenn einige Handlungen nicht determiniert sein sollten, sind sie doch zwangsläufig von vielerlei Ursachen bedingt und begrenzt; und selbst wenn unsere Handlungen vor allem das Ergebnis unserer Wünsche und Präferenzen wären, spielen äußere Gründe dabei doch immer eine bestimmende und begrenzende Rolle. Philosophen und Sittenlehrer haben oftmals hervorgehoben, dass der gute Mensch in einem wichtigen Sinne freier ist als der schlechte. Das ist bei einem willensschwachen Menschen am offensichtlichsten, der jedem stärkeren Drang nachgibt, sowie er sich bemerkbar macht. Die Art und Weise, wie man zu einem bestimmten Zeitpunkt von seiner Willensfreiheit Gebrauch macht, vermag die Freiheit, die man zu einem späteren Zeitpunkt besitzt, erheblich zu beeinträchtigen. Wem es durch den Missbrauch seiner Freiheit in der Vergangenheit unmöglich geworden ist – körperlich oder seelisch –, seine Wünsche zu erreichen, erscheint nicht als sonderlich frei. Ein Gewohnheitstrinker oder ein Mensch, der sich zum Schaden anderer von seinen Leidenschaften hinreißen lässt, legt seinen eigenen zukünftigen Handlungen größere und unangenehmere Restriktionen auf als die meisten Diktatoren den meisten ihrer Untertanen. Betrachten wir dagegen den moralisch schlechten, aber kontrolliert handelnden Menschen, der bösartige oder egoistische Ziele klug und mit kalter Entschlossenheit verfolgt, so scheint es längst nicht so klar, dass er in puncto Freiheit schlechter abschneidet als der ebenso kluge und entschlossene gute Mensch. Ja, es mag sogar scheinen, als schränke der gute sich durch seine Rücksichtnahme und Skrupel ein. Es lässt sich jedoch sagen, dass auch ein schlechter Mensch eigentlich danach strebt, vollkommen zufrieden zu sein; und dass er, solange er schlecht bleibt, nicht frei ist, sich diesen Wunsch zu erfüllen, weil der sich auf dem von ihm eingeschlagenen Weg gar nicht erfüllen lässt. Denn obgleich, wie ich im zweiten Kapitel herausgestellt habe, das Glück eines

Menschen keineswegs notwendig mit seiner moralischen Gutheit korrespondiert, so bleibt doch wahr, dass es eine gewisse Vollkommenheit in der Zufriedenheit gibt, die nur ein guter Mensch zu besitzen vermag und von der wir annehmen können, dass auch ein schlechter Mensch sie mehr als alles andere zu haben wünschte, wenn er wüsste, wie sie sich wirklich anfühlt. Das berechtigt uns nicht zu sagen, dass ein schlechter Mensch überhaupt keine Freiheit besitzt – und folglich für seine falschen Handlungen nicht verantwortlich wäre, weil Verantwortlichkeit die Freiheit im indeterministischen oder zumindest im deterministischen Sinne voraussetzt –, sondern lediglich, dass seine Freiheit gegenüber derjenigen eines guten Menschen geringer ist.[1]

Mit dem Freiheitsproblem verbunden, und zugleich eine eigene Frage, ist das Problem der Strafe. Dies ist ein Thema, zu dessen Diskussion sich die Gegenüberstellung zweier antagonistischer Theorien anbietet. Der so genannten Vergeltungstheorie zufolge ist es in sich gut, dass ein Mensch seinen Verdiensten entsprechend Leid erduldet; darin besteht der erste und vornehmste Zweck der Strafe auch dann, wenn diese darüber hinaus einen gesellschaftlichen Nutzen mit sich bringt oder sogar der Besserung des Bestraften dient. Nach utilitaristischer Auffassung ist eine Strafe hingegen nur im Blick auf ihre Folgen zu rechtfertigen und als solche niemals wünschenswert. Die erstgenannte Auffassung ist zweifellos die der Menschheit natürlichere. Die meisten Menschen tendieren stark zu der Vorstellung, dass es in sich gut ist, wenn ein jeder »erhält, was er verdient«. Wenn wir beispielsweise von einem extremen Fall von Grausamkeit hören, haben die meisten von uns ein starkes Gefühl, dass es nicht nur wegen der Folgen, sondern auch an und für sich ganz unangemessen wäre, wenn jemand, der solche Dinge tut, sich weiterhin seines Lebens erfreut (und sei es auf moralisch unbedenk-

1 Zum Freiheitsthema siehe ausführlicher mein *The Fundamental Questions of Philosophy*, London 1951, Kap. IX.

lichere Weise) und für seine Boshaftigkeit nicht zu leiden hat. Dass Übeltäter bestraft werden sollten, und zwar unabhängig von irgendwelchen Vorteilen, die ihnen selbst oder anderen aus ihrer Bestrafung erwachsen, scheint von frühen Zeiten an eine ebenso weit verbreitete wie einflussreiche Überzeugung gewesen zu sein. Gleichwohl handelt es sich um eine Überzeugung, die, wenn man über sie nachdenkt, Anlass zu ernsten Zweifeln geben kann und die in jüngerer Zeit von vielen Denkern scharf angegriffen wurde.

Die Vergeltungstheorie hat eine besondere Verbindung zum Indeterminismus, insofern wohl fast jeder, der sie vertritt, zu dem Schluss gelangen wird, dass eine Strafe nur dann gerecht sein kann, wenn der Bestrafte mit demselben Charakter und unter denselben Umständen anders hätte handeln können. Ich kann nicht erkennen, dass ein Determinist in einen Selbstwiderspruch geriete, wenn er diese Theorie vertritt, aber ich habe noch nie von einem gehört, der sie tatsächlich vertreten hat. Auf der anderen Seite scheint mir die Vergeltungstheorie der Strafe zu anfechtbar, als dass aus ihr ein sicheres Argument für den Indeterminismus abgeleitet werden könnte.

Es ist jedenfalls offensichtlich, dass die Vergeltungstheorie keine vollständige Erklärung der Funktion von Strafen liefern kann. Selbst wenn es in sich gut sein sollte, dass Menschen ein ihren Vergehen entsprechendes Leid erdulden, so ist dies mit Sicherheit nicht das einzige Gut. Es gibt keine Garantie, dass die Behandlung eines Übeltäters, die seinen Verdiensten am meisten entspricht, auch immer die dem Gemeinwohl förderlichste ist. Und wo sie dies nicht ist, müsste der Vorteil einer Vergeltungsstrafe gegen den Nachteil eines Verlustes anderer Güter oder gegen das durch sie zugefügte Übel abgewogen werden. Mithin kann die Vergeltung unmöglich die einzige Funktion der Strafe sein: Utilitaristische Erwägungen sind ebenfalls heranzuziehen, wenn es darum geht herauszufinden, ob ein Schuldiger bestraft werden sollte, und wenn ja, in welchem Maße. Und wenn wir einmal beginnen, das Gut der Vergeltung an sich gegen die anderen beteiligten Güter abzuwägen, dann erscheinen die Letzteren als so viel wichtiger, dass es danach aussieht, als müsste das Gut der Vergeltung im Falle eines Konflikts mit anderen Gütern diesen fast immer geopfert werden, womit wir quasi bei einer utilitaristischen Theorie angelangt wären. Es ist offensichtlich, dass, selbst wenn eine Vergeltungsstrafe für einen Menschen an und für sich wünschenswert wäre, es noch viel wünschenswerter ist, dass er sich bessert und dass andere Menschen vom Verbrechen abgeschreckt werden. Und deshalb sollte das erste Gut, wenn es denn ein Gut ist, den anderen Gütern geopfert werden, außer in Fällen, wo der Schaden an den Letzteren ein nur sehr geringer ist.

Aber die Kritik lässt sich noch weiterführen. Es gibt nicht nur Gründe, daran zu zweifeln, dass Vergeltung eine wesentliche Funktion von Bestrafung ist, sondern auch daran, dass es sich bei ihr überhaupt um eine legitime Funktion handelt. Damit würden die Wirkungen der Strafe nicht mehr nur als ihre hauptsächliche, sondern ihre einzige Rechtfertigung erscheinen. Es sieht nämlich so aus, als gäbe es eine kompromittierende Verbindung zwischen dem Glauben an das vergeltende Wesen der Strafe und einer starken, angeborenen, in moralischer Hinsicht alles andere als empfehlenswerten Neigung im Menschen, dem Zorn und Wunsch nach Rache. Man kann nicht leugnen, dass es natürlich ist, jemanden zu verletzen, der einen selbst ungerechterweise verletzt hat, aber alle höher entwickelten moralischen und religiösen Systeme haben diese Neigung entschieden bekämpft. Ich brauche nicht daran zu erinnern, dass jemand, der dem Bedürfnis nach Rache nachgibt, beispielsweise der christlichen Lehre zuwiderhandelt, die es einem zur Pflicht macht, seinen Feinden zu verzeihen. Der Verteidiger der Vergeltungstheorie wird daraufhin die Rachsucht streng von einem Gerechtigkeitssinn unterscheiden, der seiner Meinung nach verlangt, dass Menschen ein ihren Verbrechen entsprechendes Leid widerfährt. Er wird zugunsten dieser Unterscheidung ins Feld führen, dass uns die Angemessenheit einer Strafe nicht nur in solchen Fällen vor Augen steht, in denen uns selbst Unrecht zugefügt wurde, sondern auch in solchen Fällen, wo ein begangenes Unrecht überhaupt nicht unsere persönlichen Interessen berührt. Schließlich kommt es vor, dass einem die Angemessenheit einer Strafe sogar dann vor Augen steht, wenn man selbst der Übeltäter ist. Die Menschen sind oft fest davon überzeugt, dass sie für ihre eigenen Sünden durch ihr Leiden »sühnen« sollen, und haben mitunter sogar darum gebeten, bestraft zu werden. Und auch wenn sie nicht so weit gehen, haben die meisten Menschen, was ihre Missgeschicke betrifft, doch gewiss eine andere Einstellung gegenüber jenen, von denen sie glauben, dass sie selbst daran schuld sind, und jenen, für die sie ihrer Ansicht nach nichts können. – Diese Entgegnung ist nicht schlüssig: Es könnte sein, dass der Wunsch nach Rache zunächst die Vorstellung verursacht, dass Vergeltung gut sei, wenn einem selbst und seiner Familie Schaden zugefügt wird, und dass diese Vorstellung dann durch sympathetische Vermittlung auf Fälle ausgedehnt wird, in denen das Opfer ein Fremder ist, und aufgrund eines Verallgemeinerungsverfahrens letztlich sogar auf Fälle, in denen man selbst der Täter ist. War die Vorstellung, dass Vergeltungsstrafen generell richtig sind, einmal unter dem Einfluss dieses Motivs geboren, sah man sich aus logischen Gründen gezwungen, die Theorie auch auf sich selbst anzuwenden, um konsistent zu sein; und manche Menschen sind konsistent. Doch obwohl diese Erklärung zutreffen mag, kann ich nicht erkennen, wie ihre Wahrheit bewiesen werden sollte, und muss daher zugeben, dass das Argument die Vergeltungstheorie nicht destruiert. Solche Überlegungen demonstrieren jedoch die große Gefahr, dass rachsüchtige und sadistische Neigungen im unbewussten Gewand einer ehrenwerten Entrüstung, die nach gerechter Strafe ruft, zum Tragen kommen. Denn der schlechte Wunsch nach Rache ist der letzteren – wenn nicht mit ihr identisch – ähnlich genug, um diejenigen zu täuschen, die nach einer Entschuldigung suchen. Ein trauriges Beispiel dafür bietet die Geschichte der Strafsysteme.

Was die Pflicht zur Vergebung betrifft, ist gesagt worden, dass derjenige, dessen Aufgabe es ist, die Strafe für eine unrechte Handlung zu erteilen, in der Regel nicht derselbe ist, dessen Pflicht es ist zu vergeben, jedenfalls nicht in einem zivilisierten Staat (obwohl sich nicht leugnen lässt, dass dem bisweilen so ist, nämlich im Falle von Vergehen, die nicht vom Gesetz bestraft werden, sondern mittels sozialem oder wirtschaftlichem Druck). Es ist nicht die Aufgabe des Bürgers und noch weniger dessen, dem Unrecht geschieht, ein Verbrechen gesetzlich zu bestrafen, obwohl es seine Pflicht sein mag, Schritte einzuleiten, so dass jemand anders es bestrafen kann. Ob der Verbrecher aber zu bestrafen ist oder nicht, und wenn ja, in welchem Maße, wird normalerweise von Leuten entschieden, die nicht von dem Verbrechen betroffen sind – von Leuten, bei denen es nicht unbedingt eine Tugend ist, dem Übeltäter zu vergeben. Der Sinn der Vergebung liegt darin, dass derjenige vergibt, dem Unrecht geschehen ist – derjenige, von dem man erwarten sollte, dass es ihm am schwersten fällt, Schlechtes mit Gutem zu vergelten, und nicht ein anderer. Andere haben nichts zu vergeben. Gerade deshalb hat Vergebung manchmal eine besonders beschämende und erlösende Wirkung auf den Sünder. Aber Vergebung braucht nicht immer darin zu bestehen, dass man dem Menschen, dem man vergibt, eine verdiente Strafe erspart, auch wenn dies möglich ist; und wo sie darin besteht, kommt sie anderen Handlungen nahe, die das Durchbrechen einer allgemeinen Regel um des größeren Gutes willen beinhalten. Die Behauptung, dass einem Übeltäter bisweilen vergeben werden sollte, ist nicht unvereinbar mit der anderen Behauptung, dass die Strafe ein Zweck in sich selbst ist; denn etwas in sich Gutes kann für ein anderes Gut geopfert werden. Man kann sich allerdings fragen, ob man von der Vergebung wirklich so denken sollte. Wenn dem Schuldigen auf eine Weise Vergebung zuteilwerden kann, ohne ihm eine Strafe zu erteilen, und wenn dies das beste Resultat zur Folge hat – ist dann irgendetwas verloren gegangen? Ist dann nicht vielmehr nur gewonnen – während es nach der Vergeltungstheorie zum Verlust eines in sich Guten, der verdienten Strafe, gekommen wäre?

Ein weiterer Einwand lautet, dass Schmerzen etwas in sich Schlechtes sind und dass es darum falsch sein muss, Schmerzen zuzufügen, es sei denn um eines künftigen Gutes willen, welches das Übel der Schmerzen mehr als aufwiegt. Selbst wenn das Vergehen, für das die Schmerzen zugefügt werden, in sich schlecht ist, so ist doch nicht ersichtlich, wie ein Übel dadurch verringert werden könnte, dass man ein zweites hinzufügt. Natürlich können die Schmerzen helfen, eine Wiederholung des Vergehens zu verhindern. Aber so zu argumentieren bedeutet, die Strafe durch ihre Wirkungen zu rechtfertigen und nicht als einen Selbstzweck. Der Vergeltungstheoretiker könnte hierauf antworten, dass es nicht nur von den Eigenschaften abhängt, ob etwas ein Übel ist, sondern auch von seinen Beziehungen und vom Kontext; und dass es hier nicht nur auf die mit der Strafe verbundenen Schmerzen ankommt, sondern auch darauf, dass die Strafe aufgrund einer Missetat erteilt wird. Aber es ist doch ganz eigenartig anzunehmen, dass etwas, das in jedem anderen Zusammenhang die abscheulichste aller Taten ist, nämlich einem anderen Schmerzen zuzufügen um der Schmerzen willen, richtig und sogar eine Pflicht sein sollte, weil der andere zuvor etwas Schlechtes getan hat. Es ist viel davon die Rede, dass man für seine Sünden sühnen muss; aber keine auch noch so große Sühne kann die Tat ungeschehen machen. Man mag ferner entgegnen, dass es angemessen ist, wenn wir uns dessen erfreuen, was in sich gut ist, und dass es, wenn es in sich gut ist, dass die Schuldigen leiden, auch angemessen ist, wenn wir uns an ihren Leiden erfreuen. Aber das ist gewiss falsch: Es ist nicht angemessen, sich über irgendjemandes Schaden und also Schmerzen zu freuen – auch dann nicht, wenn es sich um einen durch und durch schlechten Menschen handelt.

Schließlich sind Zweifel angebracht, ob es irgendeinen Sinn ergibt, zwischen zwei so inkommensurablen Größen wie Leid und moralischer Schuld eine Entsprechung zu postulieren. Und selbst wenn es eine solche Entsprechung geben sollte, so wäre es uns in der Praxis doch unmöglich, sie herauszufinden. Der Staat kann einen Übeltäter für bestimmte Vergehen bestrafen, aber er kann unmöglich seinen moralischen Charakter als ganzen ermessen, noch das Glück, dessen er sich ohne Strafe erfreuen würde, und dieses Glück dann in genau dem Maße reduzieren, dass sein Glück seinem Charakter entspricht. Umso weniger kann er dieses Verfahren auf alle seine Bürger anwenden; und was ist das für eine Vergeltungsgerechtigkeit, wenn man mit strengen Strafen gegen einige Wenige vorgeht, die ja keineswegs alle notwendig schlechter sind als viele angesehene Bürger auf der anderen Seite der Gefängnismauer – ganz zu schweigen von dem Leid, das man ihren unschuldigen Familienangehörigen damit zufügt? Das Strafsystem lässt sich vielleicht durch seine Zweckmäßigkeit rechtfertigen, aber es kann mit Sicherheit nicht als Mittel zur Herbeiführung eines Zustands gerechtfertigt werden, in dem Schuld mit einem ihr entsprechenden Leid vergolten wird. Wenn Letzteres überhaupt ein guter Zweck ist, dann für Gott und nicht für den Menschen, und jeder Versuch des Menschen, ihn zu befördern, wird wahrscheinlich entweder ebenso viel retributive Ungerechtigkeit wie Gerechtigkeit bewirken oder die Freiheit des Individuums auf unerträgliche Weise beschneiden oder beides. Es ist viel besser, nach dem Prinzip zu handeln, anderen so viel Glück zuteilwerden zu lassen wie möglich, ohne uns darum zu sorgen, ob sie es aufgrund ihres moralischen Zustands verdienen, außer in Fällen, wo wir dadurch eindeutig Schaden anrichten würden.

Eine utilitaristische Straftheorie dagegen – die uns übrigens nicht auf den Utilitarismus in irgendeiner Form als allgemeine ethische Theorie festlegt – wird sich in der Hauptsache auf zwei Arten von Wirkungen stützen: Sie wird an erster Stelle den abschreckenden Effekt der Strafe herausstellen, worunter man gewöhnlich ihre Neigung versteht, bei anderen Menschen eine Furcht auszulösen, die sie von ähnlichen Vergehen abhält. Und sie wird zweitens auf die hoffentlich bessernde Wirkung der Strafe verweisen, nämlich bei dem Bestraften selbst. Hier haben wir eine vernüftige Rechtfertigung der Strafe, die sich lediglich auf Dinge beruft, die allgemein als Güter anerkannt sind: dass sich Verbrecher bessern und dass man Menschen dazu bringt, erst gar keine Verbrechen zu begehen. Jeder wird zugeben, dass dies wünschenswert ist. Bei sorgfältigen Untersuchungen hat sich zwar herausgestellt, dass Strafen nur sehr begrenzt in der Lage sind, diese Ziele zu erreichen. Doch niemand kann bestreiten, dass es Fälle gibt, in denen sie zumindest einen Beitrag dazu leisten. Nur ein Wahnsinniger oder Fanatiker würde bestreiten, dass die vom Staat verfügten Strafen eine abschreckende Wirkung auf potentielle Verbrecher ausüben und dass ohne sie die Verbrechen nicht deutlich zunähmen. Und obgleich der Wert von Strafen bei der Erziehung von Kindern in der Vergangenheit maßlos übertrieben wurde, lässt sich meiner Meinung nach nicht behaupten, dass jedenfalls milde Strafen in der Erziehung überhaupt nicht angebracht wären. Ich bin skeptischer, was die Nützlichkeit von Strafen bei der Besserung von Kriminellen betrifft (denn obwohl der Freiheitsentzug eine Gelegenheit bietet, den Inhaftierten anderen läuternden Einflüssen auszusetzen, wäre darin doch eher eine Verbesserung *während* der Bestrafung als eine Verbesserung *durch* die Bestrafung selbst zu sehen); und was die Bestrafung als erzieherische Maßnahme angeht, so geht es dem Strafenden in der Regel allein um die Abschreckung des bestraften Kindes selbst. Doch lässt dies noch genügend Raum für eine Abschreckung durch staatlich verfügte Strafen und den Einsatz von Strafen zur Besserung in der Erziehung; im letzteren Falle sollten diese aber soweit wie möglich in mündlicher Ermahnung und im Spürenlassen der natürlichen Folgen des Fehltritts bestehen (sofern diese nicht allzu schlecht sind).

Es ist allerdings schwieriger als oftmals angenommen, jegliche Vorstellung von Vergeltung aus der Straftheorie zu eliminieren. Angenommen, in einem bestimmten Fall ist es unmöglich, den wirklichen Übeltäter zu finden; angenommen weiter, wir sind einer Person habhaft geworden, die allgemein für schuldig gehalten wird, so dass es für die abschreckende Wirkung ihrer Bestrafung praktisch unerheblich ist, ob sie wirklich schuldig ist. Angenommen schließlich, psychologische Experten versichern uns, dass eine Weile im Gefängnis ihrem Charakter zugutekäme. (Auch der Charakter eines sehr guten Menschen zieht oft Nutzen aus dem Leid, wahrscheinlich sogar eher als der eines schlechten Menschen.) Das alles würde es sicher nicht richtig machen, ihn zu bestrafen. Der utilitaristischen Theorie zufolge wäre es aber richtig. Sie liefert keine befriedigende Erklärung einer unserer stärksten moralischen Überzeugungen: dass es außerordentlich schlecht ist, einen Unschuldigen um der Nützlichkeit willen zu bestrafen. Wie wir gesehen haben, kann man darüber streiten, ob es irgendwelche allgemeinen Gesetze gibt, die unter keinen Umständen gebrochen werden dürfen. Das Prinzip, dass wir Unschuldige nicht schwer bestrafen dürfen, kommt einem solchen Gesetz jedenfalls so nahe wie möglich. Die utilitaristische Straftheorie – in der Form zumindest, in der sie gewöhnlich vorgetragen wird – scheint ganz allgemein zu ignorieren, dass Strafe einen wesentlichen Bezug auf Vergangenes hat und dass Gerechtigkeit nicht einfach darin besteht, gute Folgen hervorzubringen. Wir bestrafen Menschen immer für schon geschehene Taten; und eine Strafe nützlich zu nennen, ist nicht dasselbe wie sie gerecht zu nennen, obschon gerechte Strafen im Allgemeinen nützlich sind. Diese Überlegungen legen eine mittlere Position nahe, nach der wir uns an der Vergeltungstheorie orientieren, um zu entscheiden, ob wir überhaupt das Recht haben, einen bestimmten Menschen zu bestrafen, und an der utilitaristischen Theorie, um zu entscheiden, ob wir dieses Recht auch ausüben sollen, und wenn ja, welches Strafmaß angemessen ist. Es scheint, dass nur der Verstoß gegen ein natürliches Gesetz einem Staat das Recht zu strafen geben kann; und dass die Frage, ob dieses Recht ausgeübt wird oder nicht, anhand von utilitaristischen Überlegungen entschieden werden sollte – es sei denn, es widerstrebt der Gerechtigkeit nicht nur, wenn Unschuldige bestraft werden, sondern auch, wenn der eines geringeren Vergehens Schuldige härter bestraft wird als jemand, der ein schwereres Unrecht begangen hat.

Stellen wir uns zweitens zwei Welten vor, in denen das Ausmaß an Glück und Unglück dasselbe ist, mit dem Unterschied, dass in der einen die Schlechten glücklich und die Guten unglücklich sind, in der anderen aber die Guten glücklich und die Schlechten unglücklich. Es scheint offensichtlich, dass die zweite Welt der ersten vorzuziehen ist. Viele würden noch weiter gehen und sagen, es sei weniger schlecht, wenn ein grundschlechter Mensch unglücklich ist, als wenn er glücklich ist – und zwar selbst dann, wenn das an seinem Verhalten nichts ändert und keine Aussicht besteht, ihn von seiner Boshaftigkeit abzubringen; doch ist das eine eher zweifelhafte Behauptung. Aber wie dem auch sei, es ist nicht unsere Aufgabe, für eine Entsprechung von moralischer Gutheit und Glück, von Bosheit und Unglück zu sorgen, selbst wenn eine solche *in abstracto* wünschenswert sein sollte.

In meinen Augen ist es am aufschlussreichsten, wenn wir die Strafe als eine emphatische Weise verstehen, einem Menschen beizubringen, dass er schlecht gehandelt hat. Denn wie kann Strafe überhaupt nur zur Besserung eines Menschen beitragen? Zwar kann die Furcht vor dem neuerlichen Schmerz einen Menschen dazu bringen, eine Straftat nicht zu wiederholen; aber doch nur aus ganz und gar nicht-moralischen Motiven, und deshalb haben einige Denker die Praxis des Strafens insgesamt verworfen. Darauf lässt sich zu Recht antworten, dass es jedenfalls besser ist, wenn ein Mensch aus nicht-moralischen Gründen ein Verbrechen *unterlässt*, als wenn er es aus nicht-moralischen Gründen *begeht*. Vielleicht auch wird er das, was er zunächst aus schlechten Motiven unterlässt, später aus guten unterlassen. Aber das ist nicht das einzige, was sich hier entgegnen lässt. Strafe ist nicht nur das Zufügen von Schmerzen, sondern das Zufügen von Schmerzen für begangenes Unrecht. Warum aber tun Menschen, was unrecht ist? Einige tun es deshalb, weil sie es irrtümlich für recht halten oder sogar für ihre Pflicht, und es ist nicht leicht zu sehen, wie solche Menschen durch Strafen gebessert werden könnten. Doch von politischen Gefangenen abgesehen, wussten die meisten Insassen von Gefängnissen durchaus, dass das, was sie taten, unrecht war. Wenn ein Mensch aber etwas tut, von dem er weiß, dass es schlecht ist, dann deshalb, weil ihm dieses Wissen nicht deutlich genug vor Augen steht, um ihm Einhalt zu gebieten, wenn ihn ein mehr oder weniger starkes Verlangen danach überkommt; und dann stellt sich dem Erzieher die Aufgabe, dieser moralischen Erkenntnis zu mehr Lebendigkeit zu verhelfen. Das kann man tun, indem man ihm die Falschheit der Handlung mit Worten erklärt. Oft aber – bei Straftätern und selbst bei bösartigen Kindern – ist eine eindringlichere Methode vonnöten, um jene Einsicht zu vermitteln, und dies leistet die Strafe. Natürlich ist eine Handlung dadurch, dass sie unter Strafe steht, noch nicht als falsch erwiesen. Wessen es aber bedarf, um den Menschen zu bessern, ist nicht die Erkenntnis, dass sein Handeln falsch ist (denn das weiß er bereits), sondern eine größere Lebendigkeit im Erblicken ihrer Falschheit; und dies lässt sich dadurch bewerkstelligen, dass man ihn für sein Handeln bestraft. Eine Strafe, ob in der strengeren Form der Inhaftierung oder der milderen Form der Bewährung, hinterlässt einen tieferen Eindruck und ist schwieriger zu vergessen als ein bloß in Worte gefasster Tadel. Wird die Strafe so verstanden, erklärt sich die Bezugnahme auf eine falsche Handlung in der Vergangenheit, auf die es der Vergeltungstheorie so ankommt: Strafe kann nur erziehen, wenn sie von dem Übeltäter als angemessener Ausdruck der Missbilligung in Anbetracht einer Handlung begriffen werden kann, die er wirklich ausgeführt hat und die wirklich falsch war. Auch ihre abschreckende Wirkung beruht zu einem guten Teil darauf, dass sie Missbilligung zum Ausdruck bringt: dass sie »Schmach und Schande« bedeutet. Mir scheint indes sehr wichtig festzuhalten, dass das Leid der Strafe als solches immer ein Übel und daher ein nach Möglichkeit zu Vermeidendes ist – und nicht, wie es die Vergeltungstheorie will, ein Gut. Wenn in einem konkreten Fall das Zufügen zusätzlicher Schmerzen – über den geistigen Schmerz hinaus, der in der reumütigen Anerkenntnis des Übeltäters, dass er falsch gehandelt hat, notwendig enthalten ist – vermieden werden kann, dann ist eine Bestrafung hier nicht der angemessene Ausdruck der Missbilligung und verliert jeglichen Wert, den sie haben mag.

Obschon die Strafe also einen gewissen Wert besitzen mag, ist es in der Praxis wichtiger, ihre Grenzen aufzuzeigen. Denn die menschliche Natur beinhaltet Faktoren, die uns zu ihrem exzessiven Gebrauch geneigt machen. Strafe ist die einfachste Methode, auf eine Pflichtverletzung zu reagieren. Sie entspricht dem natürlichen Instinkt, zurückzuschlagen. Wer geistig faul ist, wird als Erstes an sie denken, obgleich er sie fast zuletzt in Erwägung ziehen sollte. Wie anfällig ein Strafsystem für Missbrauch ist und welchen psychologischen Schaden es verursachen kann, ist heute zur Genüge bekannt. Das Wort »Strafe« kann in einem weiten Sinne für alle Arten von Tadel und somit für jede Methode gebraucht werden, einem Menschen zu vermitteln, dass er etwas getan hat, was er besser nicht getan hätte. Versteht man darunter aber das absichtliche Zufügen von Schmerzen, sei es körperlicher oder geistiger, über die natürlicherweise mit der Einsicht in die Falschheit seines Tuns verbundenen hinaus, so sollte die Strafe eindeutig als ein Erziehungsmittel von nur geringem Wert angesehen werden.[1]

[1] Eine ausführlichere Behandlung dieser Fragen findet sich in meinem Buch *The Morality of Punishment*, London 1929.

Schlussbemerkung

Dieses Buch könnte in mindestens zweierlei Hinsicht sehr unbefriedigend erscheinen. Zum einen mag man einwenden, dass ich der engen Verbindung zwischen dem Einzelnen und der Gesellschaft nicht gerecht geworden bin und viel zu wenig über Sozialethik und Sozialphilosophie gesagt habe. Darauf antworte ich, dass es für die Wahrheit oder Falschheit unserer moralischen Ideen nicht entscheidend ist, ob oder wie wir sie faktisch aus der Gesellschaft bezogen haben. Es geht mir hier nicht um die geschichtliche Entwicklung moralischer Vorstellungen, sondern um ihre (ideale) Geltung, die von der Autorität, aufgrund der wir sie ursprünglich gebildet haben, ganz unabhängig sein kann. Und was die Anwendung der Ethik auf soziale und politische Institutionen angeht, so ist dies ein eigener Themenbereich, der normalerweise von der Ethik als solcher abgegrenzt wird, jener der Politischen Philosophie oder Sozialphilosophie. Er ist zumeist nicht Teil eines Ethikbuches und mir fehlt hier der Platz, näher auf ihn einzugehen. Ich möchte jedoch hervorheben, dass die allgemeinen moralischen Prinzipien, die ich hier dargelegt habe, auch für das Verhalten von Regierungen gelten – im Innenwie im Außenverhältnis, und insofern es Parallelen zu Handlungssituationen gibt, in denen die Prinzipien auf das Verhalten von Individuen angewendet werden können.

Zum anderen mag man einwenden, dass ich dem Leser kaum eindeutige praktische Ratschläge gegeben habe bezüglich dessen, was er – auch als Individuum – tun soll. Was dies betrifft, muss ich auf das im ersten Kapitel Gesagte verweisen. Die Entscheidung, was wir in einer gegebenen Situation tun sollen, hängt von verschiedenen Arten des Wissens ab, von denen nur ein Teil moralischer Art ist. Und selbst dieser Teil besteht mehr in einer intuitiven Einsicht in die in einer bestimmten Situation auf dem Spiel stehenden Werte –

oder, wenn Sie so wollen, in einem guten Urteil des *Common Sense* –, als in irgendetwas, das man durch philosophische Argumente begründen könnte. Was den anderen Teil angeht, sind wir auf die Auskünfte der Naturwissenschaften angewiesen oder auf ein Alltagswissen von der Welt und anderen Menschen, das bei alltäglichen praktischen Problemen, für die es keines Spezialisten bedarf, oft an die Stelle der Wissenschaft treten kann. Weil ein guter Philosoph nicht ebenso gut darin zu sein braucht, sich dieses Wissen zu vergegenwärtigen und es anzuwenden oder die erforderlichen praktischen Einsichten zu erwerben, ist es nicht wahr – wie Platon behauptete –, dass Philosophen den Staat regieren sollten. Aber wir können dennoch festhalten, dass den Regierenden eine Ausbildung in philosophischer Ethik zugutekäme, und wünschen, dass sie sich noch mehr durch jene Unparteilichkeit, Aufgeschlossenheit und Objektivität auszeichneten, die der philosophischen Einstellung eigen sind. Wenn sie alle auch nur ein geringes Maß von alldem besessen hätten, wären uns die Schrecken des nationalsozialistischen und kommunistischen Fanatismus ebenso erspart geblieben wie viele andere, weniger drastische Übel. Die philosophische Ethik kann einen wichtigen indirekten Einfluss auf die praktische Ethik des Alltags ausüben und sollte dies auch tun.

In einer anderen Hinsicht sind die Möglichkeiten des Philosophen, moralisches Verhalten zu befördern, sogar noch begrenzter. Selbst wenn er uns zu sagen weiß, wie wir handeln sollen, so ist doch vollkommen klar: Der wichtigste Teil der ethischen Aufgabe besteht darin, uns dazu zu bewegen, im Sinne unserer moralischen Überzeugungen zu handeln. Es ist viel leichter, ein gutes Ideal zu formulieren, als ihm gerecht zu werden. Einen Menschen mit Argumenten davon zu überzeugen, dass etwas seine Pflicht ist, heißt keineswegs immer schon, ihn dazu zu bringen, sie auch zu erfüllen. Das ist die Aufgabe des Predigers, des praktizierenden Psychologen und des freimütigen und einfühlsamen Freundes, nicht des Philosophen als Philosophen.

Personenregister

Sachregister